欧文·戈夫曼：

微观社会学的探索

WEI GUAN SHE HUI XUE
DE TAN SUO

王晴锋◎著

Erving Goffman

中央民族大学出版社
China Minzu University Press

图书在版编目（CIP）数据

欧文·戈夫曼：微观社会学的探索／王晴锋著. —北京：中央民族大学出版社，2018. 12

ISBN 978-7-5660-1574-7

Ⅰ. ①欧⋯ Ⅱ. ①王⋯ Ⅲ. ①微观社会学—研究 Ⅳ. ①C91

中国版本图书馆 CIP 数据核字（2018）第 267721 号

欧文·戈夫曼：微观社会学的探索

作　　者	王晴锋
责任编辑	李苏幸
封面设计	汤建军
出 版 者	中央民族大学出版社 北京市海淀区中关村南大街 27 号　　邮编：100081 电　话：68472815（发行部）　传真：68932751（发行部） 　　　　68932218（总编室）　　　　68932447（办公室）
发 行 者	全国各地新华书店
印 刷 厂	北京建宏印刷有限公司
开　　本	787×1092（毫米）　1/16　　印张：15. 5
字　　数	230 千字
版　　次	2018 年 12 月第 1 版　　2018 年 12 月第 1 次印刷
书　　号	ISBN 978-7-5660-1574-7
定　　价	68. 00 元

目录

绪　论

美国社会学家欧文·戈夫曼（Erving Goffman，1922—1982）是最为知名的西方社会学家之一，他的著作被广为传阅。作为微观社会学时代的领军人物，戈夫曼以拟剧论独步学林，并将“面对面互动”开辟为自成一体的研究领域。戈夫曼关于自我、污名、全控机构以及框架分析的研究引起学术界持久的关注，并对社会学、人类学、历史学、文学、新闻学、政治学、心理学以及语言学等学科产生了深远的影响。他的著作一直保持着很高的引用率，例如，在1969—1977年的“社会科学引文索引”数据库中，戈夫曼被引用的频次高达3473次，仅次于塔尔科特·帕森斯（Talcott Parsons）。[①] 他最频繁被引用的著作是《收容所：论精神病人与其他被收容者的社会情境》（*Asylums: Essays on the Social Situation of Mental Patients and other Inmates*，1961）与《日常生活中的自我呈现》（*The*

---

① Mark Oromaner，“Erving Goffman and the Academic Community，” *Philosophy of the Social Sciences*，Vol. 10，No. 3，1980，p. 289.

Presentation of Self in Everyday Life, 1959）。到了1981年，《日常生活中的自我呈现》的销量已经超过50万册，而《污名》（*Stigma*：*Notes on the Management of Spoiled Identity*，1963）已经重印13次，并被译成十余种语言。戈夫曼已然成为现代社会科学智识地图上的"地标性"人物。然而，与这种智识景观形成鲜明反差的是，虽然人们广泛援引戈夫曼的观点，却相对缺乏对他的整体著述进行详细而系统的探讨。① 如同许多思想家一样，戈夫曼也面临着这样的窘境：他被世人广为谈论，而真正潜心阅读他著作的人却不多。而且，很多人对戈夫曼存在误解，尤其是将他的社会学等同于拟剧论。在西方学术界，曾有"戈夫曼之谜"的说法，而这个谜底是戈夫曼逝世不久前自我揭晓的，他将毕生的学术使命概括为致力于"互动秩序"的研究。② 本书旨在较为系统地介绍戈夫曼社会学的思想体系。在绪论部分，主要对他的著作的内容、写作背景、资料来源以及他关于微观互动系统的研究方法做一些必要的交代。

戈夫曼的研究深受芝加哥社会学派的影响。虽然在戈夫曼攻读博士学位时期，芝加哥社会学派已经失去了昔日在美国社会学界的支配性地位，但是戈夫曼的研究方法、学术旨趣以及理论假设等都可以追溯至他的导师埃弗雷特·休斯（Everett C. Hughes）与芝加哥大学社会学系的诸位先辈们，诸如查尔斯·霍顿·库利（Charles Horton Cooley）、罗伯特·帕克（Robert E. Park）、乔治·赫伯特·米德（George Herbert Mead）、约翰·杜威（John Dewey）以及欧洲古典社会学的奠基者马克斯·韦伯（Max Weber）、埃米尔·迪尔凯姆（Émile Durkheim）和格奥尔格·齐美尔（Georg Simmel）等。③ 戈夫曼早年的学术训练很好地结合了人类学与社会学，他在芝加哥大学时期的另一位导师劳埃德·沃纳（Lloyd Warner）是社会人类学家，曾对澳大利亚

① Philip Manning, *Erving Goffman and Modern Sociology*, Cambridge: Polity, 1992, p. 6.

② Erving Goffman, "The Interaction Order," *American Sociological Review*, Vol. 48, No. 1, 1983, pp. 1-17.

③ Louis Menand, "Some Frames For Goffman," *Social Psychology Quarterly*, Vol. 72, No. 4, 2009, p. 296.

的原住民进行过民族志研究，而埃弗雷特·休斯主要研究职业社会学。因此，对戈夫曼而言，人类学与社会学之间不是截然二分的。戈夫曼关于互动行为的研究也受当时其他学者对动物行为和语言研究的启发，并得到“小群体”互动研究和精神疗法等各种资源的支持。① 作为经验型的社会学家，戈夫曼强调田野工作的重要性。在他的学术生涯里，田野点不断地发生变换：从设特兰群岛的孤岛社区、圣伊丽莎白精神病院和拉斯维加斯赌场等具有可见边界和社区性质的场所到更为一般性的城市街道等公共空间，这些都成为重要的研究场域。

1951 年，戈夫曼在《英国社会学杂志》（*British Journal of Sociology*）上发表了他的第一篇学术论文：《阶级地位的象征》（“Symbols of Class Status”）。② 1956 年和 1959 年，戈夫曼先后在英国和美国出版了他的第一本著作《日常生活中的自我呈现》，1961 年该书获得美国社会学协会颁发的“麦基弗奖”（MacIver Award）。《日常生活中的自我呈现》系统探讨了拟剧论的基本原则和构成要素，包括表演、剧班、区域与区域行为、非协调性角色、角色外沟通以及印象管理等，并详细阐述了人际沟通的微妙行为艺术，诸如“神秘化”“缺席对待”“剧班共谋”等。日常生活的表演者试图欺骗、隐瞒他人以塑造期望的理想形象，同时又谨小慎微、如履薄冰，时刻担心被他人暴露和揭穿。拟剧论是一种重要的社会分析视角，它也是戈夫曼用于建构更大思想体系的“脚手架”，自我呈现和印象管理是拟剧论的主要分析内容。戈夫曼反对传统的自我观和身份类别，自我、身份与社会秩序都具有偶然性特征。他将个体分为两个基本的部分，即表演者和角色。展演性自我是通过互动实现的合作性产物，它是权宜性的，并非稳定的和一成不变的。戈夫曼的自我观具有两重性，即生物性与社会性、情境性与能动性，其中情境化自我与作为能动者的自我不是截然分离的。从整体而言，戈夫曼没有摒弃自我的心理-生物学解释，但他更强调自我

① Erving Goffman, *Interaction Ritual: Essays on Face-to-Face Behavior*, New York: Pantheon, 1967, p. 1.

② Erving Goffman, “Symbols of Class Status,” *British Journal of Sociology*, Vol. 2, No. 4, 1951, pp. 294-304.

的社会性和情境性。这种双重自我观可以调和在阐释自我时场景与能动性、结构与行动之间的张力。[①] 戈夫曼还以拟剧论为基础对污名现象进行互动分析，他尤为关注污名管理的技术与策略，试图将不同污名的情境结构置于统一的框架，并以关系性的语言加以描述。在戈夫曼看来，每个人的身份都可能遭遇污名，进而威胁自我的呈现。通过聚焦于遭贬抑的社会身份，戈夫曼探讨了污名化进程，认为污名是社会建构的身份过程。正常人与污名者不是根本不同的类别，而是两种不同的社会视角，它涉及普遍存在的双重角色之社会过程。污名并非绝对的本质观念，正是社会与文化赋予遭贬抑的属性。正常人与污名者之间构成一个连续统，污名者是正常的越轨者，戈夫曼由此质疑越轨社会学的内在合法性。

1954 年秋至 1957 年底，戈夫曼在马里兰州贝塞斯达国家心理卫生研究所的社会环境研究实验室担任访问研究员。在这三年期间，他对临床中心病房里的个体行为进行了参与式观察。1955 年至 1956 年，通过首席助理医师杰伊·霍夫曼（Jay Hoffman）的协调，戈夫曼得到许可，在华盛顿的圣伊丽莎白医院进行为期一年的田野调查，其直接目的是研究住院病人的社会世界。在戈夫曼调查期间，作为联邦机构的圣伊丽莎白医院收容了 7000 多名住院病人，占哥伦比亚特区所有病人的四分之三。医院的高层管理者都知晓戈夫曼的研究意图，在他们的积极配合下，戈夫曼成为医院体育部的主任助理，而他的公开身份则是“一位关于休闲娱乐与社区生活的研究者”。在白天，戈夫曼与病人一起消磨时光，尽量避免与医护人员之间的社交性接触。他还随身携带着病房的钥匙，可以随意出入任何一间病房，或

① 正是由于戈夫曼的这种自我观，国外有学者指出《日常生活中的自我呈现》（*The Presentation of Self in Everyday Life*）的书名存在问题，因为“自我呈现”（presentation of self）似乎意味着行动者在进入社会之前已经存在一个自我，但戈夫曼的观点其实是认为自我在情境互动过程中形成，因此，确切的表述应该是“自我表演”（performance of self），而不是“自我呈现”。可参见：彼得·兰特、奈杰尔·沃伯顿：《论戈夫曼》，席志武译，《美育学刊》2018 年第 2 期。事实上，国内最早的中译本确实译为《日常生活中的自我表演》（徐江敏译，云南人民出版社，1988 年），而 1989 年浙江人民出版社（黄爱华、冯钢译）的译本和 2016 年北京大学出版社（冯钢译）的译本均名为《日常生活中的自我呈现》。

者在医院内巡视观察病人的日常生活。总之，圣伊丽莎白医院给予戈夫曼特许权，使他享有充分的自主性，医院的任何一扇门对戈夫曼都是敞开着的，他不必受医院其他事务的干扰，没有人去干涉他的研究，而且他也无须向医院的任何人汇报观察结果。除了在出版前提出一些建设性的批评意见之外，医院没有对他的研究内容进行任何形式的审查或删减。不仅如此，医院还为戈夫曼支付薪水、提供文秘协助和同行评议，鼓励他以社会学（而不是精神病学）的视角研究医院，这在当时美国的某些大学仍然对自由调查设置传统壁垒的背景下尤为难得。戈夫曼也很感激这种为纯粹的科研活动提供的自由和机会，以及一些政府机构的精神病学家和社会科学家对此持有的开放、包容和不偏不倚的态度。

根据对圣伊丽莎白医院进行的田野研究，戈夫曼出版了《收容所》，该书其实是在加州大学伯克利分校的“社会科学理论整合中心”完成的。《收容所》分为四个相对独立的部分，其中“论全控机构的特征”是从普遍意义上探讨全控机构的社会生活，主要通过精神病院和监狱这两个机构，其重要特征是成员都是非自愿性的；“精神病人的道德历程”论述了被收容之后的制度化对个体原有的社会关系造成的影响；“公共机构的隐秘生活”探讨全控机构期望被收容者对围墙内的生活表示归附和顺从，但被收容者会在他们自身与这些期待之间保持距离；“医疗模式与精神病人的住院治疗”讨论精神病院的专业职员以及医学视角在向精神病人解释其所处的情境时具有的作用。除了专著《收容所》之外，戈夫曼关于精神病院的观察资料还用于其他一些研究，尤其是探讨互动仪式的重要论文《论恭敬与风度的本质》。[①] 在阐述普遍意义上的互动系统时，戈夫曼也经常以精神病医生、精神病人与护士共同在场的互动作为实例。《公共场所的行为：论聚集的社会组织》（*Behavior in Public Places*: *Notes on the Social Organization of Gatherings*，1963）一书的很多材料也来自戈夫曼在精神病院的参与观察，而

① Erving Goffman, "The Nature of Deference and Demeanor," *American Anthropologist*, Vol. 58, No. 3, 1956, pp. 473-502.

且它是以精神病学家的研究入题的。在该书中，戈夫曼试图提出一种关于交往形式与结构的分析框架。正是通过对精神病人进行观察和分析，戈夫曼认为个体的自我依赖于人际互动中恰当地运用社交礼仪，自我只能通过确证性的制度设置方得以持存，而精神病院没有对自我的构成性要素提供充分而稳定的支持。在全控机构里，自我的神圣属性与个人的领地遭到严重破坏和侵犯，自我遭受系统性的贬抑、削弱和凌辱。

算计、博弈是面对面互动的重要特征。戈夫曼的《策略性互动》(*Strategic Interaction*，1969) 一书很容易让人联想到托马斯·谢林 (Thomas Schelling) 的《冲突的策略》(*The Strategy of Conflict*，1960)。尽管后来谢林获得了诺贝尔经济学奖，但他认为自己研究的是个体或集体行为，而且也探讨个体行为、微观动机与宏观行为、社会结构之间的关系。[①] 谢林试图用博弈论解释广泛存在的冲突现象和社会问题，包括从国际关系领域的核威慑到家庭共同体中的人际纷争。在他看来，掌控战争与管理交通堵塞、阻慑俄国人和吓唬孩子等现象之间存在诸多相通之处。在《冲突的策略》中，谢林区分了三种主要的博弈类型，即零和博弈、合作博弈和混合动机博弈，后者是前两者的调和型。

谢林与戈夫曼之间是相互影响的。1966—1967 年，戈夫曼在哈佛大学进修时曾与谢林合作，他关于策略性互动的思想无疑受谢林的博弈论影响，但在这之前，戈夫曼就已经关注互动的策略性。例如，在 1963 年前后，他曾经参加过关于策略性互动和冲突的会议。谢林也大方地承认自己多年来一直被戈夫曼的著作吸引，并高度赞赏戈夫曼的《互动仪式：关于面对面行为的论文集》(*Interaction Ritual*: *Essays on Face-to-Face Behavior*，1967)。在《冲突的策略》里，谢林一方面将战略威慑理论系统化，同时也参考了戈夫曼关于“面子工夫”的研

① 托马斯·谢林：《微观动机与宏观行为》，谢静等译，北京：中国人民大学出版社，2013 年。

究,[①] 以阐明即使是高度礼节性场合的正式行为也蕴含着丰富的博弈论内容，从而强调道德与自律的重要性。谢林认为，尽管人们在社会生活中寻求各种增益策略，但它们并非零和博弈，而是混合动机博弈。在此类博弈类型中，沟通居于核心的位置，行动者之间是相互开放的。谢林亦探讨博弈过程中的信任问题，认为信任在零和博弈中是一种自杀性策略，在合作博弈中是前提条件，而在混合动机博弈中，信任扮演着复杂而微妙的角色。信任是日常生活中的互动得以可能并持续进行的必要条件，人人自利将导致零和博弈或囚徒困境。在《策略性互动》里，戈夫曼以博弈的视角和“非沟通性术语”分析场景和面对面互动，他论述的博弈类型主要是谢林所说的混合动机博弈。在探讨人际互动和印象管理艺术时，戈夫曼强调道德与仪式维度，认为面对面互动与个人的仪式属性以及以自我为中心的领地类型是紧密契合的。戈夫曼和谢林用于分析互动行为的术语也很相似，它们包括互动决策、承诺、行动变化的步骤以及“聚焦点”等。[②] 然而，戈夫曼与谢林之间也存在明显的区别，尤其是戈夫曼从一开始就质疑“沟通”这一术语。在他看来，关于面对面互动的研究涉及参与者迅速变化的行为展演，搜集个体遵从行为之证据的主要方法是观察行动者与他人共同在场时的各种表现，但这并不是研究狭义上的“沟通”。戈夫曼试图脱离博弈论的分析框架，并阐明在分析人际交往时博弈论与其他视角之间的关系。

在《公共场所的关系：公共秩序之微观研究》（*Relations in Public*: *Microstudies of the Public Order*, 1971）一书的扉页，戈夫曼引用了赫伯特·斯宾塞（Herbert Spencer）在《社会学原理》中的一段话。斯宾塞认为，公共场所对各种公共行为的最早、最具普遍性同时也是不断自发开始的管理形式正是对礼仪进行的管理，而这也正是《公共场所的关系》的主旨。从某种意义上而言，《公共场所的关系》延续了《交

---

① Erving Goffman, “On Face-Work: An Analysis of Ritual Elements in Social Interaction,” *Psychiatry*, Vol. 18, No. 3, 1955, pp. 213-231.

② 卢周来：《一位“走上歧路”的经济学家——纪念托马斯·谢林》，《读书》2017年第4期。

遇：关于互动社会学的两项研究》（*Encounters: Two Studies in the Sociology of Interaction*，1961）[①]、《公共场所的行为》（1963）和《互动仪式》（1967）等著作关于面对面互动及其秩序的主题。

《框架分析》（*Frame Analysis: An Essay on the Organization of Experience*，1974）由戈夫曼耗十年之功写成，它主要探讨个人的经验组织，而非社会组织。在该书正式出版之前的十年间，戈夫曼除了开设“框架分析”的课程之外，他还在田纳西州、曼彻斯特和爱丁堡等地的大学以讲座的形式讲授相关内容。[②] 框架分析的内容包括编造、调音、框架破裂、错误的框架化以及框架争议等。英国社会学家汤姆·伯恩斯（Tom Burns）认为，戈夫曼对经验如何被组织化的思想可以追溯到威廉·詹姆斯（William James）、埃德蒙德·胡塞尔（Edmund Husserl）和阿尔弗雷德·舒茨（Alfred Schutz）等。[③] 在《框架分析》的开篇，戈夫曼简要论述了威廉·托马斯（W. I. Thomas）、威廉·詹姆斯、舒茨、格雷戈里·贝特森（Gregory Bateson）、哈罗德·加芬克尔（Harold Garfinkel）、爱德华·科恩（Edward T. Cone）、巴尼·格拉泽（Barney Glaser）以及安塞姆·斯特劳斯（Anselm Strauss）等人关于多重现实的探讨。在这些学者的思想基础上，戈夫曼认为不同现实之间相互关联形成了一种“迭片结构”。[④] 戈夫曼的“框架”概念主要来自格雷戈里·贝特森，而贝特森的框架观建立在“沟通”的基础上。20

① 这里将 encounter 译成“交遇”。encounter 有“意外”和“偶然性”之意，但译成“遭遇”过于宽泛，既无法表达特定的含义，也无法起到作为学术概念应有的敏感性和区分度。中文语境里的“遭遇”包括“非焦点式聚集”，而戈夫曼的 encounter 主要涉及“焦点式聚集”。类似地，译成“日常接触”（参见《日常接触》，徐江敏等译，北京：华夏出版社，1990 年）不仅消解了戈夫曼在分析面对面互动时提出新概念的努力，而且取消了 encounter 在戈夫曼的微观社会学中具有的理论潜质。不翻译成“接触”的另一个原因是，戈夫曼经常使用另一个词：contact，明确指出它是更复杂的 social encounter 的一部分，参见 Erving Goffman, *Relations in Public: Microstudies of the Public Order*, New York: Basic Books, 1971, p. 70. 戈夫曼还强调他探讨的是“混合型接触”。

② 例如，1970 年在纽约州立大学布法罗分校春季学期的“芬顿讲座”（*Fenton Lectures*）中，戈夫曼曾讲授过框架分析的思想。

③ Tom Burns, *Erving Goffman*, New York: Routledge, 1992, p. 248.

④ 关于多重现实及其意义阐释问题类似于安东尼·吉登斯所说的“双重阐释”，可参见：安东尼·吉登斯：《社会学方法的新规则：一种对解释社会学的建设性批判》，田佑中、刘江涛译，北京：社会科学文献出版社，2003 年，第 35 页。

世纪50年代初，当贝特森研究动物园里的猴子、水獭以及海豚的行为时，集合论和控制论方兴未艾。戈夫曼汲取了关于“元沟通”的思想，但他采用“框架”或“立足点变化”等表述形式，从而进一步细化了阐释图式。戈夫曼亦承认框架分析受戴尔·海姆斯（Dell Hymes）、威廉·拉波夫（William Labov）和乔尔·谢泽尔（Joel Sherzer）等社会语言学家的影响。在戈夫曼那里，“框架”既是一种认知和分析社会的工具，同时也是一种理论隐喻。框架的概念使戈夫曼暂时转移对互动的关注，而探讨人们如何理解特定的行动片段以及如何运用不同的框架行为产生不同的意义。这些理解在本质上是认知性的，它涉及情境定义、框架叠层和框架转化等问题。特定行动片段的参与者可以根据某种初级框架的规则或假定进行感知和理解，这种认知活动亦可能涉及两种基本的转换方式，即调音和编造。

西方学术界经常忽略戈夫曼关于性别关系的研究。《性别广告》（*Gender Advertisements*，1979）是戈夫曼在性别研究方面的代表作，该研究具有两个特色：第一，通过琐碎的行为细节展示日常生活中微妙的性别差异；第二，充分运用视觉图像因素。戈夫曼主要从仪式与框架的视角分析性别广告，尤其是从行为学的意义上对性别展现进行仪式化分析。具体而言，戈夫曼从尺码相对大小、温柔的抚触、功能等级、家庭场域、次属地位的仪式化以及被许可的情境撤离等六个维度解码商业广告中的性别呈现。戈夫曼将性别不平等视为框架假定的产物，同时调音、编造、转换和超仪式化等因素使商业广告中的性别展现并非完全是现实的镜像。通过探讨被自然化的性别关系以及性别差异的再生产方式，戈夫曼揭示了父权制的微观运作机制。

谈话分析是戈夫曼一直关注的议题，从他的博士论文《岛屿社区的沟通行为》（*Communication Conduct in an Island Community*，1953）一直到后来关于补救性交换的阐述，都是以日常生活中自然发生的情境性谈话为基础的。与《性别广告》相类似，《谈话形式》（*Forms of*

Talk，1981）也是戈夫曼对框架分析理论的具体运用。[①]《谈话形式》由早先已发表的五篇论文构成，它们大多完成于20世纪70年代中后期，这些论文围绕着同一个分析主题，而且其文风是“宣言式”的。实际上，《谈话形式》是以会话分析学派（Conversation Analysis，CA）作为批判对象的。20世纪六七十年代之交，在加芬克尔的常人方法学和戈夫曼本人关于微观互动研究的影响下，哈维·萨克斯（Harvey Sacks）[②]和伊曼纽尔·谢格洛夫（Emanuel A. Schegloff）、盖尔·杰弗逊（Gail Jefferson）等人创立了一个崭新的研究领域：会话分析，它的关注点与研究方法均不同于话语分析。在传统的会话分析中，说话者通常指发出声音的个体，他们不断地建构和形塑关于自身的文本，并通过它监控自身的位置，这种分析范式并不对说话者进行任何细化。

戈夫曼严厉批评萨克斯等人提出的理论，尤其是认为“说话者”“听话者”的二元分析模式较为含糊和粗糙。在戈夫曼看来，社会学研究的不是话语陈述本身，而是行动的序列性，也即“个体在情境中基于道德判断采取的话步、立场或结构调适”[③]。在分析补救性交换的变体形式时，戈夫曼一再强调他探讨的是个体采取的“立场或位置”，而不是“感受”。[④]戈夫曼将说话者分解为发声者/发布者（animator）、作者/所有者（author）和责任者（principal），它们共同构成了话语的“生产模式”（production format），这种言语结构的基本要素不同于“参与框架”（participation framework），也即个体具有不同参与地位（被认可或未被认可）的谈话圈，在其中话语以各种不同的形式被接收。参与框架是话语倾听的结构性前提。生产模式和参与框架中的角色会发生转换，而且两者通常同时发生变化。戈夫曼

---

① 尤其是关于唱片骑师（disc jockeys/DJs）的研究，《框架分析》最后一部分是关于谈话的框架分析。

② 1966年，萨克斯在加州大学伯克利分校获得社会学博士学位，并先后在加州大学洛杉矶分校和尔湾分校任教（1964—1975）。萨克斯个人及其会话分析学派的命运可谓坎坷，其创始人萨克斯与戈夫曼之间的关系很类似于荣格与弗洛伊德之间的关系。

③ Erving Goffman, *Relations in Public: Microstudies of the Public Order*, New York: Basic Books, 1971, p. 149.

④ Erving Goffman, *Relations in Public: Microstudies of the Public Order*, New York: Basic Books, 1971, p. 153.

指出，谈话互动的语境由“仪式化过程”、“参与框架”和“情境嵌入性”三个要素构成。① 作为一种沟通系统，谈话的基本要求是发出者需要知道信息是否被恰当地接收，而言语的接收者则须及时表明信息已被正确地理解。戈夫曼强调谈话应被置于语境中加以理解，对此，他以回应性叫喊为例详细进行阐释，认为这些从表面看似乎是无意识的、自行溢出的话语其实具有明确的含义。在戈夫曼看来，谈话系统与其所嵌入的社会世界之间存在松散的联系，“一切言语形式与世界的联系都是松散的，而谈话则更加松散”②。正是这种松散性为各种形式的话语转换提供了重要基础。简而言之，戈夫曼以“生产模式”取代说话者，以“参与框架”取代听话者，它们为分析谈话立足点的变换提供了结构性基础。

总之，戈夫曼的微观社会学对日常生活中的细微行为进行了系统性的研究，他既关注具体的行动，也没有忽视结构和制度性的要素。戈夫曼认为，研究微观互动材料的其中一个目的是从最细微处着手描述建立在它们基础上的互动的本质单元，另一个目的是揭示在这些单元内部/之间普遍存在的规范性秩序，③ 而达成这两个目的的方法是通过“严谨的民族志”辨识行为秩序的“类型和自然序列”。为此，戈夫曼倡导一种“场景社会学”，④ 其核心主题是社会组织，被组织化的则是相互混合存在的个人以及由他们产生的短暂的互动行为。这些共同在场的个人及其行为所形成的“社会聚集”（social gathering）是一个处于不断变动过程中的互动实体，它必将是短暂的，易凋零消散，随着参与者的到来而创生，又将随着他们的离去而消亡。戈夫曼尤为关注这种变动中的“规范性稳定结构”。

① Erving Goffman, *Forms of Talk*, Philadelphia: University of Pennsylvania Press, 1981, pp. 2-3.

② Erving Goffman, *Frame Analysis: An Essay on the Organization of Experience*, New York: Harper & Row, 1974, p. 502.

③ Erving Goffman, *Interaction Ritual: Essays on Face-to-Face Behavior*, New York: Pantheon, 1967, pp. 1-2.

④ Erving Goffman, *Interaction Ritual: Essays on Face-to-Face Behavior*, New York: Pantheon, 1967, p. 2.

戈夫曼关于面对面互动系统的微观研究具有重要的理论与现实意义。首先，在戈夫曼之前，面对面互动领域从未被正视为一个独特的议题而充分加以探讨，它被现代社会的研究者视为社会活动中不值一提的“尘埃”，是空洞无物和微不足道的。[①] 尽管西方社会学界早已对集体行为有所研究，然而对日常生活中人与人之间的“交通往来”和社会交遇的结构和模式则鲜有涉猎。互动实践通常被用于阐明其他事物，而它们本身却被认为是无须解释的，或者是根本不值得解释。[②] 其次，20 世纪五六十年代，西方社会学尚无法对日常生活中细枝末节的行为资料提供现成的解释框架或进行有效的整理。彼此在场的个体之间进行话语与眼神的交换是非常普遍的社会现象，然而却很难厘清和解释它们独特的沟通属性，而戈夫曼的研究为分析和整理这些资料提供了一种可行的路径。最后，在戈夫曼生活的年代，社会学没有获得如同经济学那样的学科信任、分量与影响力，然而它在严格预测上的失败与系统性理论的空洞无物方面却似乎毫不逊色。[③] 戈夫曼认为社会学忽略了许多重要的变量，各种短视和盲目的乐观限制了社会学的想象力，他试图在一定程度上进行弥补和纠正。总之，在当时的学术背景下，一方面，在自然场景中研究面对面互动尚未具有充分的名义，它还无法在社会科学领域登堂入室；另一方面，面对面互动的分析边界不甚清晰。戈夫曼的学术努力在很大程度上厘清了面对面互动的边界，并为其正名，即确立微观互动系统研究的合法性与正统性。

戈夫曼认为应仔细考量日常生活的互动细节。在他看来，精神病学家的研究无意中使社会学家意识到社会生活的一个重要领域，即公共和半公共场所的行为。该领域“尚未被公认为是社会学研究的特定范畴”，但对它的研究颇为重要，因为“街道、公园、餐馆、剧院、商店、舞池、会客厅以及其他任何共同体聚集场所的行为规则都告诉我

① Erving Goffman, *Relations in Public: Microstudies of the Public Order*, New York: Basic Books, 1971, p. 64.

② Erving Goffman, *Relations in Public: Microstudies of the Public Order*, New York: Basic Books, 1971, p. ix.

③ Erving Goffman, "The Interaction Order," *American Sociological Review*, Vol. 48, No. 1, 1983, p. 2.

们大量关于社会组织的最弥漫的形式"①。戈夫曼将面对面互动系统视为自成一体的领域，他的研究对象是人们彼此之间的偶然相遇与聚集，它们是共同在场时（即特定时空内）发生的并受到相应限制的一系列活动，但又区别于社会关系、小社会群体、沟通系统和策略互动。通过对面对面互动的形式与动力机制进行自然主义式研究，② 戈夫曼深入探讨了互动秩序何以是可能的。

研究面对面互动的社会学家不能像实验室里的科学家那样，仿佛按照实验程序按图索骥便能获得理想的科学结论。在戈夫曼看来，这种研究方法存在严重的局限性：

> 各种变量都是研究设计的产物，它们并不存在于实验器具和实验主题之外的场域，除非是在移情式赞同和完满的条件下实现了某种复制或"连续性"，此时它们才可能短暂地得以存在。概念被不断地设计出来，从而能够将不同的事物组织起来、建立联系，这样就能够开展实验，能够测量不同类型的控制变量的作用，通过穿着实验室大褂和花费政府资金，确保着它的科学性。研究报告通常以这样的语句作为开始："我们假设……"，继而充分讨论研究设计存在的偏差和局限性以及它们并非无效的各种理由，最终，以大量令人满意的显著相关性肯定某些假设：仿佛揭示社会生活之模式的过程就如此简单。它似乎包含了一种交感巫术，其潜在的假设是只要你完成了具有科学属性的一系列规定动作，那么就会产生科学的结果。然而它并没有……通过这些方法，既没有揭示出自然主义式研究领域，也没有出现能使我们重构关于社会活动的观念的诸种概念，甚至没有确立能够连续性地将更多数量的事实置于其中的框架。总之，对普通行为的理解不仅没有得

① Erving Goffman, *Behavior in Public Places: Notes on the Social Organization of Gatherings*, New York: Free Press, 1963, p. 4.

② Erving Goffman, *Forms of Talk*, Philadelphia: University of Pennsylvania Press, 1981, p. 162.

到积累；反而变得更加疏远了。[①]

戈夫曼无意去测量社会规范或互动行为发生的频率及其分布，他采用质性的研究方法，确切而言是典型的社会学式“蹲点”调查。例如，为了获得精神病人社会生活的民族志细节，他没有采用传统意义上的测量法或引入控制变量，他认为在关于圣伊丽莎白医院的个案研究中，“为一些陈述搜集统计证据所需要的角色和时间将会妨碍搜集关于病人生活的组织与构造的材料”[②]。他还认为，社会研究很难提供关于事物之全面、整体的图景，通常只是抓住或触及事物的某些侧面：

> 如果我们试图给出一副全景图，那么最后只能以谈论各种任意选择的特征而告终。因此，我的期待非常有限，但我像一位自然主义者那样去实现这些期待。你能够像一位植物学家或其他任何懂得分类科学的人那样做。[③]

在这种社会学的学科特征以及关于面对面互动的学术研究背景下，戈夫曼使用的研究方法是“非系统性的、自然主义式”[④]，并认为有必要采取“暂时的、试探性的定义”[⑤]，甚至是“学究式定义”[⑥]。戈夫曼亦认识到这种方法本身可能存在问题，它不仅需要对缺乏充分资料的群体和共同体做出陈述与声明，而且对这些缺乏足够的资料进行阐释的群体本身的身份与边界都不甚清楚。但在他看来，“如果在探索性分析中尝试着将当代社会生活的碎片编织起来，那么必须在没有坚实的

---

① Erving Goffman, *Relations in Public: Microstudies of the Public Order*, New York: Basic Books, 1971, p. xvi.

② Erving Goffman, *Asylums: Essays on the Social Situation of Mental Patients and other Inmates*, New York: Anchor, 1961, p. x.

③ Jef C. Verhoeven, “An Interview with Erving Goffman, 1980,” *Research on Language and Social Interaction*, 1993, Vol. 26, No. 3, p. 329.

④ Erving Goffman, *Relations in Public: Microstudies of the Public Order*, New York: Basic Books, 1971, p. xv.

⑤ Erving Goffman, *Behavior in Public Places: Notes on the Social Organization of Gatherings*, New York: Free Press, 1963, p. 13.

⑥ Erving Goffman, *Behavior in Public Places: Notes on the Social Organization of Gatherings*, New York: Free Press, 1963, p. 18.

定量证据的情况下做出大量的断言”[①]。因此，对公共场合各类社会实践形式做出“未经证实的断言”是一种“必要之恶”。

戈夫曼对自己的社会研究方法保持着敏锐的反思性和批判意识。在《收容所》、《公共场所的行为》、《互动仪式》以及《公共场所的关系》等著作里，戈夫曼都会在开篇或“前言”部分交代与研究方法相关的问题。戈夫曼的经验材料主要来自他对设特兰群岛、圣伊丽莎白医院等进行的参与式观察；同时，他也频频援引礼仪手册等文献资料，这些材料可能并不完全可靠，其阐释亦可能值得商榷，并且充满了未经系统性经验研究验证的断言，但是“对一个基础性的行为领域而言，一种不受束缚的推测性方法优于对它完全的无视”[②]。在《收容所》的前言部分，戈夫曼论述了他的研究方法、资料来源及其局限性等，并指出由于内群体起着为其成员提供支持、对自身处境做出自我调适等功能，并且对外群体的成员（诸如医生、护士和亲戚等）持有偏见，因而若要忠实地描述病人的情境，不可避免地会呈现出一种偏袒性的视角。因此，戈夫曼关注的是住院病人（而非机构人员）的生活世界，并不忘提醒读者，他的观点更多的是从一位美国中产阶级男性的视角出发的。戈夫曼还承认，在对圣伊丽莎白医院进行研究时，他对精神病学科及其当下的实践并非满怀敬意。

剪报、漫画、小说和电影等都是戈夫曼阐述经验活动片段的资料来源。在《框架分析》里，他精心筛选多年来悉心积累的剪报，大量引用传记体裁的新闻和大众读物中的趣闻轶事，但这些引证材料不是作为事实证据，而是作为“阐释性的描述”而呈现的。[③] 这些援引的活动片段以个案实例、描述、虚构或类型化等方式出现，其中既有代表性的、普遍性的和纯粹的活动，也有例外的、极端的和限定性的活

① Erving Goffman, *Relations in Public: Microstudies of the Public Order*, New York: Basic Books, 1971, p. xiv.

② Erving Goffman, *Behavior in Public Places: Notes on the Social Organization of Gatherings*, New York: Free Press, 1963, p. 4.

③ Erving Goffman, *Frame Analysis: An Essay on the Organization of Experience*, New York: Harper & Row, 1974, p. 15.

动。无论是真实的还是编造的互动事例，它们的目的不是记录实际发生的事件，而是作为例证，这样当发生这些事件或者产生了赋予它们的阐释性意义时，就能很容易被理解。[①] 对戈夫曼而言，虚构的事例源自经验生活本身，同时他还采用齐美尔形式社会学的分析逻辑，它们是作为理想类型出现的。

戈夫曼的微观社会学提出了很多权宜性的概念，但它们的精细化有赖于整个学术共同体的努力。戈夫曼指出，在处理一些传统的研究议题时，通常以某种先后的次序逻辑逐渐发展概念和主题，但对作者而言，线性陈述限制了实际上是循环性的事件，因此，较为理想的方式是同时介绍一些术语，然而读者却会抱怨这些定义复杂的概念在其他地方并无多大用处。戈夫曼认为，问题不在于线性描述，也不在于此后不再使用这些术语和定义，而是某个术语一旦被引入，已经承载了太多的意义和关系，它不仅运用于此后的论述，而且不断地再运用于已经被运用过的论述，从而使研究变得更加错综复杂。[②] 戈夫曼承认他对初始术语的处理方式是"抽象的"，并且"从现代哲学的标准来看，对其阐述和界定是粗糙的"[③]。然而，在概念处理方面的瑕疵以及数据质量控制等方面的问题远非戈夫曼研究方法的缺陷；相反，它们"在以试错为固有特征的交互式双重契合的实践中具有明确的功能"[④]。戈夫曼还强调，每一个社会学概念"必须追溯到最适合于运用它的地方，遵循着它所引导的方向，并揭示该概念具有的其他含义。给孩子穿上不同的外套要强于他们在唯一的华丽帐篷里瑟瑟发抖"[⑤]。

从戈夫曼的论述策略中可以很明显地看出类型化的思维特征，而

① Erving Goffman, *Relations in Public: Microstudies of the Public Order*, New York: Basic Books, 1971, p. 140, n. 31.

② Erving Goffman, *Frame Analysis: An Essay on the Organization of Experience*, New York: Harper & Row, 1974, p. 11.

③ Erving Goffman, *Frame Analysis: An Essay on the Organization of Experience*, New York: Harper & Row, 1974, p. 10.

④ Robin Williams, "Understanding Goffman's Methods," in p. Drew & A. Wootton, eds., *Erving Goffman: Exploring the Interaction Order*, Cambridge: Polity, 1988, p. 82.

⑤ Erving Goffman, *Asylums: Essays on the Social Situation of Mental Patients and other Inmates*, New York: Anchor, 1961, p. xiv.

复调论证是戈夫曼的另一种重要思维特质。例如，《收容所》收录的四篇文章均独立成篇，它们从不同的视角出发最终聚焦于同一个问题，即住院病人的情境。这种在同一本著作中复调式的主题论述可能被引为诟病，但戈夫曼是从不同的分析视角切入主题的，而且这种多次“进入”本身提供了一种分析性的比较，因而能够更好地论证主题。在《公共场所的行为》中，戈夫曼引用的材料主要包括两种类型：一种是他本人在圣伊丽莎白医院（书中称为“中央医院”）调查所得的经验材料，另一种是社交礼仪手册上具体描述和指导的得体行为规范，这些礼仪手册有助于理解医院内外的精神病人可观察的行为以及他人对这种行为的反应。戈夫曼从一开始选择性地采用这两种截然迥异的材料就体现了他的意图：精神病人未能恰当地驾驭和控制各种行为表现（忽略自我形象和个人卫生）与白人中产阶级社会的社交礼仪规范形成强烈的反差，他们打破和违犯正常成人社会的情境礼仪，让人产生焦虑不安。戈夫曼正是通过交互使用这两种材料，从强烈的反差与对比中清楚地揭示了日常生活中习以为常、视而不见和理所当然的重要互动细节，并思考日常行为的结构性基础。这可以看出戈夫曼的社会学思维模式，即从无序、失常之中窥视有序和正常，从细微处探究宏大。

当规范被打破时，人们能够清楚地看到这种规则在社会情境中是如何运作的。通过寻找反差、对比或反例，诸如出现情境性危机、打破常规性秩序等，能意识到原先被忽略的社会设置和行为逻辑，并阐释它们的结构与功能。诚如戈夫曼所言，一旦我们深入了解精神病人违犯的规则（即关于情境礼仪的规则），就能够质疑他们是否真的是“病人”。[①] 在现实生活中，被定义为“精神病人”并被强制收容治疗的是那些拒绝使用其所属群体的仪式习语（ritual idiom）和侵越仪式秩序之规则的个体。因此，戈夫曼激烈地批评精神病学，嘲讽地称之为

① Erving Goffman, *Behavior in Public Places: Notes on the Social Organization of Gatherings*, New York: Free Press, 1963, p. 241.

“拙劣的行当”①，认为它对精神疾病的诊断仅是基于外在的行为表现，而非内在的实质。在戈夫曼看来，精神病学家表现得像是外行，因为任何人都会做出这种表面的区分。然而事实上，不同的社会文化对那些轻微的违犯行为往往很难达成普遍的共识。

纵观戈夫曼的社会学，他追求普遍性的分析模式。例如，《收容所》其实是在尤为细致地剖析其中一个典型——精神病院——的基础上，探讨一般意义上的全控机构。在戈夫曼学术生涯的中后期，这种普遍化的努力显得更加迫切和明显。如在《框架分析》里，针对在其他著作中已出现过的各种话题以及大量脚注的相关批评，戈夫曼指出这样做的原因在于“试图就这些话题整理我的思想，力图建构一种普遍性的表述方式”②。而在《谈话形式》的导言里，戈夫曼也明确说“这些思想的意图是普遍性的，并且值得彻底检验”③。在戈夫曼看来，关于某个逝去事件“重播式”论述可以扩展至听者云集的演讲（此时听众转变成观众），并且较为随意的细微叙事和商业性的戏剧演出之间存在组织结构上的共通之处。④

1981 年，戈夫曼当选为美国社会学协会主席。对此，他不无戏谑地说这犹如“找一位小丑来扮演哈姆莱特”⑤。戈夫曼无意成为社会学庙宇的守护神，或为这门学科进行布道，他也很清楚自己没有能治愈“社会学之疾”的灵丹妙药。1982 年，由于癌症病情的迅速恶化，戈夫曼未能亲自参加美国社会学协会的主席演讲，他的演讲稿（第二年以《互动秩序》为题发表）也成为他毕生学术生涯的谢幕辞。年底，

---

① Erving Goffman, *Asylums: Essays on the Social Situation of Mental Patients and other Inmates*, New York: Anchor, 1961, p. 321.

② Erving Goffman, *Frame Analysis: An Essay on the Organization of Experience*, New York: Harper & Row, 1974, p. 14.

③ Erving Goffman, *Forms of Talk*, Philadelphia: University of Pennsylvania Press, 1981, p. 1.

④ Erving Goffman, *Frame Analysis: An Essay on the Organization of Experience*, New York: Harper & Row, 1974, p. 522.

⑤ Erving Goffman, "The Interaction Order," *American Sociological Review*, Vol. 48, No. 1, 1983, p. 1.

戈夫曼在费城逝世，享年60岁。[①] 他关于互动秩序的微观社会学研究也成为绝响。

大体而言，戈夫曼的社会学遗产主要体现在四个方面。首先，在社会学理论方面，他早期以拟剧论分析日常生活中的人际互动，并视之为社会研究的第五种视角；后来又以框架分析探讨经验的组织化，框架思想还为研究集体记忆和社会运动等提供了重要分析工具。其次，在社会研究方法上，戈夫曼强调自然主义式观察和概念民族志，他具有很强的类型化分析逻辑，通过详细描述、概念提炼和理论化的归纳方式整理田野资料。再次，戈夫曼采用独特的社会学文本书写方式，他的资料来源兼收并蓄，语言通俗易懂，通过自然隐喻创造了大量社会学的经典意象。最后，戈夫曼毕生以面对面互动为研究主题，致力于将互动秩序开辟为独立的、具有合法性的研究领域，从而拓展了传统社会学的研究范畴。

① 20世纪70年代末80年代初，很多西方知识巨匠和学术明星先后去世。除了戈夫曼之外，阿尔文·古尔德纳（Alvin Gouldner，1980）、塔尔科特·帕森斯（Talcott Parsons，1979）、赫伯特·马尔库塞（Herbert Marcuse，1979）、德里克·普赖斯（Derek de Solla Price，1983）、马丁·海德格尔（Martin Heidegger，1976）、让-保罗·萨特（Jean-Paul Sartre，1980）、让·皮亚杰（Jean Piaget，1980）、尼科·布朗扎（Nicos Poulantzas，1979）以及戈夫曼在芝加哥大学时期重要的导师埃弗雷特·休斯（Everett Hughes，1983）等人也在这一时期逝世。

第一章　互动的形式化分析

戈夫曼将“互动”定义为：当个体相互之间处于即时/直接的身体在场时，个体对彼此的行动产生的交互影响。[①] 在《策略性互动》中，“互动”则是指一系列继发性的事件，它包括评估、决策、启动行动方案以及结果/回报等。[②] 个体作为行动的施行者，能通过各种沟通手段改变行动的步骤和进程。在戈夫曼关于面对面互动系统的分析中，仪式是重要的考量。当作为最小仪式单元的个体成为“社会交遇中能够自我管控的参与者”时，他们便成为“互动者”（*interactant*），[③] 并通过仪式进行动员。戈夫曼以不同的术语来指涉他的研究对象，诸如“面对面互动”“交遇”“情境性活动系统”“焦点式聚集”“公共生活”“混合型

① Erving Goffman, *The Presentation of Self in Everyday Life*, Garden City, N. Y.: Anchor, 1959, p. 15.

② Erving Goffman, *Strategic Interaction*, Philadelphia: University of Pennsylvania Press, 1969, p. 120.

③ Erving Goffman, *Interaction Ritual: Essays on Face-to-Face Behavior*, New York: Pantheon, 1967, p. 44.

接触”“共同交往”“公共秩序领域”等。[①] 对交遇的研究可以揭示现代西方都市生活的特性，在戈夫曼看来，“将当代社会的交遇组织与作为社会形式的都市特性分离开来完全是误导性的”[②]。戈夫曼关于公共场所面对面互动的研究存在一个基本的假定，即个体有展现自我的权利和义务，因此，他需要不断地向共同在场的他人提供充分的信息，以表明具有良好的品性和行事能力；同时，共同在场的他人亦需对这种信息作出适当的反馈。对戈夫曼而言，面对面互动系统具有自成一体的特征。

一、基本概念

（一）聚焦式互动与非聚焦式互动

在不同的互动活动中，参与者的专注程度不一样，也即有着不同程度的参与卷入。参与卷入是“一个心理生物学的进程”，在该进程中，“主体至少部分地未意识到他的感受以及认知关注的方向。这也是专注/全神贯注的含义”[③]。在日常生活的互动系统中，人们不一定能如预期的那样维持特定的关注点。参与卷入具有一定的约束力，适度的投入才会产生适度的行为。戈夫曼认为，对任何社会组织单元的研究最终必须落实到对其构成要素之间相互作用的分析。他指出，传统意义上的社会学家将面对面互动作为“集体行为”的一部分进行研究，其涉及的社会组织单元包括群氓、暴民、恐慌和骚乱等，它们的形成、分解或崩溃受一般性社会交往的影响。而面对面互动的另一面，即社会组织单元中平稳有序、风平浪静的互动形式，则一直被学术界忽略。在分析面对面互动时，戈夫曼没有以“充满变数的”和“常规性的”

① 戈夫曼用来表达“互动式参与”的术语包括 engagement/involvement/interaction 等。

② Anthony Giddens, “Goffman as a Systematic Social Theorist,” in p. Drew & A. Wootton, eds., *Erving Goffman: Exploring the Interaction Order*, Cambridge: Polity, 1988, p. 277.

③ Erving Goffman, *Frame Analysis: An Essay on the Organization of Experience*, New York: Harper & Row, 1974, p. 346.

这种方式进行划分，而是将它区分成“非聚焦式互动”和“聚焦式互动”，他从这两个方面探讨彼此即时在场的个体之间的沟通行为。非聚焦式互动“由那些仅仅是因为彼此在场而导致个人之间的沟通所构成”，这类沟通较为典型地发生于这样的情形之中：一个人通过瞥视迅速搜集另一位在场者的信息，它通常是转瞬即逝的，如在街道上行走的路人之间短暂的相互打量。而聚焦式互动是指“人们同意在一段时间内保持将认知和视觉注意力聚集于某个焦点”，此类沟通发生于当个体聚集在一起坦诚合作以维持共同的关注焦点，典型地表现为谈话过程中的话轮转换、棋盘对弈等。[①] 在聚焦式互动中，一切具有充分资格的参与者相互协助，共同维持正式的认知焦点和视觉关注点；非聚焦式互动则是处于彼此视听范围内的个体各自进行活动，他们并不共享同一个关注焦点，如街头或大型社交晚会上的个体行为等。与聚焦式互动相比，非聚焦式互动缺乏结构性、系统性，也没有共同投入和维持的焦点。

戈夫曼主要探讨聚焦式互动，尤其是那些充满博弈性的聚焦式互动。聚焦式互动发生于社会组织之中，它的自然单元称为“焦点式聚集”“交遇”或“情境性活动系统”。[②] 这三个术语并非戈夫曼的有意设计，它们都存在不能令人满意之处，然而每个术语又具有其他两个术语无法取代的优点。例如，以共同维持的体力活动为特征的人际互动不适合用“交遇”和“焦点式聚集”这样的术语来描述，而应该用更加抽象的“情境性活动系统”。戈夫曼承认，由于“交遇”这个术语包含了宽泛的日常含义，降低了它作为学术术语的价值。在他那里，“交遇”不是指出乎意料的或会导致麻烦的面对面遭遇，也不是指社交场合的彼此会见，它与这种场合中聚集在一起的频率无关。戈夫曼说的“交遇”或“焦点式聚集”是一种社会设置的类型，它发生于“当

---

① Erving Goffman, *Encounters: Two Studies in the Sociology of Interaction*, Indianapolis: Bobbs-Merrill, 1961, p. 7.

② Erving Goffman, *Encounters: Two Studies in the Sociology of Interaction*, Indianapolis: Bobbs-Merrill, 1961, p. 8.

个人处于彼此即时性的身体在场之时”。[①] 在探讨话语行为中的补救性交换时，戈夫曼将交遇定义为“一种得到认可的谈话状态，它包含单一的视觉和认知注意力的聚焦”。[②]

对参与者而言，焦点式聚集包含了共同关注某个聚焦点、言语沟通的相互开放性、行为的高度交互关联性、彼此感知其他参与者的监控、启用进入（发起）和离开（终止）的仪式标记等。具备了这些沟通条件之后，个体参与者的在场可以通过各种表现性的符号得到肯定和认可。焦点式聚集的实例包括面对面聊天、纸牌游戏、双人舞、做爱、拳击以及其他需要通过近距离身体接触而共同完成的任务。彼此在场的个体并不必然会发生交遇，他们可能仅产生非焦点式聚集。同时，即时在场的个体也可能被分派到不同的交遇中，从而形成“复焦式聚集”。此外，焦点式聚集还有“支配性”和“次属性”之分。在仅有两个参与者构成的交遇过程中，它将穷尽该互动情境，这是“完全聚焦式聚集”。而在包含两个以上参与者的情境中，有些正式在场者被排除在外，或者他们本身亦非全身心地投入互动，这些未完全参与的个体构成了“部分聚焦式聚集”。倘若有三个以上的参与者在场，且在同一情境中出现多个交遇，这便是“多重聚焦式聚集”。戈夫曼的“参与单元”同时包括了“交遇”和“未参与投入的参与者”，而“旁观者”则指“不被某个特定交遇认可为成员的任何在场个体”。[③]

（二）焦点式聚集与社会群体

戈夫曼对焦点式聚集的研究主要受当时群体精神疗法和“小群体分析”的影响。在戈夫曼看来，有必要厘清焦点式聚集与社会群体（尤其是小群体）之间的界限，否则无助于认清问题，这也是他在《交

① Erving Goffman, *Encounters: Two Studies in the Sociology of Interaction*, Indianapolis: Bobbs-Merrill, 1961, p. 17.

② Erving Goffman, *Relations in Public: Microstudies of the Public Order*, New York: Basic Books, 1971, p. 122.

③ Erving Goffman, *Behavior in Public Places: Notes on the Social Organization of Gatherings*, New York: Free Press, 1963, p. 91.

遇：关于互动社会学的两项研究》一书的前言部分详细探讨的问题。进入社会群体和焦点式聚集的人们都需要解决特定的“系统问题”，即参与者必须服从“成员招募”的规定，克制公开表露敌意，并遵守角色分工。这些制度性的规则和秩序问题是社会群体和焦点式聚集共享的特征，其中有些甚至是它们的必要条件。社会群体是一种特殊类型的社会组织，其构成要素是个体，他们除了将组织视为参与者彼此之间具有的一种特殊关系之外，还视之为独特的集体单元和社会实体。他们认同组织及其成员，并期待从中获得道义上的支持，他们还对外群体抱有某种敌意。无论规模大小如何，社会群体都具有某些一般性的组织特征，诸如进入和退出机制、集体行动的能力、劳动分工、社会化功能、满足个人需求的诸种方式以及其他潜在或显在的社会功能等。在社会群体（尤其是小群体）中，那些对焦点式聚集而言很重要的特征可能并不重要，这些特征诸如窘迫、保持风度、注意力集中的言语表达能力、遵守言说者角色互换的规则以及空间位置的分配等。对焦点式聚集而言，至关重要的属性是参与者对正式的活动焦点保持持续性的专注与投入，而这并不是社会群体的普遍性特征。与焦点式聚集或交遇不同，许多社会群体在脱离了成员身体性存在的场域之后，仍然能够继续存在。而对交遇而言，正式参与者的“散场”便是终结。

小群体也会出现情境性的活动系统，如开会讨论、消遣游戏或者一起抽烟休息等。但戈夫曼认为，对这种“群体集合”的研究并非直接对群体本身的研究，因为它的“原始数据”关注的是“集会参与者”而不是“群体成员”，尽管在这些场合，群体生活与面对面互动过程之间存在某种对应关系。[①] 小群体中的派系与群体成员在聚集中形成的联盟可能是重合的，这种结构性裂缝对群体和聚集而言都具有破坏性，因而需要谨慎加以避免。群体成员与聚集参与者的性质不同，某些从表面看是两者共享的特征实质上属于不同的范畴。例如，在聚集中维持沟通的基本规则是领导能力的重要体现，但这种领导能力在群

---

① Erving Goffman, *Encounters: Two Studies in the Sociology of Interaction*, Indianapolis: Bobbs-Merrill, 1961, p. 12.

体分析中并不具有同等的重要性。群体和聚集都需要进行张力管理，然而两者的处理方式有所不同。在情境性活动系统中，张力的产生往往是由于正式关注点受到各种干扰因素的威胁，参与者可以通过灵活得体的方式来缓解由之产生的令人感到局促不安的状态，譬如，公开指出分散注意力的因素等。在这种情况下，委婉表达出来的愠怒有助于缓解聚集中的互动紧张，但对参与者所属的群体而言，它则是一种破坏。

尽管群体结构与聚集结构之间经常表现出经验上的一致性，但这并不意味着两个领域之间存在一致的分析性联系。戈夫曼认为，小群体与焦点式聚集之间的区分不仅让我们看到聚集本身可能产生短暂的小群体，而且得以探究该群体与情境性活动系统的参与者形成的持久性群体之间的关系。当参与聚集的个体不属于同一个小群体时，尤其当他们是彼此没有任何先在联系的陌生人时，交遇则会促进这些短暂的、相互团结的小圈子形成群体。

二、分析单元

面对面互动发生于特定的社会单元之中，戈夫曼区分了三种基本的互动单元，即交遇、聚集和社交场合。① 它们也是互动的基本实体，其含义可以分别阐述如下。第一，面对面参与或交遇。② 在这种实体中，共同的视觉和认知聚焦对互动参与者都会产生约束力，比较典型的是谈话圈。第二，社会聚集。在任何一段持续发生的时期内，所有共同参与者的在场状态将呈现出某种社会情境，也即某种具有监控可能性的环境，个体进入其中任何一个地方都将成为聚集的参与者。在特定社会规范的引导下，个体会改变其行为方式，从而使彼此在场的

① 也有学者认为戈夫曼社会学的三种基本分析单元分别是自我、交遇和框架。可参见 Javier Treviño, "Introduction: Erving Goffman and the Interaction Order," in Javier Treviño, eds., *Goffman's Legacy*, New York: Rowman & Littlefield publishers, 2003.

② 在戈夫曼那里，"面对面参与"（face engagement）与"交遇"（encounter）这两个术语基本上是同义的。

个体从松散的聚合体转变成微小的社会、群体或社会组织。随着个体不断地在社会情境中进行行为调适和印象整饰，也即情境礼仪的持续展演，聚集将趋于形成小型的社会系统。[①] 第三，社交场合。它由较大的社会-心理单元构成，并根据所发生的活动类型提供相应的指涉框架。

社交场合包含了社会情境与聚集。"情境"是指整个空间环境，它具有物理（或身体）的边界。在《公共场所的行为》中，戈夫曼对情境的定义是提供各种沟通可能性的环境。[②] 情境始于参与者相互进行监视之时，一直延续到倒数第二位参与者离开。[③] 个体进入情境内部的任何地方都会成为（或将形成的）在场的聚集之成员。"聚集"指的是任何两个或以上个体的组合，其成员包括所有彼此直接共同在场的个体。[④] 情境的范畴大于聚集和交遇，[⑤] 一个情境中可以同时发生多个交遇。由于情境处于社交场合内，因此，社交场合的范畴要大于情境。聚集也发生在社交场合内，它是社交场合的表达形式，或是其可见性的阶段，由聚集支撑和维持的社会生活是社交场合的具体表现。在戈夫曼的社会学里，这些不同的互动实体的范畴大小依次为：社交场合、情境、聚集和交遇。互动规则管控着情境中个体卷入的配置，它促使个体必须恰当地处理诸如主要卷入、玄秘卷入、自主卷入、共同卷入以及脱卷边界等。当他人在场时，个体受特定规则丛的引导和支配，这些规则丛便是情境礼仪。

社交场合是最大的互动单元，当个体进入彼此直接面对的即时性在场时，他们便成为社交场合的参与者。社交场合提供了结构性的社会背景，在其中，诸多情境以及聚集形成、消解又再形成；同时，它

---

① Erving Goffman, *Behavior in Public Places: Notes on the Social Organization of Gatherings*, New York: Free Press, 1963, p. 243.

② Erving Goffman, *Behavior in Public Places: Notes on the Social Organization of Gatherings*, New York: Free Press, 1963, p. 196.

③ Erving Goffman, *Behavior in Public Places: Notes on the Social Organization of Gatherings*, New York: Free Press, 1963, p. 18.

④ Erving Goffman, *Behavior in Public Places: Notes on the Social Organization of Gatherings*, New York: Free Press, 1963, p. 18.

⑤ 戈夫曼经常采用"情境中的聚集"这样的表述。

存在某种公认（正式）的行为模式，也即标准的行为模式。在社交场合的开始和结束之间会形成一种“卷入轮廓”（involvement contour），它勾勒出对互动场景中主要活动的总体性专注的形貌。[①] 某些特定的社交场合（如葬礼）具有独特的伦理、精神和情感结构，它必须被谨慎地营造、维持或消除。不管参与者的个人感受如何，他都有义务投入和专注于其中。这些场合的活动程序通常是被预先设定的，它有具体的议程，且分工明确，对失当行为亦有明确的否定性制裁措施。而另一些社交场合则是散漫的、非结构化的。戈夫曼的微观社会学具体探讨的不是社交场合，而是各种情境和聚集。

在戈夫曼看来，研究人类组织的各种社会学概念，诸如角色、位置、地位象征、社会关系、正式与非正式组织等，都可以用于思考社交场合、聚集和交遇。他尤为强调研究聚集的重要性，这是因为：第一，相比于家庭、俱乐部、阶级、性别、种族以及国家，日常生活中的个体首先且更真切地属于聚集。第二，任何社会机构都可以看作是由交遇、聚集和社交场合这些互动单元构成的系统。虽然受卷入义务支配的情境性活动大多琐碎而细微，但社交场合蛛丝网般的密集现实正是建立在这些材料的基础之上。因此，聚集是一个重要的实质性领域。第三，若从互动的视点转向基本的社会结构，聚集是社会组织的微型。

通常认为，情境紧密地镶嵌于持续性的制度设置之中，而且这些不同的设置之间彼此存在很大的差异，因此，将社会情境以及发生于其中的聚集从制度性的环境中切除下来进行研究可能并不妥当。戈夫曼认为，不管聚集所镶嵌和表达的更广泛的社会生活具有怎样的独特性，只有在具体的情境里，个体才会遭受身体攻击、被搭讪以及被旁观者吸引注意力而转移视线等。正是在情境中，个体才必须面对和应付这些“可接近性”，也正是在面对和应付这些可接近性的过程中，赋

① Erving Goffman, *Behavior in Public Places: Notes on the Social Organization of Gatherings*, New York: Free Press, 1963, p. 18.

予了在情境中维持的社会生活以一种共同的特征。[①] 因此，将情境与聚集从社交场合分离出来进行研究是有意义的。戈夫曼的意图是提出一种普遍性的分析框架，用它来研究一个几乎被社会科学界忽略的社会实在领域，即公共与半公共场所的行为。面对面互动系统本身的独特特征、信息流的丰富程度、简捷有效的反馈机制以及结构性意义等，都为它作为一个独立、分离的分析领域提供了理论基础。

面对面参与包含了由两个或以上的情境参与者“公开地共同参与到维持单一的认知和视觉关注点——它被感知为唯一的共同活动，并赋予优先的沟通权利”。[②] 最简单常见的实例是同一情境中共同在场的个体之间进行的谈话，此外还有游戏/博弈、会议讨论、做爱以及各种形式的个人服务等。礼节性忽视、易接近性等是面对面参与的重要因素。一场交遇由个体公开采取的行动而开启，通常它是通过特殊的眼神表达或以特定音调开头的陈述作为手段。当这种“前奏曲”得到他人确认之后，参与便宣告开始，人们用眼睛、声音或姿势作为反馈信号，表明已经为面对面互动作好准备。[③] 交遇亦可以作为社会关系状态的表达，它以热情洋溢的话语（诸如“好久不见”“久违”等）或行为（如欢迎宴）作为开始，以庆贺重逢并结束关系疏远期；它又以恋恋难舍的话语（如“后会有期”“保重”等）或行为（如送别宴）作为结束，以弥补分离后逐渐产生的社会关系递减效应。

在通常情况下，面对面参与是一个边界清晰的单元，个体不是完全居于其中就是完全外在于它。然而，在仅仅是共同在场和全方位的共同参与之间存在一种中间状态，即共同在一起的交遇参与者并没有进行任何有意义的交互活动。这种现象是交遇的空转，它具有独特的社会功能，即排斥非成员的任意介入。在进行正式谈话的过程中，还

---

① Erving Goffman, *Behavior in Public Places*: *Notes on the Social Organization of Gatherings*, New York: Free Press, 1963, p. 197.

② Erving Goffman, *Behavior in Public Places*: *Notes on the Social Organization of Gatherings*, New York: Free Press, 1963, p. 89.

③ Erving Goffman, *Behavior in Public Places*: *Notes on the Social Organization of Gatherings*, New York: Free Press, 1963, p. 92.

需要其他无害性的话题可供谈资，以确保互动持续进行，这便是各类“安全供给”。① 它填充在言说式交遇的缝隙间。

戈夫曼以道路交通及其规则来比喻人际间的互动。道路交通的特征包括：跨越区域边界的相对统一的规则；不会因性别、年龄、阶级、种族、财富等因素出现权利分化；在正式而严格的社会控制下具有外显性和穷尽性的规则；以及一种普遍的心态，即倘若能侥幸逃脱而不受惩罚，那么违反规则亦无妨。共同在场的个体是互动的基本承载者，他既是“运载单元”，又是“参与单元”，这种区分是基于个体在互动系统中扮演的不同角色。作为运载单元和参与单元，个体能够在公共空间里移动并参与谈话，他们受不同的规则支配。运载单元是某种由驾驶员或领航员（通常从内部）控制的壳体。这种壳体越具有保护性，就越受限制而只能进行简单的运动。为公共秩序提供规范性基础的基本规则之一是交通规则，它是一整套规范条例，遵守这些规范条例可以使运载单元从一个点移动到另一个点时，能够独立地使用各种交通要道。通过自我接受的约束和限制，运转单元能够系统性地避免碰撞和相互妨碍，倘若能共同遵守这种安排，交通规则就能提供安全的通过模式。② 戈夫曼认为，穿越在大街小巷等公共场所的个体可以被看作是由柔软的和暴露的外壳（衣服和皮肤）包围起来的驾驶员。③ 也就是说，在行人交通系统中，个体自身成为运载单元。“运载单元”的概念使个人成为自己身体的驾驶员，他必须遵守行人交通规则。

在互动系统内部分离出行人交通系统，能更加细致地理解其他要素的运作。在道路交通系统里，个体必须信任地将自己交付于他人，深信对方也会同样遵守规则。互动双方都认可彼此之间如何行事的潜在协定，从而达成自愿和自发的合作行为，这些默契或习俗惯例构成了规则的结构性先决条件。在公共场所或社交场合，单个的个体或由

---

① Erving Goffman, *Behavior in Public Places: Notes on the Social Organization of Gatherings*, New York: Free Press, 1963, p. 103.

② Erving Goffman, *Relations in Public: Microstudies of the Public Order*, New York: Basic Books, 1971, p. 6.

③ Erving Goffman, *Relations in Public: Microstudies of the Public Order*, New York: Basic Books, 1971, p. 7.

他人相伴的个体构成了互动单元（非社会-结构单元），他们是参与公共生活的基本单元，并对共同在场进行控制与管理。社会环境与社交场合不是根据个体而是根据参与单元进行组织化，公共生活的基本设置是将互动参与者与他们所处的场景相对隔离开来，同时又存在各种理由打破这些界线。

三、互动原则

（一）面对面互动的促成要素

关于面对面互动的形式化问题，戈夫曼阐述了“无关联原则”“已实现的资源”和“转换性规则”三个方面。与社会生活中的其他要素一样，交遇也具有一种受制裁约束的秩序性，如果参与者履行互动义务并实现其期待，那将促进这种秩序性的生成。交遇区别于其他社会组织的特征在于：其秩序主要涉及的是应关注或忽视哪些要素，以及应接受何种情境定义。在形成和维持焦点式聚集的过程中，参与者自愿摒弃运用学识和技能产生关于美学、情感或经济价值的任何兴趣，这便是“无关联原则”。① 无关联原则通常只发生在互动进行期间，它涉及在交遇的现实中排除某些要素。焦点式聚集展现出来的社会组织是无关联原则有效运作的结果。在面对面互动中，无关联原则的具体运作表现为排斥参与者特定的社会特征；同时，互动参与者进行情绪管理，抑制和约束特定的心理状态。除了控制某些欲望和情感之外，它还要求个人停止与当下正在进行的聚焦式互动相冲突的事务。交遇的特征正是建立在这样的原则之基础上，即“情境属性应该被视为无关联的、框架外的或者没有发生的”。② 与人们对物质环境加以限制、不允许它渗透到交遇的共同活动中一样，参与者的某些特征也会被忽

① Erving Goffman, *Encounters: Two Studies in the Sociology of Interaction*, Indianapolis: Bobbs-Merrill, 1961, p. 19.

② Erving Goffman, *Encounters: Two Studies in the Sociology of Interaction*, Indianapolis: Bobbs-Merrill, 1961, p. 25.

略，或以不在场的方式进行处理。总之，焦点式聚集要求参与者忽略无关的（即使是看得见的）事件，暂时忘掉不相干的私事，遵守这些规则才能进行公平的游戏。因此，聚焦式互动“在参与者周围起着一种边界作用，它将他们封闭起来，并与诸多潜在的意义与行动世界相隔离”。[①] 倘若缺乏这种屏障，参与者很可能因无关行为的泛滥而动弹不得。

“无关联原则”主要涉及实现和维持聚焦式互动需要分离、排斥互动边界之外的某些属性与要素。而“已实现的资源”涉及的是维持聚焦式互动应包含的要素。就互动博弈而言，它会产生相应的角色或身份、需要关于博弈的知识与文化以及特定的表达和阐释图式。在戈夫曼看来，无论是消遣性的游戏还是严肃性的活动，它们都具有“创造现实”的特征。在严肃的交遇中，各种情形产生的意义世界具有排他性。同时，也只有在特定的即时性情境中，才能完全呈现出个人行为和角色的意义。戈夫曼认为，即使是那些未被关注和被忽略的事物，它们也具有超越微观互动之外的组织基础和相关的意义世界。面对面互动的世界既不是幻象，也不是当场即刻创造的。因为在生产这些世界的过程中，使用的是其本身具有社会历史的传统知识装备，并且社会对这些意义的理解普遍达成了共识。因此，“只有将亲吻置于特定的互动场景中，才能呈现出通过它要表达的含义；然而，发生该类型的事件并没有创造该事件的含义”。[②] 交遇也并不包含当场发生的所有事物，根据无关联原则，互动中的某些元素会被有意无意地忽略。但是，对焦点式聚集的参与者而言，“实现（微观互动）世界中所有事件和角色的原料都是能够就地取材的”。[③] 戈夫曼将这些可以在地实现的事件和角色称为“已实现的资源”。

既然存在已实现的资源，随之而来的问题便是如何在焦点式聚集

① Erving Goffman, *Encounters: Two Studies in the Sociology of Interaction*, Indianapolis: Bobbs-Merrill, 1961, p. 25.

② Erving Goffman, *Encounters: Two Studies in the Sociology of Interaction*, Indianapolis: Bobbs-Merrill, 1961, p. 28.

③ Erving Goffman, *Encounters: Two Studies in the Sociology of Interaction*, Indianapolis: Bobbs-Merrill, 1961, p. 28.

的参与者之间进行资源分配。根据参与者不同的属性来决定资源分配是一种重要的方式。一旦互动参与者既定，这些外部已实现的、并得到正式认可的因素决定着个体在互动中的参与资格问题。作为一种资源分配属性，外部已实现的特征还起着排斥其他属性的功能。也即，在不同的互动情境中，这些外部已实现的分配属性的优先权并不一样。简而言之：

> 一个包含了在地已实现的角色与事件的世界将参与者与诸多可能具有关联性的各种外部要素分隔开来，但同时允许某些外部因素作为正式的构成部分进入互动世界。这些构成互动参与者属性的外部特征之所以具有独特的重要性，是由于这些属性是在地已实现的资源进行分配的潜在决定方式。①

在绝大多数情况下，已实现的资源不能完全按照外部世界的属性分布模式进行分配。在聚焦式互动中，某些外部社会属性会被表达出来，但这些外部因素的表达方式并不足以准确地表达细微差异。换句话说，那些在地生产和实现了的资源分配（如尊敬、荣耀等）可能无法体现个体之间的差异。因此，交遇中被用于彰显参与者外部属性的事件与角色“可能仅是一种正确的方向性姿态，它能精确‘表现的’仅是更广泛世界中各种结构的极为抽象的维度而已”。②

这些外部属性在穿越日常互动的边界时会遭遇各种情况，它们可能被阻止，或者仅允许某种概略性的表达，也可能以某种颠倒的方式被引入，文明社会里成年男性对儿童或女性的日常礼仪就具有这种倒错的特征。戈夫曼认为，对老弱病残的尊重并不是因为这些特征本身值得尊重，它是日常实践中的“礼仪颠倒”现象。③ 在不同形式的全控机构里，也存在这种角色颠倒或逆转的制度化形式，诸如在各类年

---

① Erving Goffman, *Encounters: Two Studies in the Sociology of Interaction*, Indianapolis: Bobbs-Merrill, 1961, p. 31.

② Erving Goffman, *Encounters: Two Studies in the Sociology of Interaction*, Indianapolis: Bobbs-Merrill, 1961, p. 32.

③ Erving Goffman, *Encounters: Two Studies in the Sociology of Interaction*, Indianapolis: Bobbs-Merrill, 1961, p. 32.

度诙谐性的戏剧表演中，往往出现学生扮演教授、病人扮演精神病医生、罪犯扮演看守等现象。在由阿诺德·杰内普（Arnold Van Gennep）提出、维克多·特纳（Victor Turner）进行详尽阐述的通过仪式中，仪式颠倒是重要的特征，仪式中的阈限期具有“补偿性的边缘性”特征，它是结构间的间隙、缺口，处于无结构或弱结构的状态。戈夫曼在日常生活的面对面互动中重新发现了它，并将它普遍化、日常化，从而纳入互动秩序的分析范畴。在日常互动中，每一场角色颠倒的戏剧、行为和事件都是一次短暂的通过仪式，都经历了分离-过渡-重融的过程。

在焦点式聚集的情形中，一切基于外部现实的事物或属性都被视为无关联的，诸如性别、年龄、语言、社会经济地位、宗教和阶层等级、生理与精神状态等。但事实上在大多数交遇中，外部已实现的因素会被赋予某种正式的地位和权重，并在情境中公开得到承认。也就是说，尽管外部世界与交遇之间存在着边界，但是，外部世界的属性还是能够选择性地渗入面对面互动。譬如，日常称呼体现了性别差异，某些活动明显受到社会经济地位或阶层的严格限制，某些角色扮演有各种“资格准入”制度等。因此，交遇的参与者“将自己与外部事物相切割的坚固屏障其实并不是那么坚固，它如同筛子或滤网一样，允许某些基于外部性的因素渗入到交遇之中”。[①] 阻隔外部已实现的属性之屏障“更像一层滤筛，而不是坚固的墙，它不仅选择而且转化和改变那些通过它的物质”。[②] 这层滤筛包含了抑制性规则和促进性规则，它们分别告知参与者必须忽略的事物和能够识别的事物。通过“滤筛”的功能性隐喻，戈夫曼提出了“转换性规则”的概念，它表明当外在的属性在互动系统内部进行表达时，其形态将会发生怎样的改变。聚焦式互动的转换性规则是面对面互动嵌入社会的基本方式，它说明了

① Erving Goffman, *Encounters: Two Studies in the Sociology of Interaction*, Indianapolis: Bobbs-Merrill, 1961, p. 30.

② Erving Goffman, *Encounters: Two Studies in the Sociology of Interaction*, Indianapolis: Bobbs-Merrill, 1961, p. 33.

“任何一种作为内在秩序构成要素的属性之命运”。[①]

关于焦点式聚集的形式化探讨也适合于那些未在面对面的场景边界内实现的活动系统，远距离的和多重情境性的博弈式活动亦涉及无关联原则、转换性规则以及在博弈的诸种可能性中已实现了的资源等。[②]

（二）开启交遇

互动参与者之间一旦确立相识关系，会产生一种社会联结或纽带，当他们再次进入类似的社会情境时，便具有面对面参与的权利和义务。倘若个体一时遗忘，对方只需略加提醒（如他们最初相识的场景），便能恢复这种关系。戈夫曼区分了两种不同意义的“识别”，一种是“认知性识别”，它是个体进行“安置”或辨认他人的过程，将所见的对象与相关的信息框架相联系，这也是个体性地相互辨识的过程。认知性识别涉及个人身份，在某些情况下，它仅是将个体置于一般性的社会范畴。另一种是“社会性识别”，它是公开地欢迎或接受在场的他人发起互动的过程，通常以致意或微笑表示认可。认知性识别是隐蔽性的行为，而社会性识别在与他人接触时发挥着礼节性姿态的功能。[③] 要实现某种形式的社会性识别，参与者必须能够进行认知性识别。在不熟悉的个体之间发生面对面互动时，往往同时进行着认知性识别和社会性识别。在社会交往的过程中，个体有义务给予相识者以社会性识别或认可。因此，即使是两个相互嫌恶的人在迫不得已的场合碰面，也会彼此说些场面话，或礼节性地相互点头、握手。相识关系会促成个体之间的相互参与，虽然它可能仅仅表现为转瞬即逝的微笑。倘若互动参与者拒绝他人主动开启交遇，这会被认为是对情境和其他参与者

① Erving Goffman, *Encounters: Two Studies in the Sociology of Interaction*, Indianapolis: Bobbs-Merrill, 1961, p. 33.

② Erving Goffman, *Encounters: Two Studies in the Sociology of Interaction*, Indianapolis: Bobbs-Merrill, 1961, p. 37.

③ Erving Goffman, *Behavior in Public Places: Notes on the Social Organization of Gatherings*, New York: Free Press, 1963, p. 113.

的轻蔑或怀有敌意，或者被认为是一种无法容忍的社交迟钝，它违背了聚集要求所有参与者出示最低限度的社会团结的原则。

沟通行为以某种默契为基础，从理论上而言，任何两个不相识的人都能够恰当地参与面对面互动。在讨论非相识者之间的社会交往时，戈夫曼从五个方面展开分析。

第一，暴露性位置。每一个社会位置都可以被视为这样一种设置，它能展现其现任者的属性，并使之与某种类型的他人进行接触。处于某些社会位置上的人，如警察、牧师/神父、甚至街头的小摊小贩等，他们可以被各类询问信息或请求协助的人接近。还有些具有特定社会地位的人，如老人和幼童等，被认为其作为个体的“神圣价值”可以忽略不计，因此，他们也可以被任意地卷入面对面互动。对公共场所的他人而言，这些人是暴露的、不设防的和可自由参与的，他们是“开放的人”（open persons）。① 此外，处于角色分离状态的个体也容易成为面对面卷入的对象。通过扮演严肃的角色，个体可以表达真实的属性和旨趣。当个体扮演的并非是他本真的角色，或并非严肃地呈现自我时，他也就无须被谨慎地加以对待，而是可以被随意地搭讪、询问甚至戏谑等。在这种情况下，个体会将真实的自我与通过这些活动投射出来的自我相脱离，从而避免损害真正的自我。

上述是从社会地位和角色的角度分析个体正常的权利被搁置的情形。还有一种情况是当个体明显需要帮助，而这种帮助对于潜在的给予者仅是举手之劳时，那么满足这种“免费需求”则会成为开启沟通的正当理由。此外，当他人的行动（无论是潜在的还是实际的冒犯）可能影响到在场个体的利益时，便会要求（或请求）他暴露自身参与互动。例如，一位路人无意中被撞上或绊倒，这时他就有权主动要求冒犯者对其行为造成的（潜在）后果施以援助、说明和解释等补救性措施，此类情形下的个体亦处于暴露性位置。又如，在乘车高峰时的地铁车厢里，经常可以听到要下车的乘客对站在车门口的人询问“您

① Erving Goffman, *Behavior in Public Places*: *Notes on the Social Organization of Gatherings*, New York: Free Press, 1963, p. 126.

下车吗?”而同一房间里的人可能会被另一个人主动询问能否吸烟或打开窗户。

第二，开放性位置。个体可以向处于暴露性位置的人开启或主动发出互动信号，而“开放性的人”（opening persons）[①] 也可以向陌生人开启参与状态。这些个体被赋予特许可以与陌生人搭话，而不会被质疑其意图。类似于准许被接近一样，这些暂时脱离原来角色的个体也享有接近的特许，这种接触行为与匿名性密切相关。个体与投射性自我之间的疏离会使在场的他人将该自我视为是可接近的，并允许以其名义进行非规范性的活动。那些错误地呈现自我的个体尤为需要通过与他人的参与卷入表明他正在展演的并非真正的自我。与暴露性位置相对应的情形是，当处于开放性位置的个人认为需要作出道歉或解释时，他有权利主动发起面对面互动。或者当个体进行在他人看来觉得古怪或莫名其妙的事情时，也需要向他人作出说明和澄清。此外，当个体认为自己受到不公正的待遇时，他则会发出抱怨、威胁或警告，它们也是开启交遇的形式。

戈夫曼论述的暴露性位置与开放性位置是一组相对的概念，它们是从互动主客体转换的角度进行的阐述。正如关于“开放的人”和“开放性的人”的论述一样，暴露性位置与开放性位置的含义也并不完全重合。也就是说，它们不仅仅是变换角度的论述，它们探讨的分别是个体成为陌生人发起面对面互动的对象和能够与陌生人进行接触的条件。

第三，交互公开性。在日常生活的很多情形中，陌生人之间是相互开放的，各方都有权利发起交遇，同时也有义务接受他人开启的交遇。这种交互可进入性的重要基础是同质性群体的个体成员之间能获得的无拘束感和团结感。[②] 在特定的场合下，同质性群体的成员具有共同的身份和地位，或共享某种文化，他们志同道合或趣味相投。在不

① Erving Goffman, *Behavior in Public Places: Notes on the Social Organization of Gatherings*, New York: Free Press, 1963, p. 129.

② Erving Goffman, *Behavior in Public Places: Notes on the Social Organization of Gatherings*, New York: Free Press, 1963, p. 131.

同的公共场所，当互动双方同时处于被暴露的和开放性的位置时，也会产生交互可进入性。例如，大街上俩人不经意间发生了轻微的碰撞，这时双方很可能会同时发起交遇行为：相互致歉，即使任何一方都没有过错。有些公共性区域也会产生交互可进入性，这些场所的任何个体都有权利和义务发起面对面参与，给予问候和致意，这些场所是所谓的“开放区域”。[①] 传统的农村和小镇社区是最大的开放区域，此外，各类体育场、酒吧、鸡尾酒会、餐馆、俱乐部以及嘉年华等盛大活动场所也都可以被视为开放区域。在特定的社会或文化里，共同体范围的大小会影响开放区域的特性。具体而言，存在一种“点头致意的界限”（nod line），[②] 在该临界点的范围内，人们相互之间会寒暄致意，否则就无须受这种义务的束缚。因此，在大规模的都市社区里，有些人即使相互认识，也会对参与卷入谨慎地保持克制，因为相识关系是不可逆的，一旦确立便很难摆脱或再拉开距离。

第四，借口与侵犯。个体有时会特意将自己处于某个位置，以方便和帮助他人主动开启互动。例如，一位女士在公共场合故意将手帕掉到地上，这样在她附近的男士就有适当的理由来提醒她、跟她说话，或者直接替她捡起来。对沟通规则的违犯也与这种情况有关，它常见于各种类型的搭讪、乞讨、兜售甚至纠缠等。

第五，反控制。通过自我规训和潜在的法律制裁，个体会控制自己以避免不恰当地接近他人。同时，还存在一些保护性的行为策略，它们能在不改变冒犯者行为模式的情况下，使被冒犯者避免遭受互动剥夺。例如，当个体不愿意卷入交遇时，他可以表现出没有接收到任何互动信号，或直接忽略开启互动的信号。即使被迫卷入交遇，他也可以表现出各种形式的敷衍塞责等。

戈夫曼探讨的这些沟通规则主要是基于陌生人之间的互动，熟人之间会忽略或简化某些规则和情境礼仪，互动双方（寻求接触者和避

---

① Erving Goffman, *Behavior in Public Places: Notes on the Social Organization of Gatherings*, New York: Free Press, 1963, p. 132.

② Erving Goffman, *Behavior in Public Places: Notes on the Social Organization of Gatherings*, New York: Free Press, 1963, p. 132.

免接触者）共同管控和调节着参与的触发状态。面对面互动开启时存在互动规则，当面对面参与形成之后并且有旁观者（即不被正式认可为互动成员的在场者）在场的情况下，也存在不同的沟通规则，它们涉及面对面互动系统的组织要素。

四、组织要素

首先涉及的是互动本身的沟通边界问题。即使是在缺乏实际物理边界的情况下，互动系统也存在“约定性情境闭合”。[①] 因此，一个人即使进入敞开着门的房间，也要象征性地敲一下门，表明即将正式进入该空间并请求得到允许；我们也不能随便往别人家的窗户里张望。互动参与者通过各种举止和外表等，时刻进行着信息交换，正是这些可广泛获得的沟通途径以及控制这种沟通的相应规则，将原本仅仅是物理性的区域转换成具有社会学意义的场域，即“情境”。[②] 根据是否为正式的参与成员，可以将整个聚集中的在场者分成参与者和旁观者，并区别关于交遇的义务与对整个聚集的义务。在聚集中，往往同时发生着聚焦式互动与非聚焦式互动。参与者和旁观者必须适当地调控其行为，在维持共同交往的边界及其完整性的同时避免被它吞噬和彻底卷入。当面对面参与包含旁观者或者暴露在旁观者面前时，这种交遇便是“可进入的”。可进入式交遇没有完全穷尽情境，它没有物理的或惯例性的“情境闭合”切断与非参与者之间的联系，而仅是物理性或身体性地与其他情境相隔离。也就是说，它形成了一种“约定性参与闭合”，这种闭合必须具备一些社会性的组织要素。[③]

第一，礼节性忽视。旁观者会礼节性地忽视各种失误以及与当下互动无关的事项，它针对的是整个交遇，而非具体的个体。旁观者有

---

① Erving Goffman, *Behavior in Public Places: Notes on the Social Organization of Gatherings*, New York: Free Press, 1963, p. 151.

② Erving Goffman, *Behavior in Public Places: Notes on the Social Organization of Gatherings*, New York: Free Press, 1963, p. 154.

③ Erving Goffman, *Behavior in Public Places: Notes on the Social Organization of Gatherings*, New York: Free Press, 1963, pp. 156-165.

义务控制自己的言行举止，以免僭越和过度利用他所在的沟通位置，并通过可见性的表达向参与者表明，他们的关注点其实另在别处。

第二，参与者与旁观者需要相互协助，共同维持交遇的完整性。参与者需充分考虑旁观者在呈现礼节性忽视和不卷入时的复杂情形。因此，在维持常规性的闭合时，两者之间会达成某种默契。如果旁观者试图停止或不想利用沟通的机会，参与者会限制行动和话语，至少使它容易被忽略。有时参与者会作出相反的举动，表明他们相信旁观者不会剥夺性地利用他们的情境。正因如此，窃窃私语和使用在场他人听不懂的暗号会被认为是失礼的，因为它怀疑旁听者设法忽略情境的意愿。

第三，旁观者在正式参与中需适当地呈现自我，这需要机智圆滑、拿捏得当，而不是鲁莽地行使可进入的权利。例如，在谈话互动中，他被期待接受当前谈话的话题和氛围，使因他的在场而导致的扰乱最小化。

第四，约定性参与闭合的合作性还体现在参与单元之间的身体间距和声音控制。这里的间距或空间分布是指情境中的参与者相互配合地分布于有效空间，以便身体性地促进约定性闭合。身体间距必须确保“交谈线”是开放的，也即说话者和听话者之间没有物理障碍阻止信息的自如交换。如果旁观者插入在交谈线上，他需要作出道歉并且迅速离开。参与者之间的亲密性和信任程度会影响互动的空间布局。除了身体间距之外，还可以通过声音控制使情境中的互动单元继续进行当下的参与行为。例如，适当地降低音量，使共同参与者恰好能彼此听到，但是又不给偷听者机会。参与者在发出信号时，应不至于使信息淤塞、混淆或损耗，并保持交谈线在视觉上的开放性。音量控制可以避免对周围正在进行的交遇产生侵扰，这对言说式互动的距离具有一定的要求。如果间距太远，有些细微的动作和话语将无法传递或觉察不到。此外，若交谈线上分布着诸多非参与者，这种交谈还可能引起他人的误解和尴尬。

第五，当多重焦点式情境（包含多个交遇）转换成单一的、无所不包的参与情境时，可能产生再结构化，它会打断情境中原先各自分散进行的交遇，而卷入到统一的参与中。例如，大家正在客厅里各自聊天，这时新来了一位重要客人，主人会打断大家正在进行的谈话而介绍他。这种单一的无所不包的参与便是戈夫曼所说的“情境穷尽”现象，也即情境中的所有人都聚焦于同一个关注点上，这时再也没有其他的主要卷入活动，但它会伴随着诸多不会对支配性卷入构成危险的次要卷入和附属性卷入。这是一个临界点，超过这个点之后，面对面参与或情境的性质会发生变化，即出现再结构化，它从复焦式情境参与转化为单焦式情境参与，此时发生的行为和言语针对的是整个情境。

常见的关于彼此卷入的规则是避免在公共场所过度卷入私人关系。在通常情况下，这类规则限制和反对的并非交互卷入本身，而是防止参与者从聚集中撤离和疏远。卷入规则具有明显的情境性和文化差异性，某些情境中普遍存在的卷入规则会阻碍互动关系，或使参与者感到窘迫，尤其是具有特殊关系的参与者（如毒品交易者、偷情者等），他们会感到聚集和社交场合的威胁性。在每一个可进入式交遇中，有些参与者可能与情境中占主导地位的情绪或气氛格格不入，他无法全身心地投入于这种情境性互动。社交场合会显示出整体性的卷入轮廓，使它所包含的所有交遇朝着预期的方向发展，每一个独特的交遇都能彰显出其自身的动态属性。当个体参与的交遇远离整个聚集以及社交场合时，会产生“漂移”现象。① 面对面互动的参与者需顾及社会情境的风度与礼仪，任何小圈子参与者的共同卷入都不能过于远离或脱离于情境中的其他人。因此，葬礼上的人们不能大声地欢快交谈，而婚礼上过于肃穆或太喧嚣的群聚都是不适当的行为。参与者必须管理自己的行为，使之与周围的情境相协调，避免出现情境失当或“漂移”。互动情境还会生成某种欢乐、悲伤或严肃的气氛，并感染其他参与者，使之脱离原有的个体情绪，而归附于这种集体心理。当情境中的所有交遇同时朝着一致的方向漂移时，它们可能越过临界点，从而

---

① Erving Goffman, *Behavior in Public Places: Notes on the Social Organization of Gatherings*, New York: Free Press, 1963, p. 174.

转变社交场合的性质。

掩饰的艺术在一定程度上能够缓解情境参与中自发性卷入与保持情境距离之间的矛盾。在会话性的社会情境中，最重要的“卷入防护”由谈话圈本身提供。[①] 会话参与者运用各种表情和身体语言，以掩饰互动内容的索然寡味和他的无动于衷，因此，情境性会话可能呈现出对整个聚集的合谋。在不同的社交场合，有时保持一定的隐蔽性活动是被认可的，甚至是制度化的。换句话说，在同一群参与者中会同时发生两种不同的状态，即支配性和附属性活动并存。共同卷入的维持必然包含着他人的参与，并对行为属性产生影响。在共同在场的他人看来，个体的某些行为表现可能是不得体的甚至是不正常的，但是当他与其他人共同参与互动时，旁观者却不会产生这种印象。也即，与他人的互动卷入可以确保个体行为的正常性。“只要两个个体在彼此交流，不管其行为从表面看起来多么晦涩和古怪，它都不是玄秘的”。[②]

① Erving Goffman, *Behavior in Public Places: Notes on the Social Organization of Gatherings*, New York: Free Press, 1963, p. 176.

② Erving Goffman, *Behavior in Public Places: Notes on the Social Organization of Gatherings*, New York: Free Press, 1963, p. 178.

第二章　互动系统：运行与结构

一、互动系统的运行

互动系统的运行充满着各种张力、意外事件以及各种促成性要素和阻碍性要素。情境性互动系统中的个体受互动道德支配,[①] 但它亦可能被有意图的他人利用，以实现干涉和操控框架之目的。共同在场的个体不仅仅是身体性的工具，他们还具有沟通功能，由此产生的“通讯交通秩序”调节和管理着人际间的微观互动。互动系统的参与者会采取各种措施，共同维持互动秩序，确保互动系统的有序运行。大体而言，面对面互动系统的顺利运行主要涉及这样几个维度。

① Erving Goffman, *Encounters: Two Studies in the Sociology of Interaction*, Indianapolis: Bobbs-Merrill, 1961, p. 51.

（一）博弈[1]与互动

“博弈”涉及与高超的策略知识相关的支配与控制。[2] 博弈使人们沉浸于各种可能性的展示，它将人们与严肃的社会生活相分离，以相对简洁的方式展现真实生活的情境结构。博弈与互动之间可以相互阐释：一方面，博弈的结构和过程为理解面对面互动系统提供了范例；另一方面，要理解博弈的乐趣就需要研究交遇的重要特性。戈夫曼认为，博弈模型对社会心理学的“个体”、“沟通”和“互动”等概念产生了重要影响。“个体”的观念被一分为二，一种是根据效用功能衡量博弈结局的利害得失，这被称为“利益身份”；另一种是“执行性参与者”，他是博弈的“能动者”或“代理人”，而不是“责任人”，他思考自身所属一方的利益并采取行动。“沟通活动”的概念也发生了改变，博弈的基本要素是“行步”[3]，这种行动步骤或行为举措的变化“既不是像信息那样进行沟通，也不是如同任务或行动那样被执行，它们是被作出或采取的”。[4] 作出特定的行步需要某种社会设置，通过这种设置，责任人经由他的代理人采取行动，从而使自己占据某个位置。而传递该位置已被占据的信息则是截然不同的另一次行步，它表现为博弈过程中各方试图在对方不知情的状况下采取行动步骤。能动者需要在各种可能性中谨慎地选择行动策略的变动，它在很大程度上取决

① 戈夫曼采用的词是 game，这里统一理解成“博弈”，而不是“游戏”，理由是戈夫曼深受当时普遍流行的博弈论影响，而且在 *Encounter* 一书中，他很关注经济学领域的研究成果，并明确表示他关于 game 的探讨是基于谢林的研究，尤其是后者出版于 1960 年的《冲突的策略》，这在本书的绪论部分已有所交代。参见 Erving Goffman, *Encounters: Two Studies in the Sociology of Interaction*, Indianapolis: Bobbs-Merrill, 1961, p. 34。在《策略性互动》（1969 年）中，戈夫曼关于博弈的观点更加明显，但他对博弈论持批评态度。

② Erving Goffman, *Encounters: Two Studies in the Sociology of Interaction*, Indianapolis: Bobbs-Merrill, 1961, p. 35.

③ “行步”（Move）是戈夫曼微观社会学的重要分析术语，其含义类似于对弈时“走一步棋”，可引申为“位置变动”或“行为举措的变化”等。在语言学里，move 通常译成“话步”，这里译成“行步”，意为互动过程中行动者采取的行为举措的变化，这种行为变化是根据对方的行为变化而做出的，它们共同构成了连续发生的行动链。

④ Erving Goffman, *Encounters: Two Studies in the Sociology of Interaction*, Indianapolis: Bobbs-Merrill, 1961, p. 35.

于对方采取的行动，而这次行步又决定了对方采取相应行步的可能性。

博弈的视角将情境简化为利益群体，每一个利益群体都在特定的行动条件下采取理性行动，以争取利益和报酬的最大化。每个利益群体都意识到这种相互决定，并设法进行控制，每个群体的整体得失取决于它在谋略制胜过程中的表现。由此，“互动”的观念发生了转变，它不再是无关紧要和微不足道的相互影响，而是指涉一种命运共同体的高度结构化形式。①

（二）可进入性

“可进入性”意味着互动系统中的个体是彼此开放和可以相互理解的，并且能以正常的方式与之打交道。任何社会情境的共同在场者都有义务随时准备好、并表达出充分的意愿参与面对面互动。有关互动卷入的义务也能够为个体自身的利益服务，例如，一个人在公共场所不小心从包里掉了东西，这时附近的陌生人会主动上前提醒。但是，这种易接近性也可能被在场的他人利用。面对面参与是社会亲密性和关联性的重要标志，当他人提供这种机会时，不应当被拒绝。如果谢绝它，就等于拒绝他人发出的希望进行互动的信号，拒斥他人对形成聚集并成为其中一员的诉求。因此，日常生活中的个体通常不会拒绝这些微观的互动义务，他们会适当地作出各种回应。当个体向他人开放自身时，他可能招致请求、命令、威胁、侮辱等，并面临各种错误的信息。互动过程中相互考量的特征会加剧这些危险，善意的同情和礼貌可能反被利用。尽管如此，面对面互动系统存在一种默认的“沟通契约”。另一方面，虽然个体有义务对他人的要求作出回应，但是他可能对开启互动序列感到不愉快，因此，潜在的互动发起者亦有义务克制他们的行为。也就是说，可被他人利用的个体也期待着他人抑制对这种可利用性的使用，不至于为这种易接近性或可进入性付出高昂的代价。互动参与者必须克制滥用特权，他们不仅有义务约束自己不

---

① Erving Goffman, *Encounters: Two Studies in the Sociology of Interaction*, Indianapolis: Bobbs-Merrill, 1961, p. 35.

能过度利用他人的易接近性，而且也有义务使正在参与的个体终止、脱离和解除当下的互动关系，也即他有“离开”和“告辞”的权利。①这也是面对面互动过程中的基本权利和义务。

总之，共同在场使个人成为相互可进入、易接近和可获得的客体，同时他们之间相互牵制，对潜在的刺激时刻保持着警觉，并及时作出适度的反应。公共秩序的微观运作与这种可进入性的规范性调控密切相关。

（三）自发性卷入

当个体参与某项活动时，他有可能入神着迷、激动不已，甚至忘乎所以、失去自制力，也即他可能不由自主地、自发性地卷入活动。此时的个体在心理上没有施加任何自我抑制，在视觉和认知性的专注下，他通过选择性忽略，心无旁骛地投入互动，自觉地将它与其他事物相分离。这是与压抑完全不同的无意识状态。通过这种自发性卷入，个体成为情境的有机构成，这种将自身浸淫于面对面互动的方式不同于理性博弈者对其所占据位置的忠诚。② 在戈夫曼看来，博弈过程中的策略变动是一回事，在交遇中通过自我动员实现这种策略变动则是另一回事。博弈规则和互动结构共同支配着情境中的事件与行为。参与者不仅能够卷入正在进行的互动，而且也有义务将这种卷入维持在适当的水平，卷入过多或过少都是失当的行为。

自发性卷入涉及参与者作为有机体的心理生物学特征，③ 它也是面对面互动的重要构成和属性。戈夫曼认为，博弈的视角容易忽视自发性卷入这种互动组织的特征，而关于面对面互动的研究必须赋予这种心理生物特征以适当的重要性：

---

① Erving Goffman, *Behavior in Public Places: Notes on the Social Organization of Gatherings*, New York: Free Press, 1963, p. 110.

② Erving Goffman, *Encounters: Two Studies in the Sociology of Interaction*, Indianapolis: Bobbs-Merrill, 1961, p. 38.

③ Erving Goffman, *Encounters: Two Studies in the Sociology of Interaction*, Indianapolis: Bobbs-Merrill, 1961, p. 38.

> 在交遇中，通过对正式关注点的自发性卷入，参与者告诉其他人自己是怎样的人以及他的意图何在，从而增加在场他人的安全感。而且，共同活动中共享的自发性卷入通常会使共享者产生某种排他性的团结感，并得以表达关联性、精神的亲密性以及相互尊重；而如果缺乏良好的参与心态，则会表现出对在场者或场景的拒斥。最后，对限定性关注点的自发卷入肯定了由转换规则规定的世界的实在性和其他潜在世界的非实在性，并且关于情境的即时定义的稳定性正是建立在这些肯定的基础之上。①

博弈和类似于博弈的活动能够为参与者定义情境，并创造地方性的世界。这是一个相对松散的世界，它有时平淡无味，有时掺杂着各种态度和情绪的变动，令人心潮澎湃。然而它一旦被制度化，便能提供一种“现实市场”，这是个体随时可以沉浸于其中的世界。面对面互动还会对个人的现实感产生不同的影响。对个体而言，他能够无意识地投入其中的事物是真实的事物，与他人共同关注该事物会增强这种现实性。当下正在进行的活动能够确保个体感受到纯粹的情境定义具有的现实厚度，而其他人的共同参与卷入则不断地维持这种专注，尽管个人的真实兴趣可能在不停地游走。参与者有义务维持最低限度的主要卷入，避免表现出与当下的活动相脱离或显得漠不关心。在某些场合，主要卷入的重要性或吸引力不足以维持参与者的高度投入，这些情境中可能伴随着分离性的次要卷入。因此，个体需要在主要卷入和次要卷入之间维持平衡。

戈夫曼探讨了卷入的一般性偏离形式，诸如过度要求的附属性卷入、主要卷入的缺失、超卷、脱卷等，其中“超卷”与“脱卷”是一组相对的概念。个体有时被要求向在场的他人出示可见的证据，表明他并非沉迷于某种关注，也即个体表现出一定的克己自制，这种约束力须与维持最低限度的主要卷入保持平衡。当发生意外或紧急危机引起个体全神贯注于情境性活动时，该危机本身会掩饰原本可能是情境

① Erving Goffman, *Encounters: Two Studies in the Sociology of Interaction*, Indianapolis: Bobbs-Merrill, 1961, p. 40.

性的违犯行为。例如，某人在泥泞的路上摔了一跤，他会若无其事地站起来，稍做休整继续前行。这一行为表明他没有完全投入该失态行为，仍然保持着镇定自若的情境礼仪。这便是情境性脱卷，通过脱离于次要卷入和保持情境距离，行动者向在场的他人宣示其行为和心智的正常性。

戈夫曼将聚集看作是微小的社会系统，它赋予社交场合以实质性的内容，并将礼节性的社会行为视为使个体与聚集相联结的制度化纽带。① 对政治运动、职业团体、地方社团、家庭等人类组织进行的社会学研究都涉及个体归属问题，但是戈夫曼谈论的依附与传统社会学有所不同，这种依附是个人当下的关注、兴趣和取向。简而言之，它是个人的情境卷入能力。② 当发生可进入式交遇时，个体暴露于在场的其他参与者和旁观者的表意性沟通之中，每一位参与者有义务保持或留守在属于他的互动圈内。卷入义务意味着对聚集的忠实依附，社会情境中的参与者都会呈现出某种个体性依附。与此同时，面对面互动系统也存在各种形式的“参与失忠”，具体表现在以下几个方面。

第一，注意力分散。在互动情境中，很多生理性或社会性因素都可能转移参与者的注意力。为了维持共同的聚焦点，参与者必须抑制对当下聚焦点之外的事物的关注，也就是克制注意力分散或转移，否则会被认为是对当下参与的“失忠”，或缺乏修养。

第二，边界共谋。在由三个以上的参与者构成的交遇中，参与者的亚群体可能形成“次活动”（或“配角戏”）。这种次要活动与主要的、支配性的活动同时进行，但它不会公然地造成妨碍和干扰，因为其他在场的忠实的参与者能确保支配性参与的持存。在大型的参与活动中，此类情况尤为常见。例如，在开会时，邻座的参与者之间经常交头接耳、窃窃私语。但是，在人数较少的聚集中，这种次要活动很容易导致互动边界的崩溃。另外一种常见的卷入不忠是个体怀着恶意

① Erving Goffman, *Behavior in Public Places*: *Notes on the Social Organization of Gatherings*, New York: Free Press, 1963, p. 244.

② Erving Goffman, *Behavior in Public Places*: *Notes on the Social Organization of Gatherings*, New York: Free Press, 1963, p. 247.

参与互动，但又向在场的他人表明他并非严肃对待这种卷入，而只是戏谑和愚弄。例如，精神病院的医护人员在某些场合可能与精神病人一起跳舞，但同时又与站在一旁捧腹大笑的同事挤眉弄眼。行动者也可以表明某种卷入行为是情非得已，通过与在场他人之间的表意性共谋以表明自己的角色距离或“脱卷”。这种情形的卷入失忠也经常体现在成年人对待孩童的行为与态度上。

第三，当众吵闹。若参与者无法控制自己的行为，不仅可能对其他参与者构成背叛，而且会导致在卷入中生成的情感溢出，进而涌入整个情境。此时，旁观者会暂时脱离原来的卷入，因为他们难以继续礼节性地忽视这些缺乏克制的行为。这种冒犯性的参与失忠经常表现为在公共场所大吵大闹、发脾气、举止粗暴、出言不逊，甚至打架斗殴等。[①] 在这种情况下，原本相对封闭在各自交遇圈内的个体会产生强烈的关注，并采取行动介入，最终导致参与边界的破裂。在互动情境中，原本各种参与卷入之间是分离的，而且那些非参与性的个体被隔离在外，当众吵闹则往往触犯众怒、激起公愤，这种导致他人不得不卷入的行为将瓦解情境中的“约定性闭合”，进而导致“穷尽性参与”。[②] 旁观者也可能希望或认为有义务与这种可进入式交遇保持一定距离，这时便会产生“不完全的当众吵闹”。例如，在面对面谈话中故意放大嗓门让某个人听到，但这种音量是经过调控的，旁观者可以很容易地忽略它。有些自我谈话（self-talk）从表面看来似乎是封闭的，但事实上却是开放的，并且希望被特定的旁观者或局外人听到，如喃喃自语、自怨自艾、咕哝以及发牢骚等。在很多情况下，这些行为其实都是以潜在的接收者为对象，但同时它们又保持着各自的互动界线。

第四，弃场。交遇中的正式参与者可能因情境中产生的某种情绪而突然告辞或愤然离场，也即个体可能会通过共谋性的次属活动或突然离场来背弃交遇。离场是对在场他人的拒斥，这种情境性的弃绝极

---

① Erving Goffman, *Behavior in Public Places*: *Notes on the Social Organization of Gatherings*, New York: Free Press, 1963, p. 186.

② Erving Goffman, *Behavior in Public Places*: *Notes on the Social Organization of Gatherings*, New York: Free Press, 1963, p. 186.

有可能使个体成为不受欢迎的人。因此，社交场合的撤离者通常会采取各种策略，以减少因他的离场行为而产生显在或潜在的冒犯。同时，参与者之间也会默契配合，使被卡在交遇中的个体能够体面地得以脱身。

（四）轻松与紧张

当由自发性卷入构成的世界与由交遇的转换性规则创生的世界和谐一致时，参与者能自主地卷入由转换性规则规定的聚焦点。此时，个体必须关注的事物以及他感知的方式与自发性关注（因而成为真实）的事物之间是吻合的。当出现这种一致性时，参与者会感到轻松自在和自然舒坦，并确信与他人共同维持的现实，这种情况下的互动是“令人欣快愉悦的”。当个体生活的世界与他自主卷入的、对他而言是真实的或接受为当下现实的世界之间出现感知不一致时，他自发性专注的事物被转换成无关的和不现实的，处于这种冲突性情境中的个体会感到不自在和厌烦，这便是“紧张”和“焦虑烦躁”的状态。[①]“轻松”和“紧张”是两种假设的经验状态，戈夫曼在严格限定的意义上使用这两个术语。[②] 在戈夫曼看来，“紧张”这一概念之所以重要，是因为如同焦点式聚集的一致性和持续性取决于边界的维持一样，互动界限的完整性也有赖于对紧张的管理。在焦点式聚集中，任何转换性规则的改变都可能导致紧张的显著增减。

当具有特定社会地位的参与者进行焦点式互动时，角色表演的稳定性与紧张程度呈逆向关系。[③] 一旦互动参与者意识到某个人不是自发性地卷入共同参与的活动，他会质疑原本赋予对方的参与者身份，同时削弱其他人的卷入程度以及对交遇的信念。互动参与者感知的规范

---

① Erving Goffman, *Encounters: Two Studies in the Sociology of Interaction*, Indianapolis: Bobbs-Merrill, 1961, pp. 41-43.

② 如果一位赌徒输了钱、正在“紧张”地等待发下一张牌，这种状态并不是戈夫曼定义的“紧张”状态，因为对处于高度兴奋状态的赌徒而言，作为一种共享的、约束性的和自发性卷入来源的博弈式交遇本身仍可能成为一种乐趣。

③ Erving Goffman, *Encounters: Two Studies in the Sociology of Interaction*, Indianapolis: Bobbs-Merrill, 1961, p. 58.

背离还会产生放大效应，迅速影响到整个互动的进程。任何交遇都存在一定程度的紧张，也就是在义务性卷入与自发性卷入之间存在某种不一致。当参与者出现焦躁不安时，可能是由于感到与互动情境或同伴参与者之间的疏离，也可能与参与者自身的身份认同有关。互动组织及其所提供的情境定义取决于个体对参与者和社交场合的认同，这些认同是交遇的组织核心。戈夫曼认为，任何交遇都可能存在一种分析性的场景，它们能使轻松愉悦最大化，使实际的卷入和义务性卷入之间达成完美的一致。个体能自发地保持而不是刻意地维持公认的转换性规则，这种状态可以称为交遇的“欣愉功能”。从理论上而言，欣愉的最大化有两种方式：一种是赋予活动以某种特征，根据这些特征筛选、获取最合适的新成员；另一种是赋予新成员以某些社会属性，然后据此确定和促成内部资源的最有效分配。与“欣愉功能”相对的是“焦躁功能”。欣愉功能和焦躁功能都是结构性的理想型，真实发生的事件可以在“欣愉-焦躁”的功能连续统中确立相应的位置。

（五）意外事件

互动过程中会发生一些突然加剧紧张程度的事件，这便是“意外事件”。在人际互动中，此类最常见的意外是口误、出丑、失言或用词错误等。对互动参与者而言，这些意外事件提供的某些信息是非意图性的，它增加了面对面互动中对信息抑制的难度。与口误相关的一种意外被称为“漏词”，也即通常情况下在使用某个术语或短语时，它的含义是恰当的和纯粹的，但它的“弦外之音”增加了抑制非关联性事物的难度。① 另一种意外类型涉及“符号情境”，它是指互动情境中发生了意料之外的和不希望出现的事件，但它恰好表达了之前被忽略的身份认知。面对面互动通常会忽略参与者的某些生理缺陷，但这种自在感的维持是脆弱的，因为很多身体性动作和寻常的言语表达都能够为符号情境创造条件，从而释放原先被压抑或被自动忽略的事物，最

---

① Erving Goffman, *Encounters: Two Studies in the Sociology of Interaction* Indianapolis: Bobbs-Merrill, 1961, p. 46.

终使交遇穷于应付。

（六）“外溢”

转换性规则促使参与者抑制对诸多潜在事物的关注，当无法自然地表明这一点时，他可能会佯装不关注。然而，共同在场的参与者可以从行为举止，尤其是面部表情来获得各种证据，以辨别这种一致性究竟是真实的还是假装的。在社会交遇中，行为举止是表达集体情感的重要方式，“参与者可见的情感状态必须与互动旋律的曲调和节拍保持一致”。[①] 但在某些情况下，个体可能不再控制他的举止，而任由情感支配，这时就出现短暂的情境崩溃现象，他无法继续在互动情境中维持适当的表意性角色，这便是“外溢”。无论是泣不成声、欣喜若狂、面红耳赤，还是恼羞成怒或痛苦不堪，这些状态都急剧改变了原先对互动的普遍性维持，个体暂时“退出了游戏”。通常，个体积极扮演的社会角色维持着互动框架，而外溢行为则构成了“框架打破”的类型之一。[②] 对互动参与者而言，这种外爆式表达也可能具有消除误会、澄清事实和缓解紧张的作用。当发生外溢行为时，其他参与者也会被感染，进而导致总体性的情境崩溃。但更多的情况是情境参与者有意识地共同忽略或容忍某些举止失当，以维持情境的完整性。在日常生活中，这种由参与者共同维持的“皇帝的新装”并非意外，它具有仪式性的社会整合效果。然而，这种有意识的忽略和抑制本身亦可能成为互动情境中分散注意力的扰乱性因素，因为参与者需要时刻关注那些不必被关注的事物，并以无意识、自发性忽略的方式表现出来，从而增加了互动的紧张程度。

消除互动紧张的其中一种方式是参与者重新定义情境，不再将情境冒犯者视为参与者，而仅仅是无意识的表演者。个体适度、轻微的外溢行为（如羞涩地脸红）可能会吸引其他参与者的注意力，使其从

① Erving Goffman, *Encounters: Two Studies in the Sociology of Interaction*, Indianapolis: Bobbs-Merrill, 1961, p. 55.

② Erving Goffman, *Encounters: Two Studies in the Sociology of Interaction*, Indianapolis: Bobbs-Merrill, 1961, p. 56.

互动的边缘位置转移至关注的核心，从而使共同在场的他人重构互动进程。在这种情况下，个体通过短暂的情境撤离获得了情境补偿。此外，还有一种"不受约束"的外溢。当正式的无关联原则发生改变时，原先被抑制的"能量"释放出来，而新的无关联原则（即新的参照框架）难以维持原先的抑制。这时，参与者发生外溢的情境定义已经被置换，由于个体冒犯的对象已经不再被认为是共同维持的实在，因此这种外溢是安全的。

（七）整合

任何焦点式聚集都可能存在某些不相关的事物，它们会分散参与者的注意力，导致互动紧张。还有些事物虽然可以通过选择性忽略暂时得到抑制，然而它们一旦被正式引入互动系统，也可能导致紧张。参与者在遵从互动秩序的前提下，借助于恰当的言语和行为，可以协调这些令人尴尬的事物，这些行为是"魅力、机智、镇定的结构性关联物"。[①] 它们能够疏导破坏性的力量，并进行框架调整，通过这些行为，可以重新定义分散参与者注意力的事件，其重构的意义则被整合到支配性的情境定义之中，从而调和导致紧张的诸因素，减少互动过程中的焦躁不安。在日常互动中，个体对意外事件有着不同的处理方式，或有意识地忽略，或尽可能地将它整合入正式的情境定义，或承受互动紧张（而不是从情境中撤离），从而在自发性卷入与义务性卷入之间达成平衡。

（八）"配角戏"与"幕后戏"

交遇产生的紧张可以通过与互动结构相关的行动进行处理，如暂时将参与者简化为纯粹的表演者、共谋性附属行动（"配角戏"）以及"幕后戏"等。这涉及互动的动力作用机制与其结构之间的关系。在面对面互动中，参与者可能形成次属性的亚群体，他们仅在其成员

① Erving Goffman, *Encounters: Two Studies in the Sociology of Interaction*, Indianapolis: Bobbs-Merrill, 1961, p. 48.

内部确认新的共同活动，并撤回在更大范围互动中的自发性卷入。它们通常是私下暗中进行的，并适时对正式或支配性互动表示尊重。这些附属性行为可以称为“配角戏”，它能够在联合性的参与者中实现正式关注与自发性关注之间的一致。对整个互动系统而言，这些附属性行为可能是内耗性的，甚至会对正式的互动构成威胁，但它们同时又起着安全阀的功能，被疏离的参与者通过次级群体中情投意合的小世界而再次被纳入总体性的互动秩序。

如果某种聚焦式互动一旦终止，由于其内部的抑制需要释放，因此参与者会形成小群体，使公开地表达某些禁忌得以可能。这种情形下出现的不再是附属性的“配角戏”，而是“幕后戏”。[①] 当个体试图发起互动，但由于不合格的参与者未能及时回应而无法形成共同参与，这时发起者会与在场的第三者默契地交换眼神，表达出某种无奈或嘲弄，彼此双方对要表达的意思心领神会、心照不宣。在这种情形下，互动实际上失败了，于是个体通过求助于第三者来确证残余情境的真实性和自身行为的适当性。与缓解互动紧张的共谋性行为相关的另一种方式是避免眼神接触。在面对面互动中，参与者之间的眼神接触是最频繁的活动。当一个人竭力控制自己不发出大笑或流出眼泪时，与另一个人的目光接触可能不自觉地导致一种附属性的共谋行为，这种情况通常知道对方也处于同样的困境，因而能安全地进行共谋性交换。这是一种价值累加行为，任何一方表现出的细微的情绪释放都会成为另一方作出更大释放的基础。这种对情境性互动系统的交替反馈直至双方都失去自控，但双方都无需对所发生的事态负责。因此，个体会尽量规避彼此之间的眼神接触，以免产生连锁式外溢行为，最终导致互动进程和情境的崩塌。

还有一种属于“幕后戏”的情况是“内涌”。在谈话互动的场合，有些个体并非是被认可的正式参与者，但他们保持着近距离的身体在场，也即处于视听范围之内。在这种情况下，这些局外人会得体地对

① Erving Goffman, *Encounters: Two Studies in the Sociology of Interaction*, Indianapolis: Bobbs-Merrill, 1961, p. 62.

正式参与者的谈话互动表现得漠不关心。但是当这种半偷听的交遇发生意外时，局外人便很难继续保持沉浸在属于他们自身的正式活动中的表象。这时，非正式参与者将逾越支配性互动的边界，不由自主地加入其他参与者的共谋性附属行动。也就是说，参与者与非参与者之间的互动边界发生了坍塌。

二、互动系统的结构

（一）互动膜

外部世界能够穿越互动系统的边界渗透入互动系统，这并不仅仅是通过模式重组或转化完成的，它还涉及一种有机体的心理生物学本质。在这个过程中，某些具有潜在决定性作用的外部因素可能被忽视，某些因素则被有意识地压制。当发生无意识的忽略时，无须改变转换性规则，但是当个体明显感觉到注意力分散时，就会对这些规则造成压力。同时，通过改变根据这些规则进行互动的个体心理机制，那些意外事件会对转换性规则产生间接的威胁。关于面对面互动系统的筛选与渗透机制，戈夫曼引入了一个有机体的隐喻：

> 一个活细胞通常有细胞壁和细胞膜，它将细胞与外部环境中的各种成分隔离开来，从而确保它们与细胞的内部组织之间形成一种选择性的关系。细胞的适应力与健康状态表现为细胞膜保持一种独特的选择功能的能力。但是与转换性规则不同的是，细胞膜进行实际的过滤工作，而不仅仅是表明正在维持着一种与外部环境之间的选择关系。而且，细胞膜会遭到很多威胁，它仅在外部系统小范围的变化内才能维持其运作和功能。①

戈夫曼假想，交遇的外部围绕着一层隐喻性的薄膜。一方面，这

① Erving Goffman, *Encounters: Two Studies in the Sociology of Interaction*, Indianapolis: Bobbs-Merrill, 1961, pp. 65-66.

种薄膜结构具有“膜滤器”的功能，它选择性地过滤外部世界的某些社会属性，使互动参与者得以在纷繁芜杂和千丝万缕的世界中专注于当下的互动，即某种相对完整的“活动流”[①]；另一方面，作为互动的边界和屏障，它又起着保护功能，使互动得以发生并持续，不至于使共同在场的互动微系统之间产生冲突。互动膜一旦破裂，也是互动系统和情境崩溃之时。交遇的内在动力学与这种使面对面互动选择性地与外部世界分离开来的边界维持机制密切相关。

外部世界进入互动系统时，通常是以一种受控的和经过“伪装”的方式，这种伪装的作用不是为了隐瞒，而是一种能被交遇容忍和接受的适度表露。互动膜将对具有重要社会意义的事物仔细进行核查，但它不会完全阻碍外部物质进入交遇。以戈夫曼的话说，“这种我们用来阻挡部分现实的方式也正是我们能容忍引入部分现实的方式”。[②] 任何焦点式聚集都可以用互动膜的功能来理解，它围绕着社会互动，并将它与其他属性相分离，而转换性规则决定着不同的属性在分配“在地已实现的资源”时应赋予何种影响类型。互动系统的特征及其稳定性与它和外部世界的选择性关系密切相关。因而，“对交遇的自然主义式研究与社会结构研究之间的关联比人们最初所想象的要更加紧密，同时也更加分离”。[③]

戈夫曼亦表明了传统社会学关注的社会经济属性在交遇中的影响，他认为就经验上而言，外部社会属性对聚焦式互动确实具有不可忽视的重要作用，而且社会经济因素进入交遇的路径也同样会对社会污名产生影响。例如，在焦点式聚集中，参与者的有色人种的身份与某个人的兔唇具有类似的结构性后果。在戈夫曼看来，“对这种作用的分析和理论必须给予诸如杂音、身心疲惫或者面部畸形等情况以同等的重

---

① 类似地，戈夫曼在《框架分析》中最经常使用的术语之一是 strip，即活动片段。

② Erving Goffman, *Encounters: Two Studies in the Sociology of Interaction*, Indianapolis: Bobbs-Merrill, 1961, p. 78.

③ Erving Goffman, *Encounters: Two Studies in the Sociology of Interaction*, Indianapolis: Bobbs-Merrill, 1961, p. 80.

要性”。①

> 在面对面互动中，通过关联性原则与无关联原则，情境定义的共同维持过程进行社会性的组织化。对专注（engrossment）进行管理的这些规则似乎是社会生活脆弱的和非实质性的要素，它关乎礼节、举止和仪式。然而，正是这些脆弱的、微不足道的规则，而不是外部世界的坚固特征，才使我们产生坚实的现实感。若要在某个情境中感到舒适自在，就需要适当地遵循这些规则……正如每一位精神病患者和喜剧演员都应该知道的，任何不当的举动都会戳破即时性现实的薄袖。②

（二）微观行动与宏观秩序

戈夫曼主要阐述公共场所中表意性的和言语性的沟通行为及其规则，尤其是根据个体在他人面前的在场表现来探讨与个体行为相关的公共秩序。戈夫曼认为，在这些聚集圈内发生的行为，其意义可以扩展至整个情境。面对面互动中的每一位个体在其自身周围都存在着一种“自我圈”，互动参与者有义务对这些自我给予各种形式的尊重。为了揭示行为特征背后隐含的规范系统，戈夫曼区分了受赞许的行为和不适当的行为。在他看来，那些具有“否定性意义”的赞许行为③尤为重要，此类行为若是得到履行，它几乎察觉不到，但如果不履行该行为，将会遭到惩罚。戈夫曼聚焦于彼此关联的个人在即时在场的情境中呈现出来的社会关系，阐述社会结构性要素（社会关系）与公共

---

① Erving Goffman, *Encounters: Two Studies in the Sociology of Interaction*, Indianapolis: Bobbs-Merrill, 1961, p. 80.

② Erving Goffman, *Encounters: Two Studies in the Sociology of Interaction*, Indianapolis: Bobbs-Merrill, 1961, pp. 80-81.

③ Erving Goffman, *Behavior in Public Places: Notes on the Social Organization of Gatherings*, New York: Free Press, 1963, p. 7.

生活①之间的联系，具体地说是公共生活领域的基本规则以及与之相关的行为秩序，尤其是公共秩序，它涉及形形色色的人和发生面对面接触的各种场所。戈夫曼认为，在诸如家庭组织那样具有明确边界的场域内，也可以研究公共秩序，因为此类组织场域同样会产生管理和控制公共关系的各种规则以及实践方式。但是从总体上而言，对公共秩序的研究重点应关注那些彼此在身体上可接近的陌生人或仅仅是点头之交的人们构成的情境，此类情境中的秩序——即互动秩序——才是核心的问题。

戈夫曼没有采用当时社会科学领域流行的某些概念与理论，诸如“封闭式自然系统”、“博弈论”等，而是采用更具囊括性的阐释框架，即“社会秩序”模型。日常生活中的个体行动者与他人进行常规性交往时，需要遵守一系列限制性的和促成性的基本原则与规范，参与者通常采取一些社会惯例，也即关于规则的模式化适应机制，包括顺从、规避、秘密越轨、情有可原的违反以及明目张胆地侵犯等。这些动机和功能各不相同的实践类型以及与基本规范相关的惯例共同构成了“社会秩序”。② 对戈夫曼而言，社会秩序是“任何管控个人追求目标之方式的道德规范集合的结果”，③ 这些规范集没有具体规定参与者寻求的目标，但是限定了追求这些目标的方式。在戈夫曼看来，对社会秩序的研究是社会组织研究的一部分，但是它弱化了组织的观念。社会秩序研究关注的是实现目的和实施活动的手段，以及与这些意图相关的模式化适应的条件与限制。也就是说，它关注的是互动系统中特定参与者使用的规则与实践，而不是参与者的分化与整合。社会秩序

① 戈夫曼并不满意这里用“公共生活”（public life）这样的概念，因为它包含了与政治事务相关联的职业，这并不是戈夫曼想要谈论的；而它又可能排除私人的、家庭领域的面对面互动，这又恰恰是戈夫曼想要探讨的。戈夫曼认为，诸如“空间关系学”（proxemics）、“微观社会学”、“面对面互动”、“人类行为学”等术语都不同程度地存在各种缺陷。

② Erving Goffman, *Relations in Public: Microstudies of the Public Order*, New York: Basic Books, 1971, p. x.

③ Erving Goffman, *Behavior in Public Places: Notes on the Social Organization of Gatherings*, New York: Free Press, 1963, p. 8.

研究经常受一种“保守性偏见”的影响，[①] 它认为秩序是“自然的”、“善的”，即使是拙劣的秩序也聊胜于无。同时，人们还倾向于认为，正是秩序规则使共同交往得以可能。戈夫曼认为，秩序规则有其重要性，因为它能排除对共同交往构成干扰和破坏的因素。然而，有些面对面互动的基本规则是冗余的，甚至可能产生阻碍作用。从这种秩序中，某些参与者会比其他人获得更多的益处，而且互动过程中存在大量与维持秩序并行不悖的违犯与越轨行为。在复杂社会里，某种社会秩序的解组并不意味着整个社会的崩溃与瓦解。在社会秩序的观念下，社会系统或博弈都可以被视为社会秩序之实例。与社会秩序密切相关的是社会控制，社会秩序有诸多不同的类型，诸如法律秩序、经济秩序、政治秩序等，具体的个人行为受到此类多重秩序的管理与控制。戈夫曼主要关注互动秩序，它管理着个体与他人在共同在场时如何把握自身，并恰如其分地应对他人。

在分析面对面互动系统时，戈夫曼没有忽略宏观的、结构性的要素，它们处于“缺席在场”的状态。社会生活的一切要素皆有其历史，并随着时间的推移而发生变化，倘若脱离它们独特的历史文化背景就难以完全理解。[②] 戈夫曼认为，共享的文化观念外在于面对面互动领域，它们是既定的资源和超越情境的知识库。即使在全控机构里，被收容者也会将不同的身份和关系带入机构内部。作为道德共同体的成员，个体具有超越即时性情境的文化认知能力。这些认知和文化类型是超越情境性的资源，它们影响着面对面互动过程中人们对意义的创造和型塑；同时，人们也可以利用这些知识和资源，生成适合的互动类型。除了历史与文化因素之外，个体性的情境外影响因素主要是个人的生命历程，它也会对当下的互动行为产生作用。通过强调超情境性的资源，戈夫曼探讨了结构秩序的再生产机制。宏观社会学忽略了情境性效应对社会结构的直接作用，在戈夫曼看来，正是处于进程中

---

① Erving Goffman, *Relations in Public: Microstudies of the Public Order*, New York: Basic Books, 1971, p. xi.

② Erving Goffman, "The Interaction Order," *American Sociological Review*, Vol. 48, No. 1, 1983, p. 9.

的日常接触不断地再生产着社会结构。[①] 社会组织端赖于个人及其情境互动，行动者可能被说服、诱惑、哄骗、奉承和威胁等，这些都将导致互动秩序对宏观结构产生切实的影响。

然而，社会结构依赖于面对面互动的事实不能简化为这样的观点，即关于社会的一切宏观社会学特征以及社会本身都是间歇性的存在，其构成可以追根溯源为各种交遇之实在，或者社会结构可以还原为互动情境中的经验流。[②] 这涉及互动效应的聚合与外推问题，戈夫曼并不认为从个体参与的社会交遇中“能够认识商品市场的构型、都市地价的分布、市政管理的族群继替、亲属制度的结构或者某个言语共同体中习语的音韵变化”。[③] 在他看来，这种还原论观点混淆了言语与身势发生于其中的互动形式与这些言语和身势本身的含义之间的关系，也即混淆了“情境性的”（situational）与“情境化的”（situated）。[④]互动秩序与其他社会秩序之间存在交叉的关系，各种类型的文化性展示在“实质和特征上都是互动性的”。互动秩序松散地连接着社会结构，但是，互动秩序并非结构性设置的表达，而是“促成这些设置的表达”；社会结构也没有决定符合文化准则的展示，它只是参与文化选择。[⑤] 简而言之，一方面，互动秩序会影响社会组织模式，但社会结构并不能简化为互动秩序的诸种形式与过程；另一方面，宏观世界的物质与文化要素会促进或阻碍互动秩序，但互动秩序并不仅仅只是这些宏观要素的镜像。

---

① Erving Goffman, “The Interaction Order,” *American Sociological Review*, Vol. 48, No. 1, 1983, p. 8.

② Erving Goffman, “The Interaction Order,” *American Sociological Review*, Vol. 48, No. 1, 1983, p. 8.

③ Erving Goffman, “The Interaction Order,” *American Sociological Review*, Vol. 48, No. 1, 1983, p. 9.

④ 在戈夫曼看来，谈话赋予场景以人性化，它是“情境性的”，并涉及互动秩序；而如果以电话告知或留便条的形式则是“情境化的”。

⑤ Erving Goffman, “The Interaction Order,” *American Sociological Review*, Vol. 48, No. 1, 1983, p. 11.

第三章　策略性互动与仪式性互动

一、策略性互动

戈夫曼的策略性互动思想受当时风靡一时的博弈论影响，尤其是托马斯·谢林的理论。但他认为博弈论视角在分析人际互动方面存在缺陷，应该寻找其他替代性的阐释框架。[①] 戈夫曼还指出，“沟通”（communication）这个概念被宽泛地定义为“当个体聚集在一起时发生的一切”是不恰当的，这种定义忽略了沟通系统本身，又使面对面互动领域显得微不足道。在他看来，彼此共同在场的个体之间的沟通确实是面对面互动的一种形式，但面对面行为本身“决不仅仅是、

① 事实上，戈夫曼早在《交遇》一书中就指出博弈论取向在研究面对面互动时“存在诸多局限性”，可参见 Erving Goffman, *Encounters: Two Studies in the Sociology of Interaction*, Indianapolis: Bobbs-Merrill, 1961, p. 34.

也并不总是沟通的一种形式”。[①] 因此，用“沟通”这一术语来分析面对面互动具有局限性。[②] 戈夫曼认为，即使不涉及沟通的概念也能很好地分析印象管理和情境控制过程，因为该过程在本质上包含的不是沟通，而是一系列复杂而微妙的方式。正是通过这些方式，互动参与者移情式考量正在进行情境评估的他人，诱导其做出特定的评估，从而使自己占据有利的位置。

戈夫曼将“算计性和博弈式”面对面互动称为“策略性互动”。[③] 在分析策略性互动时，核心是“评估”和“行为步骤的变动”，而不是“沟通”，也即不是就行动者采取的行为措施进行各种沟通，而是综合各种表意性的信息进行评估，以选择适当的行动步骤。行动步骤构成了结构化的行动路线，它一旦被采纳，将客观地改变参与者的情境。这些行动步骤的变动既可以是可见的，也可以是隐藏的，行动者会对可见的行动步骤进行解读和评估。策略性行动步骤影响的不仅仅是信息状态，更是行动路线的选择。互动参与者的属性对表意性行为具有特殊的意义。当个体说话时，他的身体性表达会提供必要的信息，以帮助他人判定其陈述的真实性，因而它要求个体“勿过度善于表演”。[④] 从本质特征上而言，日常生活中的个体行动者并非是演技天衣无缝的表演者，那些与生俱来的生物性本能行为随时可能出卖他、让他演砸。

另一方面，个体在出现误呈时，也可能是无辜的。他以为是在忠实地呈现信息，而实际上却受同一团队中其他人的操控，因而，他的

---

① Erving Goffman, *Strategic Interaction*, Philadelphia: University of Pennsylvania Press, 1969, p. ix.

② 在这之前，戈夫曼在很多论述中经常采用“沟通”的表述。例如，他完成于1953年的博士论文题目即是《岛屿社区的沟通行为》（*Communication Conduct in an Island Community*）。在《公共场所的行为》中，戈夫曼也频频使用“沟通”（communication）一词，但是在《策略性互动》中却谨慎使用（取其狭义），甚至成为他的批判对象。在戈夫曼看来，“沟通”这个概念在当时的社会科学领域颇有滥用之嫌，因此，在《策略性互动》里，他一再强调探讨的是行为步骤的变动（move）、评估，而不是沟通。

③ Erving Goffman, *Strategic Interaction*, Philadelphia: University of Pennsylvania Press, 1969, p. x.

④ Erving Goffman, *Strategic Interaction*, Philadelphia: University of Pennsylvania Press, 1969, p. 44.

本真行为成为另一种真实的、天然的掩护和伪装策略。而且，即使是生物性的本能亦可能产生（自我）欺骗。例如，男性的梦遗往往是在性幻想中完成的，梦里情境性的“虚拟性行为”产生了真实的效果。也就是说，虚拟和幻觉亦能真实地调动人的生物性表达。又如，2012年3月4日，弗拉基米尔·普金在俄罗斯总统大选中胜出，当夜他在莫斯科市中心的马涅什广场进行民众演讲时，很多媒体纷纷报道这位硬汉“流下了激动的眼泪”。然而，事后在记者的追问下，普金的回答却是“寒风吹所致”①。这将事件的次级框架再次还原为初级框架②，它反映了媒体和民众的建构性解读。当然，普金的话也可以被理解为是一种掩饰和说辞。因此，当行动者的生物性本能和社会文化建构因素相互作用时，往往产生复杂的情境含义。

个体生活在一个充满社会交遇的世界里，他们通过直接面对面或经由媒介与其他参与者进行交往。在这些互动过程中，个体通过言语或非言语的行为模式表达对情境的感知，并对他人和自身进行评估。个体能够通过话语进行自我承诺，并通过其他表达形式确定行动的位置，这是策略性互动的重要前提假设。个体通过观察他们的情境评估正在发生的事情，并选择恰当的行为反应。在风险不确定的条件下，行动者通常是根据“趋利避害”或“效用最大化”的理性选择原则作出行为反应的。同时，它也考虑到各种行动路线的合意性和可行性。这种即时性的评估和决策取决于个体的心智能力，诸如关于不同事件的经验储存与分类以及情境性地调取经验的能力等。策略性互动的重要实体是具有共同旨趣的“利益群体”，而“联盟”则是指两个或以上的利益群体及其功能的联合，它是临时性的并以特定的目标为导向，其宗旨是增进各方的利益。③ 利益群体通过授权于有能力的个体采取行动、促进集体利益，这些个体能动者被称为“执行性参与者”。他们运

---

① 国内有很多相关的媒体报道，例如：《人民网》，2012年3月6日，“普京含泪宣布赢得大选 硬汉流泪引发解读”。http://world.people.com.cn/GB/157278/17305067.html。

② 第五章在涉及框架分析时会具体探讨“初级框架”与“次级框架”。

③ Erving Goffman, *Strategic Interaction*, Philadelphia: University of Pennsylvania Press, 1969, p. 86.

用心智评估所属利益群体的情境，选择有效、可行和最优的行动路线，并使他人忠实地投入于该行动。为了某个利益群体采取行动的个体同时也可能是该群体的成员，甚至是其唯一的成员，此时的利益群体是作为执行性参与者的“当事人”本身。

博弈论区分了“利益群体”和“执行性参与者”，但是戈夫曼认为，某些情况下可以忽略这两者之间的差别。在他看来，博弈论对个体在博弈情境中的功能性区分不甚清楚。根据在互动情境中具有的不同功能，戈夫曼区分了四种不同类型的个体。除了作为利益群体的执行者和捍卫者之外，个体还可以充当“抵押物”（如人质），它是指这样一种状况，即个人的社会性或身体性的福祉陷于危险的境地，而且它也正是博弈中面临危险的利益，虽然这种福祉是处于危险境地的个体之特质，但维持这种状态可能符合他人的旨趣。[①] 个体还可以起到“象征”的作用，也即作为公开表达和标记某个被占据的位置的手段。譬如，为了表达对某人的敬仰之情，亲自登门造访在功能上就是将自身作为仪式性的象征物。最后，更常见的是个体作为信息源，他人能够凭借他作出情境评估。

也就是说，利益群体可以将个体用作执行者、抵押物、象征物和信息提供者。在每一种情况中，个体都充当着一种与博弈相关的特殊类型的资源。这也是互动系统中个体不同的展演方式，而且这些功能经常彼此相互叠加在一起。在人际互动过程中，个体时刻面临着行动选择的重要时机，他需要从不同的替代性方案中选择最优的行动路线或策略，一旦做出这种决定，便相应地会产生行动步骤的变化。从分析性的视角而言，行动步骤的变化不仅仅是一种思考、决定或表意本身，也不是停留在行动者脑海里的观念、判断、意图和期望等，它是一种行动路径或步骤，会在外部世界产生真实而可见的后果，并对互动情境带来客观的和具体的改变。[②] 这种情境反映了行动者面临的紧急

---

① Erving Goffman, *Strategic Interaction*, Philadelphia: University of Pennsylvania Press, 1969, p. 87.

② Erving Goffman, *Strategic Interaction*, Philadelphia: University of Pennsylvania Press, 1969, p. 90.

困境，以及在该困境中必须面对的高度结构化的、边界完好的环境。但是行动者在作出行动选择时，不仅仅是基于理性的效用原则，还会牵涉到诸多社会性的、文化的以及伦理道德的因素。

利益群体与执行参与者之间的关系类似于委托人与代理人。委托人可以被替代性地、象征性地呈现于情境，而代理人仅是扮演执行者的角色，他不能以仪式性的方式呈现。行动者除了完成基本的情境评估之外，他还需要具备若干特质。第一，他需要考虑他人的行为策略，及时探知和判定对手采取何种行动步骤；第二，知悉对方的“操作准则”，关于博弈的诸多因素会影响行动展演，它包括行动者的偏好类型或效用函数(如目标排序、动机强弱)、规范性限制、自我加诸的道德情感或意识以及行事风格等。第三，决心，即不惜一切代价进行博弈的意志。第四，信息状态，掌握的关于自身和他人情境的重要特征。第五，资源或能力，它是情境适应和行动展演的基础。对利益群体而言，最重要的资源是执行性参与者，如医生的药剂师、国家首脑的外交官等。

执行性参与者的重要特征是善于进行博弈，这种特质包括统筹考虑和评估所有可能的行动路径及其后果；在随之开展行动的过程中摒弃一切个人偏见和受情感驱使的倾向；在高压下保持冷静思考与行动的能力；为长远利益而自我克制，避免过度沉湎于眼前的展演本身以及巧妙的掩饰能力等。忠诚亦是重要的特质，执行性参与者一旦应承为某个利益群体效力，就应善始善终、忠心耿耿，不为他人或自身的旨趣而改变初衷。真正的执行性参与者必须重视忠诚问题，否则他仅仅是利益群体的工具性资源。除了从博弈的视角定义对立方的情境要素之外，对自身情境的评估也是重要的情境构成，而且这种评估能够被共同在场的他人察觉。在面对面互动中，作为观察者的他人试图识破行动者的情境评估，但它本身也包含着暴露自身行为和意图的信息。这种交互侦查与反侦查构成了一种特殊类型的评估，但它不是沟通，尽管在效果上可以称之为“沟通”或“静默的沟通”。①

---

① Erving Goffman, *Strategic Interaction*, Philadelphia: University of Pennsylvania Press, 1969, p. 99.

行动者会根据对手可能的选择而作出动态的行为反应，这种因条件而异的决策将时间引入博弈，博弈者需等待对方采取行动，戈夫曼将这类博弈称为“扩展性博弈”。[①] 由于相互评估会产生诸种可能性，并对博弈各方产生影响，这是戈夫曼采取“策略性互动”这个独特视角的原因。策略性互动的典型条件可以表述如下：

> 两个或以上的利益群体察觉到他们自身处于相互影响的结构化情境里，每一方必须采取行动步骤，并且每一种可能的行动步骤对所有参与方都具有决定性的影响。在该情境中，每一位执行性参与者通过这样一种认知来影响自身的决策，即其他参与者有可能设法预先推测出他的决策，甚至有可能意识到他知道这种可能性。行动路径是根据个体关于他人关于他的意图的意图而作出的。在这种对自我和他人进行定位的基础上作出的行动步骤的交换被称为策略性互动。[②]

在现实生活中，可能出现没有对立方的博弈，也即执行性参与者与其他行动者之间并不必然构成对立关系或所谓的“零和博弈”，他们可能是利益群体的“共谋者”。除了评估性问题之外，还存在可信性问题。当行动者作出某项声明时，对立方需考虑的相关因素包括正确性（与事实的符合程度）、执行意图的决心和信念以及实现其构想的能力（可动员的资源）等。情境中的对立方以两种方式提供评估性信息：一种是发出表达，参与者通过搜集这些表达符号，用以理解当下正在发生的一切，并预期势态发展；另一种是传递信息，也就是传达言语性的陈述，在场的参与者都能够接收到这些信息。对立方亦会作出关于情境关系的重要陈述，譬如无条件地声明他将遵循某种公开宣称的行动策略。对立方也可以作出条件性声明，宣称如果参与者采取某种行动策略，他将相应地寻求另一种策略。根据条件性宣称的结果是行动

---

① Erving Goffman, *Strategic Interaction*, Philadelphia: University of Pennsylvania Press, 1969, p. 100.

② Erving Goffman, *Strategic Interaction*, Philadelphia: University of Pennsylvania Press, 1969, pp. 100-101.

者希望实现的还是试图避免的，它存在两种基本的可能性，即承诺和威胁。就维持合作性的社会互动而言，信任他人作出的条件性声明或非条件性声明甚为必要。

博弈式互动通常发生在受社会规范影响的情境里，这些社会规范主要有两种类型，即限制性规范和促成性规范。策略性互动与博弈论这两种分析框架之间的重要差别也体现于此：对博弈论而言，这些社会规范或被视为对行动者博弈特质的限制，或被认为是博弈的条件，或认为维持这种规范符合所属群体的利益。不管怎样，在博弈论的分析框架中，它们通常是被搁置在一边的。① 而戈夫曼认为，规范性限制应该成为社会学家的首要关注对象，社会生活领域几乎不存在没有规范约束的互动。因此，必须进一步细化分析行动者受限制的情境性活动，这具体表现为四个方面。第一，博弈式互动本身存在限制。一旦处于博弈式情境之中，行动者不能摒弃或推延博弈，他的不作为本身也将成为一种选择和行动策略。第二，行动路径受约束。行动者面对的并不是无数仅有细微差异的行为选择，这些行为选择也不会产生无穷的变异，他实际面临的可能性是有限的，而且每一种可能性之间存在明显的差异。换句话说，行动者的情境在一定程度上是结构化的。第三，一旦行动者选定某个特定的行动并付诸实施，他不能中途随意撤离或拒绝继续执行，他必须恪守承诺、善始善终。第四，博弈与报酬之间密切关联，行动策略的施行与对结果的损益管理都是同一情境的构成。博弈自身的限制、选择结构化、行动步骤承诺和内在报酬这四个因素共同构成了“强制执行系统”。② 而确保行动者遵守规则的因素则包括行动者自身的利益追逐、博弈式互动的基本设置、制度化的“游戏精神”以及道德压力（如羞耻心、臭名昭著导致的恶果等），它们都提供了强制执行的规范性基础。

当博弈式互动的结局由第三方及其代理人进行评判时，行动过程

① Erving Goffman, *Strategic Interaction*, Philadelphia: University of Pennsylvania Press, 1969, p. 113.

② Erving Goffman, *Strategic Interaction*, Philadelphia: University of Pennsylvania Press, 1969, pp. 114-115.

与结局裁定之间可能发生断裂，它们之间构成非本质性的联系。评判者及其行动不是完全局限于自然环境，而是渗透着诸多社会性的因素；同时，行动步骤的变动在博弈中的重要性可能会有所下降。戈夫曼将这种经过社会性调节的博弈称为“松散的博弈”，它区别于纯粹的、紧凑的博弈。“松散的博弈”产生了新的情境可能性。首先是框架问题，即执行性参与者采取的行动是否是严肃、真实的？或者仅仅是伪装、开玩笑和戏谑？抑或是一种预先的排演？与框架问题相关的是误识。另一种可能性是欺骗和收买等，它彰显出自然强制执行力产生的内在报酬与社会强制执行力导致的外在报酬之间的张力。松散的博弈依赖于社会强制执行系统，而社会能动者是这种强制执行系统的推动力。随着社会性力量的介入，博弈模型中的各种限制性因素将会变得更加无法操控和难以预料。

戈夫曼认为，在假定所有利益团体都受内化的社会规范约束的情况下，面对面互动的某些特征能够以博弈的术语进行阐释，但博弈模型“遗漏了大量面对面会话式互动”。[①] 在非正式会话中，某些声明的意图可能模棱两可，或者干脆没有明确的意义。而且，其他参与者可能并不真的期待或要求说话者受自我声明的约束，说话者也可能抱着更加实用主义的立场。此外，行动者并不必然是真实、不容置喙的表达和陈述之来源。在戈夫曼看来，面对面互动是行为领域，它涉及的不仅仅是表达和沟通，而且对行为进行评判时，首要的“不是诚挚和坦率，而是‘适当性’”。[②] 尽管面对面互动的双方相互尊重，但是这种彼此尊重不一定需要诚挚和坦率来表现，在许多情境中，参与者没有必要如实地表达自己的内心感受，它反而可能是冒犯性的。有些场合需要保持沉默，或仅是有节制地表示同情。在这些情况下，真正具有执行力的不是言语，而是行为规范。失当的行为可能引发被冒犯者采取制裁行动，但是被冒犯者并不完全受纯粹理性支配，他可能不会

① Erving Goffman, *Strategic Interaction*, Philadelphia: University of Pennsylvania Press, 1969, p. 133.

② Erving Goffman, *Strategic Interaction*, Philadelphia: University of Pennsylvania Press, 1969, p. 134.

采取任何行动，而仅是作出一些表情，也即通过感情、态度和语调等方式进行表达，这些身势语无法彻底转化为策略性的对等物。

概而言之，日常生活中面对面会话式互动的参与者并不是纯粹的博弈者，尤其在非正式的会话中，参与者内化的准则构成了主要的强制执行系统。非正式的话语可能微不足道，但任何陈述在某种形式上都是一种“述行性/施事话语”。策略性互动的参与者处于一种命运共同体之中，因而必须采取切实可行的、高度结构化的行动策略。戈夫曼关于策略性互动的分析框架是形式化的，他认为这种研究路径可以运用于任何被冠以“互动”的事物，但它亦存在一定的局限性。① 例如，社会关系的形成和结构无法完全用策略性的术语进行描述，或者无法提供新的见解；在分析面对面互动的实体单元（如各种类型的社会聚集）时，策略分析无法告知关于参与者的一般属性；在特定的情境下，是否与熟人打招呼的困境可以用策略分析来解决，但该困境本身部分地是由于在公共场合如何应付意外遇到他人的规则而产生的，这些规则并不是关于策略的规则，而是管控社会聚集的规范之构成。

二、面子工夫与互动仪式

戈夫曼认为，仪式是一种例行性的、约定俗成的行为，通过它，个体因某种关于终极价值的目的而向这种终极价值的物体或其象征物表达尊重和敬意。② 戈夫曼之所以采用“仪式”这个术语，是因为无论这些活动如何非正式、随意和世俗化，它们都代表了当对个体具有特殊价值的客体在场时，必须采取某种方式进行思索并守护其行为的符号意义。个体是“最小的礼仪性实质”之单元，③ 而人际间仪式最频繁地表现为日常生活中细微的问候、致意、称赞、道贺和道歉等。

---

① Erving Goffman, *Strategic Interaction*, Philadelphia: University of Pennsylvania Press, 1969, p. 137.

② Erving Goffman, *Relations in Public: Microstudies of the Public Order*, New York: Basic Books, 1971, p. 62.

③ Erving Goffman, *Interaction Ritual: Essays on Face-to-Face Behavior*, New York: Pantheon, 1967, p. 94.

戈夫曼关于面子的阐述集中体现了面对面互动系统的仪式维度，互动仪式的基本要素包括彼此关联的人物、展演者的位置或立场、行为举措的变化、行动展现、回应性的行为调适以及展演性的话语表达等。面子观是戈夫曼分析微观互动仪式的重要思想来源，从这种意义上而言，戈夫曼后来的《谈话形式》可以被视为《论面子工夫》一文的拓展，尤其是关于面子工夫的两种基本类型和言说式互动的阐述。戈夫曼的“补救性交换”也是他在《论面子工夫》中关于“矫正性实践”的进一步深化。

戈夫曼将“面子”定义为一个人在特定的交遇中，通过他人设想的他应采取的行为模式而对其自身作出有效宣称的肯定性社会价值。[①]面子是根据被赞许的社会属性勾勒出来的关于自我的形象，群体规则和情境定义决定了面子的个人感受及其卷入程度与情感分布状况。倘若一个人通过行为呈现出来的形象具有内在一致性，得到其他参与者的判断和证据的支持，并被情境中非人化的能动者表达出来的证据所肯定，那么我们可以称这个人“有面子”或“保全了面子”。[②] 因此，面子不是寄居在身体内部的某种物体，而是散落在交遇的事件流之中，并且只有当这些事件被解读和阐释为对其的评估性表达时，它才得以彰显出来。面子的概念使个体的内心感受与当下的情境及其背后广泛的社会世界相联系。社会性的面子是最为个人化的所有物，也是心理安全和愉悦的核心。然而，面子终究是一种社会“租赁物”，它随时可能被撤走，也即“丢面子”。在面对面的人际交往过程中，每个人都必须维护自己的脸面，这体现出互动道德的强制性。“赞许的特征及其与脸面之间的关系使每个人成为自我的监守；这是一种根本性的社会制约，尽管每个人或许喜欢他的囚室”。[③]

任何群体成员都被期待有自尊，能审慎周全地考虑、感同身受地

① Erving Goffman, *Interaction Ritual*: *Essays on Face-to-Face Behavior*, New York: Pantheon, 1967, p. 5.

② Erving Goffman, *Interaction Ritual*: *Essays on Face-to-Face Behavior*, New York: Pantheon, 1967, p. 6.

③ Erving Goffman, *Interaction Ritual*: *Essays on Face-to-Face Behavior*, New York: Pantheon, 1967, p. 10.

体谅和关切在场的他人，而不愿意见到斯文扫地、颜面尽失，也即社会化的个体倾向于“给面子”或“留面子”。个体具有保全自我脸面的防御性取向和保全他人脸面的保护性取向，抛弃自尊的人被认为是“无耻的”，羞辱他人的人则被认为是“不仁”。因此，自尊原则与体谅原则共同规范着个体在社会交往中的行为，以保全自身与其他参与者的脸面。每一个人都暂时地接受他人的行为方式，这种相互接纳的状态是互动的基本结构特征，在面对面谈话互动中尤为如此。这是一种运作过程中的接受，它可能并非是坦率表达的真挚认同，而仅仅是临时给予的口惠。通常而言，保全面子是互动的条件而非目标，在戈夫曼看来，“研究留面子就是研究社会互动的交往规则”。[①] 面子工夫是个体使他正在做的事情与其面子保持一致的行动。保全面子的行为通常是习惯性的和标准化的实践形式，任何个体、亚文化和社会都有保全面子的独特方式。保全面子的方式是有限的，它必须从包含各种行动可能性的既定母体中进行选择。每一个社交圈都有关于面子工夫的知识与实践经验，它被称为“处世之道”或“社交技能”。

面子工夫包括两种基本的类型。一种是规避过程，防止对面子造成威胁的最可靠方式是避免与潜在威胁的事物和关系进行接触。譬如，尽量规避某些由中介协助完成的复杂交易，或在产生预期的威胁之前体面地撤离。作为防御性措施，个体会主动回避某些话题、远离某些活动，以防止产生与他正在努力维持的形象不一致的信息。而作为保护性措施，个体会给予他人仪式性的尊重和礼貌，为他人说话留下余地。他施以好意，巧妙地改变要求或表示赞许，以重新定义情境，避免损害别人的自尊。当个人的行为具有潜在威胁性时，则会事先为无意的冒犯进行解释、说明和道歉，或灵活得体地忽视某些有损他人面子的行为。另一种是矫正过程。当参与者无法阻止发生与试图维持的社会价值判断不相容的事件时，或者无法忽视此类事件时，参与者会将它定性为“意外事件”，并矫正其产生的负面后果。此时的个体处于

① Erving Goffman, *Interaction Ritual*: *Essays on Face-to-Face Behavior*, New York: Pantheon, 1967, p. 12.

仪式失衡或丢脸的状态，它必须重新确立仪式均衡、挽回脸面。

通过仪式行为的象征性要素，行动者表明他在多大程度上是值得尊重的，或者认为他人在多大程度上是值得尊重的。在戈夫曼看来，"一个人的脸面是一种神圣物，而保持它所需要的表意性秩序则是一种仪式"。[①] 这种表意性秩序规范着各类事件，使它们表达的一切与个体的面子保持一致。而"交换"是当面子遭到公认的威胁时引发的一种行为序列，它在重新建立仪式均衡时终止。[②] 一个交换包含了两个或以上的参与者以及行为步骤的变动。戈夫曼认为，交换是社会活动的基本单元，它为研究所有类型的互动提供了自然的、经验性的方式。

矫正性交换过程涉及四种基本的行为步骤的变化。首先是指责或质疑，提请负有行为责任的参与者注意造成的不当行为。其次是给予，冒犯者借机纠正过错，并重新确立表意性秩序。一方面，他可以表明貌似威胁性的表达实则是无意义的事件，它或是非意图性的行为，或是无须严肃对待的玩笑，或是特定情境下无可避免又可以被理解的行为产物；另一方面，冒犯者可以表明，冒犯和过失不是在自由意志的前提下造成的，而是受其他因素的影响，尤其是受控于他人而行事。通过这些行为策略，互动参与者重新定义冒犯行为及其自身。即使冒犯者无法证明自己是清白无辜的，他也能够通过这些方式表明已经悔过自新、重新做人，已为破坏表意性秩序付出代价，因而在道德上可以被重新信任。通过自我谴责和惩罚，个体表明意识到行为造成的后果以及相应的惩罚，表明有能力换位思考，他仍然是仪式过程中负责任的参与者，因此，被他破坏的行为规范仍然是神圣的。再次，仪式供给对象接受给予，以之作为一种令人满意的方式恢复表意性秩序以及由这种秩序支持的面子，这时冒犯者方可停止仪式供给。最后，交换的终止性步骤是被原谅者向宽恕者表达感激之情。

上述矫正过程的四个阶段——质问、供给、接受和感激——提供

---

① Erving Goffman, *Interaction Ritual*: *Essays on Face-to-Face Behavior*, New York: Pantheon, 1967, p. 19.

② Erving Goffman, *Interaction Ritual*: *Essays on Face-to-Face Behavior*, New York: Pantheon, 1967, p. 19.

了人际仪式行为的基本理想模式。在实际情境中，该模式可能出现各种形式的偏离，有时为了挽回脸面，个体可能怒不可遏，甚至不惜动用暴力。行动者一旦洞悉面子工夫的运作逻辑，也可能侵犯性地使用面子工夫，剥夺性地利用他人的仪式性反应以获取利益、挑衅其他参与者或者逃避惩罚等。行动者也可能突然撤离情境，使交换过程无法完成，甚至刻意设计让对方伤害自己的感情以迫使他们感到愧疚、悔恨，最终导致仪式失衡。在这种情况下，交遇不再呈现为彼此体谅、包容和接纳的和谐场景，而是无情无义的竞技场。侵犯性交换的赢家将成功导入对自身有利的信息，同时表明作为互动参与者，他能够比对手更好地管控自身。

在面对面互动系统中，充分社会化的参与者表现为“仪式性雅致的客体”,[①] 严格遵守人际交往的基本规则。为了保全自身与他人的面子，参与者之间会默契地相互配合。自我的仪式性角色具有两重性：一方面，自我是交遇中所有事件流的表意性含义聚合而成的形象；另一方面，自我是仪式游戏的展演者，需应付情境中各种评判性的意外事件。作为神圣的客体，个体可能遭遇各种怠慢、轻蔑、冷落和亵渎；而作为仪式游戏的参与者，个体又不得不进行各种斗争。面子工夫隐含的仪式规则表明，自我的这两个角色之间是相互关联的。当一个人无意中对他人的面子构成威胁时，他可以通过自我贬抑来摆脱该困境，而这种自我侮辱并不会亵渎他的自我形象，而他人也不会将这种自贬自嘲看作是其神圣自我的表征。通过这种分离，个体能够严惩自己不恰当的行动者身份，但又不会损害他作为终极价值的身份。在互动系统中，参与者权利与义务的分配设置确保不会滥用个人作为神圣价值之客体的角色。

戈夫曼将谈话视为具有自然边界的单元，谈话互动的情境会生成独特的伦理精神和情感氛围。社会化的互动者带着仪式性关照参与言说式互动，他不断地问自己“倘若以这种方式行事，或者没有以这

① Erving Goffman, *Interaction Ritual: Essays on Face-to-Face Behavior*, New York: Pantheon, 1967, p. 31.

种方式行事，那么我或者他人是否会因此而丢颜面?”个体时刻在做出该如何行动的决定，他谨慎地进入谈话圈，在谈话互动过程中避免贸然打断别人或表现得心不在焉，并得体地离开，因为唐突地撤离谈话情境会招致负面的评价。个体要求得到的关注度须与他的社会价值相称，同时还须适当控制情感卷入，以免给人造成无法自控或缺乏尊严的形象。参与者通过审慎周全的考虑甚至是善意的谎言维持表象的一致性，以保全面子和维护情境。仪式交换也展现了自我（社会化的个人）与言说式互动之间的功能性契合，“个人（尤其是他自身）的面子取向是仪式秩序对个人的杠杆作用点，而对面子的仪式关照内嵌于谈话结构之中”。[①] 由此，戈夫曼探讨了仪式秩序的本质，认为社会生活之所以井然有序，很重要的原因是个体主动远离和规避那些不需要他的、不欢迎他的甚至可能被歧视的人、事件和场所。他们恪守自己的社会角色和位置，并且相互合作，以保全彼此的颜面。因此，仪式秩序的主要原则“不是公正，而是面子”。[②] 任何一个社会必须动员和组织其成员，使之在日常的社会交遇中能够自我管控，而仪式正是一种重要的社会组织方式。在以仪式为组织原则的社会系统里，互动参与者被教导“要有敏锐的感知能力，具有依附于自我的情感和通过面子表达出来的自我，有自豪感、荣誉感和尊严，懂得机智圆通和镇定自若”。[③]

三、规避仪式与呈现仪式

在埃米尔·迪尔凯姆与拉德克利夫-布朗的影响下，西方学者开始探寻既定社会实践的象征意义以及这种实践对群体整合和社会团结的作用。但是戈夫曼批评这些研究者将注意力从个体转向群体，而忽

① Erving Goffman, *Interaction Ritual: Essays on Face-to-Face Behavior*, New York: Pantheon, 1967, p. 40.

② Erving Goffman, *Interaction Ritual: Essays on Face-to-Face Behavior*, New York: Pantheon, 1967, p. 44.

③ Erving Goffman, *Interaction Ritual: Essays on Face-to-Face Behavior*, New York: Pantheon, 1967, p. 44.

略迪尔凯姆关于灵魂主题的论述。他借用迪尔凯姆的话说："个体的人格可以被看作集体超自然力（*mana*）的一部分，为社会集合体的表征而展演的仪式有时也会面向个体自身"。[①] 戈夫曼试图表明，世俗化世界里的个人具有神圣的属性，它通过象征性的行为进行展现并得到确证。个体的行为或事件是承载仪式性信息的符号载体，它们可以是言语的、身势的和空间的，也可以是任务嵌入式的，或作为沟通结构的一部分。

通常，行为规则以义务和期望两种方式作用于个体。义务直接规定个体的行为受道德限制，期望则间接规定他人对个体的行为受道德牵制。一个人的义务往往也是另一个人的期待。行为规范赋予行动以意义，它将行动转变为表达，无论个体遵守还是破坏规则，它们都传达了重要的意义。因此，受规范限制的行为是一种沟通，它代表着自我得到确证的方式。戈夫曼区分了两种不同类型的行为规则，即对称性规则和非对称性规则。在对称性规则中，个体关于他人的义务和期待同时也是他人对他的义务和期待。有关社会公德和公共秩序的规则大多是对称性的。非对称性规则表现为个体与他人之间对待与被对待的方式不对等。戈夫曼还区分了实质性规则与仪式性规则。就实质性规则而言，对它的违犯或遵循，除了表达个人的自我之外，其指导的行为本身是有意义的，实质性规则的表达性意涵是次要的。而仪式性规则指导的行为本身通常被认为是次要的，甚至是没有意义的，它们的主要意义是作为一种惯例化的沟通手段，个体通过它展示自己的特征，或向情境中的他人表达赞赏之情。实质性规则及其表达构成了一个社会的法律、道德和伦理，而仪式性规则及其表达构成了礼仪规范。仪式性活动与实质性活动是关于活动之构成或功能的分析性要素，而非具体的经验行动本身。[②] 仪式性活动并不必然具有实质性要素，实质性活动或工具性导向的情境多少会具有某些仪式性意义。戈

① Erving Goffman, *Interaction Ritual*: *Essays on Face-to-Face Behavior*, New York: Pantheon, 1967, p. 47.

② Erving Goffman, *Interaction Ritual*: *Essays on Face-to-Face Behavior*, New York: Pantheon, 1967, p. 56.

夫曼探讨的主要是仪式性规则。[①]

仪式性活动包含某些基本的成分，恭敬与风度便是其中之一，也即具体行为的仪式成分至少包含恭敬与风度这两个要素。作为活动的构成，恭敬起着一种符号手段的功能，它惯例性地向它的接受者或者被接受者视为象征、延伸或媒介的事物表达感激/赏识。[②] 简单而言，恭敬是个体通过规避性或呈现性仪式向他人表达理解和赞赏，它是行动者确证与接受者之间关系的表达方式。恭敬行为中的感激和赞赏隐含着行动者对接受者怀有尊敬之情，它通常涉及对接受者的综合评价。在表达恭敬的个体看来，他们的行为施与对象并非是作为独特的个人，而是作为某种范畴的实例或非人化的象征物。恭敬并不是下级对上级的尊崇、谦恭或屈从，因为很多恭敬形式是对称性的，而且上级亦有尊重下级的义务。恭敬也未必都是敬畏性的，它还可以是信赖、能力钦佩等。在恭敬这种情感中，喜爱和归依感起着重要的作用。

戈夫曼对仪式的研究深受迪尔凯姆的影响。迪尔凯姆在《宗教生活的基本形式》中区分了肯定性仪式和否定性仪式，肯定性仪式由通过各类祭品以表达崇敬的方式构成，它支持并确证行为者与接收者之间的社会关系，而否定性仪式则包括禁止、规避和远离等。戈夫曼认为，“不当地施行肯定性仪式是一种怠慢；而不当地施行否定性仪式则是一种违犯”。[③] 对领地性和个人禁地的研究可以详细地描述否定性仪式，此时它不再是受场合限制的传统意义上的仪式，而是作为公共秩序中核心的组织设置形式。在论述恭敬的形式时，戈夫曼亦区分了“规避仪式”和“呈现仪式”。行动者运用规避仪式与接受者保持特定的仪式距离，并且

---

① 戈夫曼关于神圣性和仪式的论述并不能理解为他的旨趣在于维持常规和惯例，从而使制度得以不断地再生产。可参见：Anne Warfield Rawls，“The Interaction Order *Sui Generis*: Goffman's Contribution to Social Theory，” *Sociological Theory*，Vol. 5，No. 2，1987，pp. 136-149.

② Erving Goffman，*Interaction Ritual*: *Essays on Face-to-Face Behavior*，New York: Pantheon，1967，p. 56.

③ Erving Goffman，*Relations in Public*: *Microstudies of the Public Order*，New York: Basic Books，1971，p. 63.

不违犯接受者周围如齐美尔所说的“理想领域”。[①] 比较典型的恭敬性规避，如中国人取名字时的长辈忌讳，尤其是在古代不能用皇帝的名字。比较普遍的规避行为诸如互动过程中避免情境失当或公开谈论隐私性话题，并在身体上保持一定的距离（包括其个人所有物）。规避仪式赋予个体自我操控的空间，使他能够自主地呈现值得他人恭敬的自我。而呈现仪式则包含这样的行为，即个体通过它们向仪式接受者展现他的尊重，并表明在即将到来的互动中将如何对待他们。[②] 规避仪式具体规定了不应该做的事项，而呈现仪式则详细说明了应该做的事项。常见的呈现式恭敬包括寒暄、问候、邀请和称赞等，对个体的外表、身份、地位或声望的变化进行积极肯定的评价，并适时提供各种细微的帮助。这些仪式实践向接受者表明，他并非人群中的孤岛，其自我并未受缚或成为他人的障碍。通过呈现仪式，行动者具体地展现他对仪式接受者的理解与欣赏；而规避仪式则采取制止、阻断和禁忌等形式，行动者必须抑制某些行为，以免违犯接受者享有特定空间的权利。这两种恭敬形式之间存在固有的冲突，例如，当给予个体移情式关照时，亦可能侵犯其个人领地。这种彼此对立的行为要求在一定程度上是相互分离的，但它们却在同一个互动系统中共同实现。社会交往包含着呈现仪式与规避仪式之间的对立统一，维持这种独特的张力和相互牵制是互动秩序的重要基础。

风度是指个体仪式行为的这样一种要素，它“通常由仪态、着装和神态向即时在场者表达他具有某种令人向往的或遭人嫌恶的品性”。[③] 举止优雅、风度翩翩的个人被认为受过良好的品格熏陶或完善的社会化，是值得依赖和信任的互动者。个体通过风度创造自我形象，但是风度具有的特征来自社交过程中他人对个体行为的阐释。类似于恭敬规则，风度规则也可以是对称性的或非对称性的。恭敬与风度是两个分析性的术

---

① Erving Goffman, *Interaction Ritual: Essays on Face-to-Face Behavior*, New York: Pantheon, 1967, p. 62.

② Erving Goffman, *Interaction Ritual: Essays on Face-to-Face Behavior*, New York: Pantheon, 1967, p. 71.

③ Erving Goffman, *Interaction Ritual: Essays on Face-to-Face Behavior*, New York: Pantheon, 1967, p. 77.

语，两者在经验上存在诸多重合之处。个体通过某种行为给予或拒绝给予他人恭敬也是表达是否举止优雅的方式。在展演既定的呈现性恭敬行为时，行动者若表现得温文尔雅、泰然自若，则显示出他的沉着自信和自我控制。向他人表示恭敬是个人风度的体现，而举止优雅则是向在场他人表示恭敬的方式。总之，恭敬与风度之间是一种互补的关系。虽然每一个人都拥有独特的自我，但这种人格占有状态是共同的仪式努力之产物。在戈夫曼看来，库利式“我看人看我”的“镜中我”观念似乎过于简单化，个体的自我形象与他人对他的形象并不是一种镜像关系，两者之间会不断地相互印证和合法化。

在现实的互动过程中，某些情境可能无法维持仪式的正当性，尤其是当不同的文化群体对表达恭敬与风度的方式、同一行动的仪式含义以及对隐私的定义等存在差异时，更为如此。因此，在跨文化的沟通实践中，行动者往往容易出现识别性错误，他可能不恰当地给予恭敬，或未能得到预期的仪式性对待，从而导致仪式性蔑视、侵越和亵渎。行动者受仪式义务与期待的指引，时刻提醒自己必须举止得当，并肯定他人的神圣特性。在行动者参与的关于自我的神圣游戏里，情境需确保个体不必为其优雅的举止付出高昂的代价，并且能够得到相应的敬重。自我的仪式实践在很大程度上是被制度化的，这样个体才能够投射可持续的神圣自我，并继续参与仪式游戏。在规范日常生活中的互动行为时，这些细微的仪式规则持续的时间通常很短暂，但它们更频繁地承担着肯定道德秩序和社会团结的功能。

四、支持性交换

戈夫曼认为，当代社会关于超自然象征物的社会仪式已经衰退，但依然保留着个人之间的简洁仪式，即“人际仪式”。它表明施行者的文明教养和善意，并确证接受者拥有“一小笔神圣的遗产”。[①] 这种人

① Erving Goffman, *Relations in Public: Microstudies of the Public Order*, New York: Basic Books, 1971, p. 63.

际间仪式和“微不足道”的虔敬通常被擅长于传统仪式研究的人类学家所不屑。在戈夫曼看来，正是世俗性的社会观念使人们无法理解或忽略它们的无所不在、策略性地运用以及在社会组织中的作用。与传统仪式不同的是，人际仪式具有一种“对话特征”：

> 当出现仪式供奉物的时候，也就是当个体发出参与卷入以及与其他人具有关联性的符号时，接受者必须显示已经收到该信息，并领会其含义，从而确立施行者隐含的肯定关系，施行者本身具有作为人的价值，最后，接受者具有鉴赏的、感激的禀性。①

在共同在场的个人之间展演仪式时，仪式行为一旦发出，通常会引起理解和感激的反应，施行者/展演者与接受者之间的行为构成了一套细微的礼仪，这便是“支持性交换”。② 这是一种“肯定性人际仪式”或“支持性仪式”。在日常生活中，当一个人接近另一个人时，他会说“您好”或“打扰”之类的话，谈话性互动往往由它们作为开启和结束，这是支持性交换的日常表现。戈夫曼主要通过两种途径研究支持性仪式。一种是将在感官认识上不同、但具有共同的形式特征和共享某种主题的行为联结起来，“认同性移情的仪式化”属于这种研究取向。另一种探讨支持性仪式的方式是分离出特定的功能，其背后的假设是虽然这些仪式都用于支持各种社会关系，但它们可以在不同的接合点、以不同的方式来完成，正是这些差异成为区分不同仪式类型的手段，“认证性仪式”属于第二种研究取向。当个体以某种方式改变存在状态时，诸如改变各种关系、外表和社会等级等，认证性仪式表明施行者对已改变的个体情境表示关注，并将继续保持既有的关系。也就是说，尽管承认个体属性和情境已经发生变化，但一切仍将照常。这是一种确证性的展示，它肯定和接受新的自我呈现，同时也反映出个体生活世界中的关系结构。这两种途径分别是从内容与功能的角度

---

① Erving Goffman, *Relations in Public*: *Microstudies of the Public Order*, New York: Basic Books, 1971, p. 63.

② Erving Goffman, *Relations in Public*: *Microstudies of the Public Order*, New York: Basic Books, 1971, p. 64.

研究支持性仪式。

从宽泛的意义上而言，当不同的个体同时将注意力放在彼此身上、予以足够重视并且彼此都知晓这一点时，就产生了“接触”。它是更复杂的社会交遇的构成，这种交遇包含了开放性谈话中话语和其他认知仪式的交换以及对共同参与的认可。[①] 支持性仪式的前提条件是给予者和接受者处于接触状态，无论它是直接面对面的接触还是通过中介完成的接触。没有接触就没有人际仪式。当产生接触时，存在三种可能的支持性仪式。首先，基于某些合乎情理的或非礼节性的原因需要进行接触，也即因工作需要与相关的参与者联系，这时会顺带性地履行支持性仪式。其次，当关系各方使用相同的街道、服务机构和公共交通等，或者参与同一个社交场合，在此类情形下偶然也会发生接触。最后，因个体公开宣称的和管控性的意图而施展支持性仪式。简而言之，工作事务、意外遭遇和礼仪，这三者构成接触的缘由，为其提供传统习俗认可的合法性阐释。但是，在不同的个体身上，这三种接触的基础并不能充分得到保证，尤其是个体间的互动频度和强度均存在差异。因此，还存在一类定期举行的维持性仪式，以确保维系、强化个体或集体性的关系，它们包括集体欢庆的圣诞节、新年等，个体性庆祝的生日、结婚纪念日等，以及日常交遇中小别重逢后的寒暄、问候与致意。戈夫曼具体探讨了其中一种支持性仪式，即“问候/致意”，并根据功能对它进行了分类。

第一，维持性仪式主要包括“通过式问候”和“突袭式问候”。通过式问候是相识的人在各自处理日常事务的过程中，彼此近距离遭遇时，他们不停止正在进行的活动而相互短暂地交换问候。它具有随意、附带性和自发性的性质，如擦肩而过时的寒暄，这时双方都不会刻意地停下脚步。突袭式问候则是出人意料、突如其来的问候，让人感到措手不及，它需要暂时中止正在进行的活动。这种意料之外的接触使参与者一时无法适应互动情境，可能让人感到尴尬或窘迫不已。

---

① Erving Goffman, *Relations in Public: Microstudies of the Public Order*, New York: Basic Books, 1971, p. 70.

第二，当由于相识关系或希望共同完成的活动而进行谈话时，人们通常以相互问候作为开始。这种独特的仪式在结构上不同于通过式问候，它是双向性的：往后是参与者之间的关系，往前是当即不断增长的可进入性。而通过式问候则是单向性的：从当下的接触追溯至共同在场者的个体间关系。

第三，会话接触以问候开始，当它终止时，亦会发生支持性仪式，即在离别时展现各种告辞形式。

第四，问候与告别为某段共同活动提供了“仪式括弧”。问候标志着可接近性的增加，告别则是可进入性降低的状态，两者都是进入性程度发生变化的仪式展演。这些行为可统称为“进入仪式”，它包含着起始仪式与终结仪式。在通过式问候中，进入性的增加仅就理论上而言，因为产生接触之后，进入性会随着问候者的离去而终止。因此，通过式问候是一种“仪式的仪式化”，是对接近之可能性的礼仪性认可。问候仪式和告别仪式都是反应性的，它不仅与进入性有关，也与仪式展演者的“仪式执照”有关。

问候仪式与告别仪式之间还存在其他结构性差异。例如，当问候开启一段接触时，参与者会抑制自己的热情，以避免对交往产生误导性期待；而在告辞时，参与者展演支持性仪式的方式是完全开放的，通常伴随着热情洋溢的赞扬和大量的礼物奉送，他们可以安全地表达继续亲密交往的意愿，因为这些口头希冀将无法实现，至少在短时间内如此。问候意味着过去没有接触的时期宣告结束，在再次接触时，可能热情不如最初，但彼此仍会进行逐渐减弱的仪式展演，以防止产生尴尬。若没有发生预期的接触，则会感到失望与沮丧。在人际关系的管理中，辞别并非指向它所发生的社交场合或社交时刻的终止，而是再次发生这种聚集的可能性急剧减少。预期的分离时间越长，分离仪式也越显奢华。然而，参与者事实上都处于难以预期的可再次接触的状态。在举行告别仪式之后，若人们发现这仅是短暂的缺席，就会觉得先前的仪式展演是不适当的浪费，甚至是无效的。这时告别仪式被毁坏了，仪式展演者会觉得窘迫、无所适从。

如果频繁发生的任何一种社会接触都需要进行仪式展演，那么日常生活将被各种仪式堵塞满。因此，参与者之间必须达成某种理解，从而能够不断地终止最初的义务。也就是说，存在一种仪式的“稀释原则”。[①] 例如，久别重逢的故友在初次接触时会产生“全面性问候”，当他们再次接触时，仪式展演比初始见面时会有所减弱。在随后的每一次接触中，问候的稀释程度越来越高，直至最后双方都仅仅展示标准化的社会仪式：简短地交换眼神，或者嘴角轻微地动一下。

在探讨全控机构时，戈夫曼还涉及另一种支持性仪式，即“机构仪式”。全控机构集中展现了被收容者和机构人员这两类被建构的群体之间在社会属性、道德特征以及对自我与他人的感知等方面存在的差异。[②] 每一个全控机构都会形成一系列制度化的实践，通过这些实践方式，机构人员与被收容者进行亲密接触，彼此产生非对立的形象，并设身处地地同情对方的处境。这些实践共同致力于情境性的团结一致和休戚与共，同时它也象征着双方的角色分离和角色释放。机构仪式最常见的表现形式之一是内部刊物，其投稿人大多来自被收容者群体内部，并使用官方的语言和哲学，刊发的内容通常是以机构为中心描述周围发生的诸种现实。其中一类是“本地要闻”，报道最近发生的机构仪式与个人事件，如出生、晋升、出访和死亡等，这些内容具有庆贺或哀悼的特征，代表整个机构表达对个体成员生活的移情式关注。另一类是能反映编辑立场和观念的内容，如选择性地报道与被收容者的社会地位和法律身份等息息相关的外部新闻并进行相应的评论，以及散文、诗歌和短篇小说等。这些内容由被收容者撰写，但它们表达了全控机构官方的意识形态。这种相对非结构化和相对平等的表意性参与（或制度性角色释放）在一定程度上具有自我管控和群体治疗的功能，同时使被收容者能够巧妙地处理机构人员对全控机构的正当化，并拉近两个对立群体之间的社会距离。通过制度化的策略手段，机构仪式部分满足了被收容者的规范性期待。

---

① Erving Goffman, *Relations in Public: Microstudies of the Public Order*, New York: Basic Books, 1971, p. 84.

② Erving Goffman, *Asylums: Essays on the Social Situation of Mental Patients and other Inmates*, New York: Anchor, 1961, p. 111.

另一类机构仪式是“年度晚会”（如圣诞节聚会），机构人员与被收容者通过标准的社交形式混杂在一起，彼此跨越身份等级界线，甚至仪式性地颠倒角色，诸如机构人员伺候被收容者进餐，或者提供其他一些卑微的服务，这在其他机构时间里是不可能出现的。与各类年度晚会相关的机构仪式是机构内部自编自导自演的戏剧，通常由被收容者扮演各类角色，机构人员则是编导，这种剧班分工也可能出现混合。戏剧的素材可能源自全控机构的生活，因此它表现为一种机构性的自我指涉，或明或暗地讽刺、映射某位众所周知的管理人员，也即下属或地位低阶者“亵渎”上级或地位高阶者，使被收容者和机构人员产生独特的现实感。戈夫曼认为，这种制度性容忍恰恰是全控机构的力量展现形式。在这种纪律出现松弛的环境里，被收容者得以检验容忍与许可的界限。作为制度性展示或呈现①的仪式，年度开放参观日向公众表明，机构的内部一切秩序井然，并发扬着人性的基本原则。此外，接访室犹如事先经过设计和精心装扮的“波特金村庄”（Potemkin village），其意图是给各类访客造成预期的良好印象。尽管被收容者、探访者和机构人员都意识到这种展示与现实之间存在明显的反差，但他们更愿意心照不宣地继续共同维持着这种幻象。

这些不同的机构性实践履行着维持秩序的功能。在全控机构的仪式生活中，机构及其管理人员展现出仁慈、和善的一面，而并非专横残暴的专制统治者，被收容者和机构人员共同卷入于机构实体之中。在举行慈善演出、体育赛事和宗教仪式等活动时，机构人员与被收容者脱离了原先的制度角色，他们可以共同参与，或者成为外来表演者的观众。这些仪式实践可以用迪尔凯姆式的分析加以表述：通过这些仪式，原本被危险地二分为被收容者和机构人员的世界又重新整合和团结到一起。② 戈夫曼认为，机构仪式的内容支持了这种功能主义的阐释。机构仪式暂时改变了管理人员与被收容者之间的关系，它表明这

① Erving Goffman, *Asylums: Essays on the Social Situation of Mental Patients and other Inmates*, New York: Anchor, 1961, p. 101.

② Erving Goffman, *Asylums: Essays on the Social Situation of Mental Patients and other Inmates*, New York: Anchor, 1961, p. 109.

两个对立群体之间的差异并非是不可改变的。仪式会产生颠倒性的社会拟剧效果，不妥协、集体性嘲讽、跨界卷入等现象表明，全控机构中的社会实在存在不确定性。

五、补救性交换

规则或规范以义务和期待两种方式作用于个体，由于存在规范性的社会制裁，因此当个体无法履行应尽的义务时，需改正其过错和冒犯行为，并在纠正过程中显示出适当的诚意与尊重。无法维持社会期待的个体必须向他人表明，自己并非如冒犯行为表现出来的那样，并阐明与制裁制度（奖惩系统）之间的正当关系。他们若不愿意遵从这种社会机制，由此导致的惩罚将比由初始越轨产生的惩罚更加严重。当个体进入彼此互构的即时性在场时，自我的领地亦随之进入情境。互动参与者对自我领地的宣称无处不在，它犹如设置了诸多无形的绊线和禁区，许多事件与行为可能被解读为威胁和侵犯。在情境性的和自我中心主义的禁区，尤为可能发生冒犯以及具有对话特征的补救行为。在人际互动过程中，个体不仅需要提供清晰明确的信息，而且当无法令他人相信他的清白时，必须准备忏悔与赎罪，当场提供赔偿或补救。也就是说，互动系统随时都需要引入矫正性的补救工作。概而言之，当发生违犯行为时，冒犯者必须提供补救性的解释与允诺，而被冒犯者则表明它已经被接受并足够充分，这时便发生了“补救性交换”。补救性交换的基础是连接着自我与社会的道德规范及其整合功能，当出现背离规范的行为时，互动道德要求及时引入补救性仪式，以维持互动秩序。支持性交换与补救性交换是人们在日常生活中例行的活动，个体之间一切简短的日常接触都由这两种交换或其中的一种构成。同时，几乎所有的事件都由补救性或支持性的仪式话语和行为作为开启和结束。

戈夫曼从社会控制的角度并以犯罪的隐喻描述公共场所的互动行为。在这种视野下，犯罪现场、审判大厅和监禁所等都处于同一个场景里，犯罪、逮捕、审讯、惩罚以及重返社会等整个过程都以手势、表情和眼神的方式来完成。因此，公共秩序领域的社会情境并不仅仅是遵守或破坏规则的场所，而是“急速地经历整个微缩型司法程序的场景”。① 在这些社交场合，居于核心的不是遵从与违犯，而是各种补救工作，尤其是提供纠正性的解读，以表明冒犯者与规则之间的正当关系。参与者之间会达成某种默契，他们心照不宣地合作，随时准备对违犯行为施以补救。补救性交换将反身性引入情境性互动系统，若没有这种设置，公共生活将充塞着各种领地侵犯及其争端，自我的领地也将难以清晰地得到辨识。②

（一）补救的行为策略

行动者及其见证者会拟想“最坏可能的解读”，也即关于行为的阐释使对他人的冒犯或对行动者的毁誉性意涵最大化，这种想象性冒犯被称为“虚拟冒犯”。③ 当虚拟冒犯者对某种虚拟冒犯施以补救时，被冒犯者会作出相应的反馈，它直接指向冒犯行为以及相应的补救工作。因此，当产生虚拟冒犯时，冒犯者和被冒犯者都有机会诉诸补救性的工作进行弥补，在这种意义上，虚拟冒犯具有警戒和防范的作用。补救性交换是与虚拟冒犯相关的一整套应对性的行为举措变动，它是一种具有自然边界的仪式对话。④ 补救工作的功能是改变可能赋予某种行为的含义，将被视为冒犯性的行为转化为可接受的行为，冒犯者内化的道德责任是实现这种转换的基础。补救工作主要通过三种策略来完成。

① Erving Goffman, *Relations in Public: Microstudies of the Public Order*, New York: Basic Books, 1971, p. 107.

② Erving Goffman, *Relations in Public: Microstudies of the Public Order*, New York: Basic Books, 1971, p. 108.

③ Erving Goffman, *Relations in Public: Microstudies of the Public Order*, New York: Basic Books, 1971, p. 108.

④ Erving Goffman, *Relations in Public: Microstudies of the Public Order*, New York: Basic Books, 1971, p. 120.

第一，“说明”，它包括“解释”“借口”和“托辞”等。[①] 冒犯者会否认、反驳、抗辩或起诉，以证明被指控的行为实际上并没有发生，或与之无任何关联。他会采取这样一些策略，诸如：宣称由于受形势所迫，不得已而为之；由于同样的行为在不同的情境中会产生截然不同的结果；由于无知、无法预料或事先防范的情况；非严肃的、开玩笑的；由于行为主体的资格或能力受限（如梦游、酒醉、年轻、衰老、智力障碍和缺乏训练等），以减少或推脱责任以及由于无意和疏忽等。行动者越是能够提出减轻责任的境况和理由，就越能够证明该行动不能被视作其内在的道德属性之表达。有效的行为说明能重构被冒犯者初始的反应，充分减少行动者的过错。

第二，“道歉”。通过道歉，个体一方面表示对冒犯行为感到愧疚，另一方面将其与侵犯行为分离，并肯定对被违犯规则的信仰。完整意义上的道歉包含若干要素，诸如表达窘迫与难堪，澄清他知晓社会期待的行为，赞同运用否定性制裁，在谴责鲁莽行事的同时，拒绝、辩驳和否认错误行为，公开宣称从今往后以正确的方式行事，表现出悔过并自愿作出补偿。通过道歉，冒犯者得以避免他人的羞辱和攻击，保持他自身的道德价值和自主性。

第三，“请求”。与发生在事件之后的说明和道歉不同，请求发生在质疑性事件之前，最迟是在初始阶段。请求是向潜在的被冒犯者要求得到某种许可，以进行可能会被认为违反其权益的事情。行动者表明他意识到拟定的行为具有潜在冒犯性，因此恳请得到容许，同时他也处于遭拒绝和反对的境地；而请求的接受者则被赋予决定权。

个体之所以能与在场的他人之间维持面对面互动，这是因为：首先，个体是自我领地的宣称者，也是他人和自身的污染源；其次，个体能观察和领会自身及他人的宣称，运用自我控制能力管理其行为，最小化对他人的侵害；最后，它包含仪式许可及其与个体自身之间的

---

① 戈夫曼对这三种说明的形式进行了区分。解释是这样一种说明，它试图通过提供关于真实情况的细节使冒犯者完全免除责任，通常出现于虚拟冒犯之后但在公开责任归咎之前；借口是为了回应公然蓄意的或影射暗示的谴责和指控，它仅是部分地削弱所遭受的责备。而托辞则是在发生遭质疑的行为时或在它之前提供的一种借口。

关系。与个人的领地性宣称相关的是对冒犯行为的关注，以及作出补救性仪式的权利和义务。作为被冒犯者，他可以接受道歉、授意请求或相信解释，使潜在的冒犯行为失效。作为冒犯者，他有权提出请求、恳请豁免，表明并非有意冒犯，或者直接道歉，显示他有能力反观自我，并将当下的自我与曾经的冒犯行为相分离。

补救性行为包含了两个相互独立的过程，即仪式性补救和实质性补救。通过仪式性补救，冒犯者呈现出他与被破坏的规则以及其领地受这些规则保护的在场者之间的关系。而实质性补救则是补偿性或恢复性的，通过它，被冒犯的一方得到某些（尤其是物质上的）补偿。当个体做了冒犯之事时，他必须仪式性地否定先前的自我，表明他现在是以充分具有道德意识的个人来看待之前犯下的错误，从而创造全新的自我。这种自我救赎是互动过程中分离性的自我特征之表现。补救性行为在很大程度上是表意性的，表明施行者并未改变对被违犯的规则之信仰，仍然对规范保持着虔敬之心。从本质上而言，补救性行为是为了证实行动者与规范之间的正当性，而不是补偿损失。

对越轨行为施以仪式补救是为了维护个体稳定一致的形象，冒犯者表明冒犯行为并非是他对规范之真实态度的表达，这种不虔诚或不尊敬仅是表面的和暂时的，实际上他拥护这些规则。因此，仪式工作对社会行为的本质有着重要的影响。当个体作出说明、表示道歉或提出请求时，他需要从其行为对象那里得到某种反馈或评论，从而能够知道对方是否收到信息、补救性行为是否被接受和认可以及补救是否足够充分使他恢复原先的状态等。引起冒犯及其矫正的各种方式不仅确立了混合型接触的条件，同时也确立了互动组织的形式和结构。

（二）身体虚饰

共同在场的个体会提供关于自身的诸多信息，如性别、年龄、阶级、种族与健康状况等，这些信息大多是在无意中传达的。在特定的社交场合，个体的衣着打扮和行为举止通常与所参与的事件、情境保持协调一致。互动参与者拥有或使用不同的表意性工具，其中有些在互动过程中基本保持不变的状态。从根本上而言，这些呈现形式是对在特定时间内保持恒定的事物作出的反应。而另一些细微的行为，如谈话过程中回应性的言语和身势表达等，它们虽然短暂，却也提供了关于行动者自身的信息。戈夫曼认为，在相对固定的外表和流动的话语之间，还存在一种中间状态，即“身体虚饰”（body gloss）。这是一种具有相对自我意识的身势表达，个体用整个身体展演出来，从而对那些转瞬即逝的事件给予针对性的证据显示，情境中任何关注他的共同在场者都能够捕获到这种证据显示。① 此类身体展演类似于哑剧表演，它使行动者内心的感受外显化，并阐明其合法性特征。倘若没有它，个体可能被误判。这种对身体的表意性使用其目的是为了处理行为反应与情境之间的关系。在一般情况下，展现某种反应的方式与反应对象之间存在自然的联系，因此，行为通常与相对持久的条件相一致。而行为虚饰是行动者设法达成某种印象，他使用相对迟滞的行为（包括其过程、节奏和方向等）表达正在迅速变化的事件特征。例如，微笑是稍纵即逝的，但行动者可以将它作为行为虚饰的手段，在互动过程中一直面带微笑，从而引导共同在场的他人产生某种印象。

身体虚饰可以成为个体摆脱他试图避免的性格暗示的方式，它是个体在焦点式聚集的场合向关注他的在场他人提供的标准化展示形式，它采用的“互动装备”是整个身体。当面对面互动产生关于个体的不恰当理解时，可以通过身体性姿态提供的各种展示，重新确立一致性。身体虚饰可分为三种类型。

第一，“定向性虚饰”。与他人共同在场的个体会感到有必要进行某种可明确辨识的活动，这种活动明显是由于特定时间和地点中的正式目标引起的。当个体实际施行的行动引起的某些表达导致他人对当下的情境承诺产生怀疑时，他可通过特定的行动提供证据，以恢复他人的情境判断。例如，一位男士在候机厅离开座位去买一份杂志，由于没有找到想要的杂志，他转了一圈之后空手而归。然而当他坐定之后，却发现原本打算顺便去寄的一封信还留在口袋里。这时他如果立

① Erving Goffman, *Relations in Public: Microstudies of the Public Order*, New York: Basic Books, 1971, p. 128.

即起身离开再去寄信，然后又两手空空地回来，旁人觉得这个人的行为有些古怪。因此，他会从口袋里掏出那封信，仔细地端详一番后，再离开座位去寄。定向性虚饰能够使其提供者自我定位以适应情境，同时使情境系统中的他人也能够进行定位从而适应他。通过这种哑剧表演（或身势语），他人能很容易地察觉并领会行动展演者期望表达的意图。

第二，“审慎性虚饰”。当个体发现他的行为被理解为一种侵犯或威胁时，他会展示“姿态性证据”，以表明其正当的意图。

第三，“夸张性虚饰”。它是个体在他人面前进行的某种自我展演，以彰显其行为并非处于受束缚、窘迫或非自然的状态，表明他在一定程度上能自我掌控。与通常情况下不动声色、故作镇定以表明一切尽在掌握之中的情况恰恰相反，当情境的压制性过于强大时，个体会以非严肃性的姿态掩盖和替代真正约制性的迹象。在这种身体虚饰中，个体竭力表现出与情境性限制因素之间的分离，从而使严肃的自我避免受制于这种困境。

总之，身体虚饰是对潜在的违犯行为或意图进行的纠正。尽管从互动的结构性上而言，它并不占据重要的地位，但却很好地展现了情境系统中的共同在场者即使没有话语交流，甚至在不属于同一个小集群的情况下，也依然能够进行有意义的互动。因此，人群中看似毫不相干的个体其实并非完全处于隐匿而孤立的原子化状态，他们时刻在自我表演着一幕幕哑剧，悄无声息地参与互动。

（三）补救性交换的结构

在面对面互动系统里，道德宣称的主要内容是尊重每一个个体的各种细微的自我领地。戈夫曼阐述的是发生在交遇内的补救性互动，由参与者向特定的他人作出类似于陈述的行为，而接收方则以类似回答的方式作出回应，从而产生了对话性质的互动。戈夫曼通过日常生活中极其常见的情境行为分析补救性交换的结构。例如，一位行人绊了一下从身旁经过的路人，他马上给予歉意或进行说明，而对方则和颜悦色地回复“没关系”，双方继续各自前行。这样一起微不足道的意外事件涉及三个不同的要素。首先是相互考量，它包含冒犯行为、冒犯者和受害者；其次，情境性仪式展演，即产生道歉并被接受；最后，实际的行为，它构成一种真实的冒犯，同时也是仪式补救的对象。仪式工作赋予已经发生的行为以意义，强调实际行为应以补救行为所赋予的含义进行解读，从而改变它可能给人造成恶意侵犯的印象。因此，仪式补救面向关于实际行为的最坏可能的解读。

在补救性交换中，某些请求可能被延宕或拒绝。这时被请求者需提供适当的解释，表明请求是正当的，并对之持有同情心，使拒绝仍然具有仪式的意味。戈夫曼将这种“说明性拒绝”称为“纾缓”，它也包括对适当请求的欣然接受。当被冒犯者表示补救已足够充分时，冒犯者有义务表达感谢。被冒犯者会以减弱的形式重复之前的纾缓，表示已接受对方的感激，并对之前的冒犯不以为意，该步骤是“最小化”，从而终止仪式交换和补救循环。比较典型的如：

甲：“能用您的手机打个电话吗？”（请求）

乙：“好的，你用吧。”（纾缓）

甲：“谢谢您！”（感激）

乙：“不客气。”（最小化）

概而言之，补救性交换包含了请求、纾缓、感激和最小化等基本步骤，这是补救性仪式理想的序列秩序。感激行为向被冒犯者表明，冒犯者完全意识到失当行为，希望将自我与冒失行为分离，同时也表明意识到与消极制裁有关的规范，并尊重被冒犯者作为潜在制裁者的角色。说明性拒绝尽管否定了请求，但它在仪式上具有与同意请求等价的功能。因此，它在补救序列中处于与纾缓同等的位置，也在仪式交换中起着等同于纾缓的作用。补救性交换的第一个回合（请求和纾缓）与第二个回合（感激和最小化）之间发生了一个变化，即从对违犯行为本身的关注转向参与者管理违犯行为的方式。在这两个回合之间存在仪式衰减的法则，从而迅速减弱与冒犯事件相关的仪式活动。纾缓产生对感激的需要，感激又催生对最小化的需要，使参与者得以从仪式对话链中解脱。倘若不迅速削弱或稀释这种环环相扣的连锁反应，互动仪式链将变得冗长不堪。因此，仪式交往必须具有自我衰减的属性才能避免行为损耗。①

在谈话互动中，话步在特定时空创设了一个位置，此后随即发生的任何事件都可能被视为处于该话轮上的个人作出的反应，并仔细核查它能否被理解为回复，这个过程直至恢复仪式均衡为止。一个话轮可能包含多个仪式步骤，补救、纾缓、感激和最小化等序列不一定呈递进式状态，它们可能交错或并列进行。仪式交换或话轮之间的链接方式包括按先后次序、并置以及镶嵌等。交换轮次之间存在松散性，谈话参与者可以根据情境需要对互动交换链的长度进行增扩或收缩。参与者可以选择在第一个回合终止仪式，也可以继续不断地引入新的仪式。戈夫曼认为，虽然句子是语言学研究的传统单元，但话轮亦可以被视为谈话的自然单元。一个话轮可能包含多个话步，而且一个话轮可能包含一个交换的终止或另一个话步的开启。② 这是戈夫曼对会话进行自然主义分析的要点，而且他不主张对谈话形式进行定量研究，“任何以句子作为可解码单元的定量分析技术都将使互动的重要实在性变得平均化”。③

互动参与者具有敏感的认知和辨识能力，在话轮转换的过程中，他们运用各种辅助语言或身势语区分话步。在由两个以上的参与者构成的谈话互动中，第一位言说者的话步指向特定的接收者，它提供了具体的语境，而非直接受话者能够插入对第一个话步的细节阐述或附和，只要这种回复（插话）的时机和内容不离题，它是参与者对言说者话语的阐释和话步的延续。在仪式性交换中，作为第一个话步的陈述为整个谈话互动确立了两个重要边界：第一，确立冒犯的界限，尤其是表明冒犯或争论并非意图性的；第二，确立关于交换将如何展现

---

① 补救性交换通常在第二个序列步骤（纾缓）之后宣告结束。当发出感激时，整个序列中也可能不会发生最后的最小化，或者以难以察觉的细微形式出现。

② Erving Goffman, *Relations in Public*: *Microstudies of the Public Order*, New York: Basic Books, 1971, p. 148.

③ Erving Goffman, *Relations in Public*: *Microstudies of the Public Order*, New York: Basic Books, 1971, p. 148.

的期待或预设。[1] 戈夫曼正是在这种双重边界的框架内分析谈话，并区分了互动序列中具有不同含义和功能的话步，他具体探讨了六种。

“创设”。个体为作出某个特定的话步而先行引出某个话步，这样能根据他人的回应顺理成章地给出他希望的话步作为回复。前一个话步是为了开启话题，它具有引导性质，其目的通常是为了恰当地表达仪式关照。

“截断”。这是对“创设”话步的撤回。例如，对“免费物品”的请求可被视为确立仪式性交换的方式，这样使致谢作为第三个话步得以可能。因此，如果在公共场所恶声恶气地拒绝一位询问时间的陌生人，那么对方已经准备好致谢的第三个话步就无法实现。类似地，如果采取“残缺的答复”，它也将切断同情心的开启。“截断”还有其他的用法，诸如反对和遏制笑里藏刀的人、打断谈话迫使对方道歉等。

“解耦”。回应者直接排除和忽略行为与话语的表层含义，而直截了当地给予回应，使其话轮仅包含该话步，从而拆分对方设计和预期的与下一个话步捆绑在一起的序列。

“俏皮话”。它包括两种变化形式，第一种情况是当某个话步在交换中成为预期的最后一个话步时，其发出者可利用这个时机策略性地插入陈述，使自己占据有利位置，其背后的假设是话步的次序结构能够阻止对方继续引入（反驳性）答复。个体利用这最后一个话步提出修辞性的问题之后，将对方置于无力还击的境地，因为此时的话步交换已经关闭。第二种情况是，在由两个话步构成的交换中，当需要第二位言说者对第一位言说者作出惯例性的回复时，前者采取轻蔑和贬抑的态度，而后者只能给予名义上的回复（通常是半反驳式），徒劳地捍卫其立场。在言说过程中巧妙地插入这种俏皮话，能够有效地阻止他人反击的可能性。

“反驳”。在通常情况下，交换系统的前一个话步确立了后一个话步的属性。当个体作出某个行动时，如果交换系统对其他话步（丛）

---

① Erving Goffman, *Relations in Public*: *Microstudies of the Public Order*, New York: Basic Books, 1971, p. 172.

保持开放，那么它为还击、震慑、反唇相讥等创造了可能性。

“后-终止”。个体能够在自己的话步之后确立最后一个话步，但是在引入该话步后，又产生了另一个话步，它表明其他人并未察觉已经确立了最后的话步。

补救性交换具有不同类型的转换形式，诸如由多人参与的谈话圈不断地出现插话；冒犯者在提供补救后没有（或无须）得到纾缓作为回复（因默认已产生）；冒犯行为发生后，双方同时扮演冒犯者的角色，并提供补救；当拒绝提供补救或给予纾缓时，个体可能采取强硬的措施；当冒犯者没有及时提供仪式补救或补救不够充分时，被冒犯者会在交换结束后表达真实的感受，或通过身体虚饰表达义愤、抱怨，或向其他局内人甚至旁观者表达不满；采取“引导行动”，若冒犯者未能提供补救或纾缓，被冒犯者会通过各种方式示意，引导对方先作出某种仪式性举措；“先发制人式”补救行为；由第三方代为提供补救仪式等。戈夫曼在仪式序列的基本图式中引入了可变性，这主要体现于行动者在微观互动过程中的能动性，其行为选择具有一定程度的自决性。在戈夫曼看来，行为的展演以及相应的调适方式是一种“文化给定”，这种文化给定固然“关闭了选择范围”，“却开启了选择的可能性”。①

① Erving Goffman, *Relations in Public: Microstudies of the Public Order*, New York: Basic Books, 1971, p. 187.

第四章　全控机构

一、全控机构的结构与功能

（一）全控机构的特征

作为一种日常生活意义上的社会设置，全控机构具有“含括性”的特征，这种含括性的象征是各种硬件设施和物理环境，诸如紧锁的铁门、高墙、带刺铁丝网、悬崖峭壁、森林、沼泽和孤岛等，这些设置最大限度地阻隔、断绝与外部世界的社会联系。戈夫曼称这类社会设置为“全控机构”。由于此类机构之间存在诸多相似之处，因此，通过对特定类型（诸如精神病院、监狱等）的探讨能够理解一般意义上的全控机构。大体而言，全控机构具有这样的特征：与外部世界隔离、高度编制化、复杂的权限系统、被收容者与机构人员之间严格的等级制关系，以及抑制、剥离和羞辱公民身份的各种手段。全控机构公开声称的目标包括实现某种经济目的、教育与训练、提供医疗、宗教性的涤罪和修炼、道德净化、保护其他社会共同体免遭污染和侵害等。概而言之，全控机构起着剥夺、惩罚、威慑和改造等功能。戈夫曼试图通过这种方式锚定全控机构的初始定义，从而在探讨全控机构的一般性特征时不至于同义反复，最后勾勒出全控机构的核心概况，或具有普遍意义的肖像。在论述全控机构时，戈夫曼采用了理想类型的方法，描绘出那些共同的和普遍存在的特征，并突显其重要差异。

根据组织目标的不同，西方社会存在五种不同类型的全控机构。[①]第一，为专门照顾那些失能亦无害的人设立的机构，如养老院、智障者收容所或盲人、聋哑人学校等，它是老年人、孤儿、盲人和穷困潦倒者的家园；第二，为无能力照管自己并且会非意图性地对共同体构成威胁的人设立的场所，如结核病疗养院、精神病院和麻风病院等；第三，为保护共同体避免遭遇意图性的伤害而设立的机构，它优先考虑的并非被羁押或隔离人员的福祉，此类机构包括监狱、教养院、感化所、战俘营和集中营等。第四，宣称为了更好地履行和完成某种工作任务而设立的机构，它们只有基于这些工具性的理由才能正当化自身的存在，如军营、船舰、寄宿学校、囚犯劳动营等；第五，为从尘世中撤离、隐退的人而设置的机构，这些机构通常充当着宗教性规训场所的作用，如修道院、寺院以及其他各类隐居地等。戈夫曼认为，这五种关于全控机构的分类并不简洁，也不具有穷尽性，而且未必能直接用于分析，但它“提供了作为具体起始点的该类别之纯粹外延的/指称性的定义”。[②] 通过对全控机构的分类和普遍特征的描绘，戈夫曼对这种“社会性动物”进行了结构和功能的分析。

现代社会的基本设置是个体在不同的地方、与不同的共同参与者以及在不同的权威下进行娱乐、工作和睡觉等，也就是说，这种社会安排不是基于包罗一切的总体化理性设计。而全控机构的核心特征是

① Erving Goffman, *Asylums*: *Essays on the Social Situation of Mental Patients and other Inmates*, New York: Anchor, 1961, pp. 4-5.

② Erving Goffman, *Asylums*: *Essays on the Social Situation of Mental Patients and other Inmates*, New York: Anchor, 1961, p. 5.

它消解了原本分离的不同生活领域的界限。全控机构的生活具有四个显著的共同特征：[①] 第一，生活的方方面面都在同一个地方、同一个权威下进行安排和管理；第二，成员日常活动的每一个阶段都处于他人的密切注视之下（即共同在场），且所有人一视同仁；第三，在高度形式化规则系统的支配下，一切活动严格按照时间表进行；第四，所有强制执行的活动都被统合入单一的理性计划，以实现全控机构官方正式的总体性目标。这四个特征并非全控机构所独有，也并非所有的全控机构都具有这些特征。

全控机构存在两个分离性的群体，即处于监管地位的机构人员与处于受管制地位的被收容者。被收容者完全生活在全控机构里，他们被限制与围墙外的世界进行接触，而机构人员则采取八小时工作制的形式，与外部世界社会性地整合在一起。机构人员的主要职能不是提供指导或治疗，而是进行人身监控。这两个群体之间相互抱有敌视与偏见：机构人员将被收容者视为充满怨恨的、隐秘的、鬼鬼祟祟的和不值得信赖的，被收容者则认为机构人员居高临下、专横高压和卑鄙刻薄。机构人员通常充满优越感和正义感，而被收容者则感到低人一等，认为自己应受谴责，并感到罪孽深重和愧疚。[②] 这两个阶层之间存在相当大的社会距离，社会流动被严格限制。他们极少相互渗透，彼此仅维持着官方正式的接触，甚至谈话都被严格控制。这些限制维持着对抗性的固有模式，被收容者被排除在关涉他们命运的决策制定过程之外。机构人员与被收容者之间的分离是对大量个体进行科层制管理的重要结构性前提。在戈夫曼研究的精神病院里，存在两种基本的正式组织类型，它们构成了医院运行的基本结构：一种是监护系统，它由居住场所、监管制度和层级化的病房构成；另一种是分派系统，医护人员陪护病人在病房之外的场所开展工作或接受治疗。

被收容者的基本生活需要是被规划好的，他们被分配的工作大多

---

① Erving Goffman, *Asylums: Essays on the Social Situation of Mental Patients and other Inmates*, New York: Anchor, 1961, p. 6.

② Erving Goffman, *Asylums: Essays on the Social Situation of Mental Patients and other Inmates*, New York: Anchor, 1961, p. 7.

是非技术性的、低效率的和令人厌烦的，机构可能象征性地以每周提供定量的烟草或其他物质作为报酬。当机构需要繁重的劳动时，则不是施以报酬，而是以体罚作为威胁，有些全控机构还会出现奴役现象。被收容者的自我感和人格占有状态完全与他的工作能力疏离，因此，他们在全控机构里变得意志消沉、士气低落。全控机构与外部社会结构之间具有不相容性，它也与家庭系统不相容。家庭生活既不同于独居与隐世，又与“批量生活”形成鲜明对照，这是两类不同的社会组织形式。全控机构内的成员无法维持正常的家庭生活，而机构人员可以摆脱全控机构，他们与家庭、公民社会是充分整合的。但是全控机构与外部世界之间并非绝对隔离，机构内部维持的社会标准与外部社会的价值准则之间通常相互影响，这种关系动力学最终导致两者之间的差异最小化。[①] 全控机构具有一定的可渗透性，它无法彻底规避外部世界已经牢固确立的社会特征，全控机构也无法完全不受性别、种族、社会经济条件以及身份等级等因素的影响。因此，全控机构并非完全是孤岛世界，它与支持或容忍它的外部世界的结构之间存在科层制式关联，这样它才能与公民社会进行必要的接触，并得到默许与认可。

总之，全控机构是“一种社会混杂物，部分是居住共同体，部分是正式组织”。[②] 正因如此，它蕴含着特殊的社会学含义。戈夫曼关注全控机构的重要原因是它独特的组织特性，这条研究路径是从社会组织的视角切入的。戈夫曼将精神病院视为“工具性的正式组织”，这种组织是一种有目的地相互协调的活动系统，旨在产生某种总体上十分明确的目标。[③] 全控机构情境中的重要因素包括对成员进行组织化管理的意识形态和能够表达行为者意图的管理行动，由此，戈夫曼探讨了组织参与问题，但是他真正关心的并非参与者被期待的行为和实际发生的行为。由于组织期待的行动隐含着关于行动者的观念，因而组织

① Erving Goffman, *Asylums: Essays on the Social Situation of Mental Patients and other Inmates*, New York: Anchor, 1961, p. 119.

② Erving Goffman, *Asylums: Essays on the Social Situation of Mental Patients and other Inmates*, New York: Anchor, 1961, p. 12.

③ Erving Goffman, *Asylums: Essays on the Social Situation of Mental Patients and other Inmates*, New York: Anchor, 1961, p. 175.

可以被看作是生产各种身份假定的场域。[①] 在戈夫曼看来，任何社会机构都可以被视为系统性地生成关于自我的含义以及参与者系统性地处理这些含义的场域，任何组织在某种程度上都包含着对存在的规训，并赋予其既定的特征。对个体强行进行改造的社会设置会对自我施加各种压制，这是戈夫曼关注全控机构的另一个重要原因。他试图使对全控机构——具体而言是对作为其典型的精神病院中精神病人的生活世界——的研究形成关于自我结构的社会学阐释。[②] 戈夫曼一直关注着个体的自我问题，他指出自我命运的符号-互动框架与以压力为核心的传统生理-心理框架之间存在区别。[③] 自我的贬抑或缩减很可能包含着强烈的心理压力，但对于厌世或具有强烈负罪感的个体而言，自我的羞辱和贬抑亦可能产生心理上的解脱。戈夫曼在探讨全控机构时，除了“被收容者的世界”“机构人员的世界”这样对立的分析类别之外，其内在的分析脉络主要是通过组织与自我这两条线索展开的。

（二）机构人员的世界

全控机构的实际功能与其官方的公开宣称之间存在着张力，这构成了机构人员日常活动的基本背景。戈夫曼区分了“以人为对象的工作”和“以物为对象的工作”，这两者之间具有内在矛盾。一方面，机构人员工作的首要特点是处理与人有关的各类事宜，它不同于一般的服务性工作。机构人员将个体视为工作的对象和原材料，这种“人性材料”有其独特性，尤其是不同于纯粹的、无应激性的客体。机构人员必须以人道主义的准则对待被收容者，将他们视为理性的和值得投入情感的对象。正是由于机构人员将被收容者视为一个人，因而当他们触犯规则时，才会感到道德世界遭到侵害。通过这种对人性的尊重，

---

① Erving Goffman, *Asylums: Essays on the Social Situation of Mental Patients and other Inmates*, New York: Anchor, 1961, p. 186.

② Erving Goffman, *Asylums: Essays on the Social Situation of Mental Patients and other Inmates*, New York: Anchor, 1961, p. xiii.

③ Erving Goffman, *Asylums: Essays on the Social Situation of Mental Patients and other Inmates*, New York: Anchor, 1961, p. 47.

机构人员同样期待着能够从被收容者那里获得合乎情理的反应。另一方面，全控机构通过威胁、奖赏和说服等手段命令作为客体的被收容者，并预防和制止他们发生违犯自身利益的自毁性行为。这些特征使全控机构中以人为对象的工作区别于其他类型的工作。当机构人员与被收容者保持一定的社会距离时，他们无法感受到被收容者遭受的各种剥夺现象以及制度性问题，因而觉得心安理得，认为没必要克制或避免与被收容者进行接触。然而一旦充分卷入，他们便强烈体会到两个群体之间的冲突，并为对方的遭遇深感痛苦和折磨。因此，他们又会退回到机构人员的世界，故意埋头于文案工作。当与被收容者的接触而产生的危险消除时，机构人员不再觉得需谨防或害怕，他们又重返与被收容者的接触。由此，机构人员产生一种“卷入循环”，也即在接触与撤离之间循环往复。机构人员还会通过改变关系性的定义来保护自我，例如，将被收容者定义为“非完全的成年人”，因此不必为强制其行为顺从而感到有失尊严。另一种情况是将人际关系和交往模式科层制化，从而避免因不对等而导致的心理困扰。

机构人员以全控机构理想化的目标、功能以及“人性论”的假定重新阐释和定义各种行为、要求及其意义，为合理化刻板印象、保持社会距离以及相应的对待方式提供理据，尤其是以全控机构的道德标准评判被收容者的行为，使之契合于机构公开声明的目标。全控机构雇佣专家提供专业技术服务，如精神病院里的精神病学家，但这些专家更多的是使监控式管理合理化的象征性构成，他们的职责不是真正提供治疗手段，其存在只是增加了惩罚系统的权威性，他们的工作性质类似于公共关系。因此，专家实践与系统目标之间亦存在着张力，同时机构人员也会发现，他们所从事的是自我矛盾的工作，一方面强制被收容者服从，另一方面又要给人以这样的印象，即充分尊重被收容者的人格，并有效实现机构的合理目标。

机构人员与被收容者群体内部并非都是同质性的，他们存在各种异质性和角色分化。有些全控机构的成员是被迫进入的，如监狱、精神病院等；而宗教机构的成员则是受感化而自愿加入的，并且还可能根据虔诚度进行资格筛选，在这种情况下，皈依和转化已经发生，只需教导个体如何进行自我训诫并提供理想的环境。因此，根据个体进入时的意愿以及主要关注外部行为还是内在灵魂，可以区分不同性质的全控机构。①

二、自我的道德历程

戈夫曼关注的是住院病人而非医护人员的生活世界。在他看来，每一种制度性视角都包含了个人的道德品性，从每一个全控机构的微型模式中，能够窥视某种功能主义式道德生活的发展历程。② 对此，戈夫曼采取自然史的视角，强调对特定社会类型的成员而言是基本的和普遍的变化，而忽略那些特殊的结果。戈夫曼是在广义上使用“生涯”或“历程”这个术语，它是指个体生命过程中任何社会性的组成部分。③ 一方面，“生涯”与个体的内在状况紧密关联，如自我形象与感知身份；另一方面，它又关注正式地位、法律关系和生活方式，并且是可公开进入的机构之组成部分。因此，“生涯”这个概念无须依赖个体的所言所思和自我想象，便可以联结个人与公众、自我与社会。戈夫曼关注被收容者的自我之道德历程，即“在个人的自我以及评判自身与他人的意象框架中产生的常规性变化序列”。④ 精神病人经历的道德历程主要包括住院前和住院时两个阶段。

（一）住院前阶段

对于自我感知为精神失常、无法自控的个体而言，进入精神病院后，随着所处的社会情境发生结构性转变，它可能起到纾缓焦虑、解

---

① 全控机构支配性的顺从模式包括强制性、报偿性和规范性等，也可以将全控机构的目的与支配性的顺从模式进行交互分类。可参见：Christie Davies，“Goffman’s Concept of the Total Institution：Criticisms and Revisions，” *Human Studies*，Vol. 12，No. 1-2，1989，p. 90.

② Erving Goffman，*Asylums：Essays on the Social Situation of Mental Patients and other Inmates*，New York：Anchor，1961，p. 87.

③ Erving Goffman，*Asylums：Essays on the Social Situation of Mental Patients and other Inmates*，New York：Anchor，1961，p. 127.

④ Erving Goffman，*Asylums：Essays on the Social Situation of Mental Patients and other Inmates*，New York：Anchor，1961，p. 128.

脱压力的效果。然而，现实生活中很多个体是被迫进入精神病院的，主要有三种途径使非自愿的精神病人接受入院治疗，它们分别是被家庭成员恳求或遭到断绝家庭关系的威胁、警察的强制力以及被他人蓄意误解。在入院治疗前，个体享有各种社会关系和公民权利，在进入精神病院后，这些关系和权利都被剥夺，并经历遗弃、失忠、背叛和怨恨等精神折磨。戈夫曼认为，尽管精神疾病表现为心理性的，但它通常都具有社会性的根源。精神病人遭受的痛苦并非源自疾病本身，而是各种社会性的因素，诸如社会经济地位的丧失、人身攻击、精神疾病的污名、医疗设施不完善以及治疗类型有限等。

与精神病人的道德生涯相关联的是各种能动者与社会机构之间的联动。在不同的能动者中，首先，最重要的是亲密关系者，通常是家属与近亲，他们是个体最值得信任和依赖的人，因此认为不会怀疑他的心智是否健全，并会竭尽全力将他从日益陷入的困境中解救出来。随着个体进入精神病院，这些亲密关系者的角色转变成外部社会的监护人。其次是控诉者，他们可能是同僚、邻居和亲属等，他们只是普通公民，更是疾病诊断的外行，然而正是这些人时刻起着监控作用，并正式启动将个体送入精神病院的机制。最后是调解者，他们是个体求助的能动者或机构，通过这些中介，个体被转入医院治疗，这些能动者包括警察、神职人员、普通医生、精神病学家、律师、社工以及教师等，他们被赋予法定的制裁权，并作出是否住院的判断。与控诉者不同，作为中介的调解者涉及专家系统，他们拥有处理各类问题的实践经验，并且与对象保持一定的社会距离。个体一旦成为住院病人，这些调解者便从幕前退出，取而代之的是医院管理者。这些不同的角色之间可能出现功能性并置，亲密关系者与控诉者的角色是否重合会影响入院前病人的内心感受。

无法预料的偶然性以及不同能动者之间的联动是入院前个体面临的两个重要特征，它们共同参与了个体从普通公民到精神病人的身份转变过程。这种身份退化过程受一系列相互关联的阶段影响，每一个阶段都由不同的能动者管控，并伴随着社会地位的急剧下降，直至被完全废除基本的公民权。在从家庭走向精神病院的过程中，精神病人遭遇着各种“离间性合谋”，他无法掌控和干预自身的命运。亲密关系者可能逼迫他向事先安排好的医生、精神病学家寻求咨询和治疗，如果他反对和拒绝，则会遭到抛弃、断绝关系或诉诸其他法律行动的威胁。亲密关系者还会向专家泄露各种所谓的“证据”，证明他确实不正常。这种被排斥在自身命运之外的处境使精神病人尤为感到痛苦和孤独，即使在接受住院治疗之后，他也会产生强烈的疏离感，认为自己被背叛和抛弃，被骗入当前的困境。在这个过程中，亲密关系者可能没有意识到自己是共谋者，而是认为在践行道德责任，从而免除因背叛带来的愧疚与自责。

（二）住院阶段

正是在住院阶段，精神病人遭受一系列贬抑过程，诸如限制行动自由、无隐私的共同生活、弥漫式权威和剥夺自我支持物等。在经受了这些羞辱性的心理历程之后，住院病人开始学习如何适应病房监护系统内的生活。自我不仅仅产生于个体与重要他人之间的互动，也产生于由互动组织逐步演化生成的社会设置，等级化的生活安排展示了不同社会环境对自我的意义。全控机构内的监护系统表明，运用物理设置可以框架化个体的自我观念，强制托管更是对被收容者的自我施以直接、公然的诋毁。精神病人被告知他的过去是失败的，生活态度是错误的，因而必须改变原来的行为方式和自我观念。精神病院的环境设置与规章制度不断地向病人表明，他在外面的世界遭遇了社会性失败，他没有社会价值可言，并且无法像具有充分社会资格的成年人那样行事。此外，精神病院的医护人员并不会以精神病学诊断所要求的道德中立的态度来对待个人档案，病历系统详细记录着每一起事件，它使医护人员“如同一个外行打量着丑闻、毁谤和令人丢脸的事件”。① 精神病院将病房监护系统内的精神病人视为“社会温室”中培育的“社会婴儿”，最终以康复病室中完成再社会化的成年人而结束。

---

① Erving Goffman, *Asylums: Essays on the Social Situation of Mental Patients and other Inmates*, New York: Anchor, 1961, p. 158.

在精神病院里，个体的道德生涯包含了一系列自我观念的变化。精神病人的自我型塑与两种状态密切相关，即精神病人对亲密关系者忠诚度的感知和在他人面前呈现自我的策略（防护或撤离），它们也是自我的构成性要素。一旦个体适应和接受精神病院的制度安排，他会配合医院的矫治措施，并发现道德地位和自我状态的缩减并没有想象的那么严重，毕竟他不会招致法律的制裁或进一步降低身份，也不会将他驱逐出病人共同体，他已经没有更多的声誉和权利可供剥夺。个体意识到自己生活在无法控制的各种暴露和变化起伏的条件下，包括自我的构成性装备和地位的转化以及风险的不断变化，这种道德经历使他无法继续保持完整的自我观。在这种境况下，自我的降级、贬抑不再被赋予过多的重要性。自我成为某种外在性，它能够被给予和剥夺，被建构、丧失和重构。精神病人被社会定义为缺乏独立和稳定的自我，在这种冷漠的道德境遇中，自我的型塑过程如同游戏一般，它导致一种去道德化的后果，即道德感的普遍松弛和疲乏。对精神病人而言，这种道德历程具有独特的重要性：

> 它能够表明一种可能性，即当脱去旧有自我的衣物时，或者撕掉这层伪装时，个体不必寻找新的衣袍，或在新的观众面前畏葸不前。相反，他可以学习，至少暂时地，如何当着所有群体的面践行毫无廉耻之心的非道德艺术。①

在入院治疗前，精神病人产生的各种问题与情境失当有关，正是这些不当行为表达了对各种共同体、机构设置和社会关系的道德摒弃。戈夫曼认为，将精神病人污名化并强制送院治疗是外部社会对日常仪式的冒犯行为采取的一种应对方式。而在入院治疗之后，病人的孤傲、沉默、冷漠、私下耳语、不合作以及恶意破坏等拒斥性行为都被视为精神病的症状表现，对它们进行矫治是医院义不容辞的职责，而且这也更加能证明住院治疗的合法性。精神病学将病人的各种捣乱与抵制

① Erving Goffman, *Asylums: Essays on the Social Situation of Mental Patients and other Inmates*, New York: Anchor, 1961, p. 169.

行为解释为精神病复发或道德退化的标志，将违犯规则视为个人自我状态的根本性表达，从而保护和强化医院的再社会化功能。因此，精神病院是一种悖谬式存在，重症监护室内的个体越是只能依赖极为有限的情境材料进行反抗，诸如用椅子猛砸地板、撕裂床单等，就越是被认为安排到重症监护室是极其必要的，直至最终在禁闭室被剥夺了一切用于个体性表达的外在表征。被收容者竭力使用各种细微的、非法的所有物作为象征性策略，将自我与机构预设的位置进行分离。然而，在机构管理者看来，这些行为及其象征物都是病态行为的表征，而不是个体试图与被强制安置的场域保持距离的表现。

被收容者携带着从家庭生活和公民社会中习得的"呈现性文化"，而全控机构不是以独特的机构文化替代已经形成的公民文化，它是剥夺被收容者的行为机会，这实质上使个体更加无法适应外部不断变迁的世界。从这种意义上而言，个体经历的与其说是"涵化"或"同化"，不如说是"去涵化"[①] 或"反文化适应"。全控机构不是寻求文化上的征服，而是"在家庭世界与机构世界之间创造和维持了一种独特类型的紧张关系，并在对人的管理过程中利用这种持存的紧张关系作为策略性的手段"。[②] 因此，当个体返回外部生活世界时，他很可能无法自如地应付和处理日常生活中的基本事务。在戈夫曼看来，精神病人的"疯癫"、"病态行为"在很大程度上是"由于宣称者与病人所处情境之间的社会距离导致的，而并不主要是精神疾病本身的产物"。[③] 由于精神病人违犯了面对面互动的设置，最终导致入院治疗。个体一旦被诊断为精神病人并采取住院治疗手段，他们便面临着相似的处境并作出相似的反应，但这种相似性并不是来自精神疾病本身。对戈夫曼而言，无论精神病学的诊断方式多么"先进"和"精确"，无论精神病人内部的社会生活多么独特，这个共同体与其他社会共同体之间

---

① Erving Goffman, *Asylums*: *Essays on the Social Situation of Mental Patients and other Inmates*, New York: Anchor, 1961, p. 13.

② Erving Goffman, *Asylums*: *Essays on the Social Situation of Mental Patients and other Inmates*, New York: Anchor, 1961, p. 13.

③ Erving Goffman, *Asylums*: *Essays on the Social Situation of Mental Patients and other Inmates*, New York: Anchor, 1961, p. 130.

并无本质性的差别。精神病学的医疗实践是一种强制性的社会规训力，它的功能是区隔具有某种社会建构性特征的个体，并施以监控和管理。

（三）自我的清洗与改造

一旦进入全控机构，个体立即被剥夺原生家庭提供的各种稳定的社会支持，对自我进行一系列的贬抑、羞辱、降级和亵渎，个体的道德生涯经历急剧转变。被收容者与外部世界的隔离是削弱自我的第一步，原先的角色安排被瓦解，个体处于角色剥离的状态。这种剥离篡夺个体的公民权利，直接宣判公民身份的死亡。[①] 除了官方的准入程序与顺从性测试之外，新成员还会经历“欢迎仪式”，这种“通过仪式”使新来者认识到他们在这个低下群体中的社会位置。具体而言，全控机构的准入程序包括：填写履历、照相、称重、指纹识别、分配编号、搜身、列出个人物品清单进行储存、脱衣、淋浴、消毒、剪发、分发制服、规则训示和房间分配等。编码化的命名与称呼系统意味着匿名化、均质化和无隐私。这一切类似于格式化之后重新程序化，个体被型塑和编码成能被送入不同机构部门的客体，能通过例行的操作实现有序的管理。准入程序可以形象地概括为“脱下”“裸露”和“穿上”三个阶段，其中“脱下”意味着所有物的剥夺，这之所以重要是因为个体会在其所有物中投射和赋予自我的感受。个人的所有物（包括私人空间）是自我及其自主性的延伸，它们与自我之间存在特殊的关系，个体需要通过这些具有个性的支持物来整饰和展现自我。也就是说，个体在管理个人门面时，需要一种“身份装备”,[②] 它们是自我的重要构成。但在全控机构中，这些身份装备（如衣物、化妆品、梳洗沐浴用具等）与外表整饰的服务（如美容、理发等）被完全剥夺，个体无法在他人面前呈现出惯常的形象。对自我的羞辱过程进行的分析表明，个体若想保持作为公民身份的自我，必须得到一些基本社会设置的

---

① Erving Goffman, *Asylums: Essays on the Social Situation of Mental Patients and other Inmates*, New York: Anchor, 1961, p. 16.

② Erving Goffman, *Asylums: Essays on the Social Situation of Mental Patients and other Inmates*, New York: Anchor, 1961, p. 20.

保障。

全控机构通过各种精心设置达到削弱个体原先自我认同之目的。所有与个人身份有关的事物都被清除，原先的名字也被废除，代之以编号，甚至连用剩的铅笔都要归还才能换取新的，房间也定期更换。一切个人所有物均被收缴，取而代之的是机构所有物。对个体而言，机构所有物是陌生的、疏离的和异质的，它们无法稳定地投射自我，也无法赋予心理上的依附感。而且机构所有物通常粗制滥造、质量低下，且不合身，更无法体现身份差异，所有人的机构所有物都是同质性的。由于无法保存个人所有物，而个人使用的机构所有物同时也被其他人使用，因此，无法保护个体免遭他人的社会性污染。通过彻底剥夺个人的所有物，全控机构断绝被收容者心理上依恋、认同和移情的可能性，使自我变得孤苦伶仃、无可依靠。全控机构还以永久性的身体烙印作为污名标记，使用殴打、休克疗法、施行外科手术等手段，使被收容者甚至无法保全自己身体的完整性。

在公民社会里，某些表意性习语是被视为羞辱性的，它们有损人格尊严，因而被严格禁止或谨慎使用。但在全控机构里，这种语言上的侮辱与轻蔑无处不在。全控机构施行强制顺从模式，要求个体保持羞辱性的身体姿势，与机构人员进行例行的交往时，必须表现出恭顺的态度与行为。无论侮辱的形式和来源如何，个体必须参与那些其象征意义与自我观念极不相容的活动，被迫扮演“反认同”的角色。[①] 全控机构对自我的另一种羞辱形式是“污染性暴露”。[②] 在公民社会里，个体能够使具有自我感受性的客体（诸如他的身体、直觉、想法以及所有物等）避免接触异质性和污染性的事物。但在全控机构里，个体遭受全天候式污染性的暴露，自我的领地遭到肆意的侵犯，个体在自身与环境之间设置的边界被粗暴地侵入，自我的具身化形式亦遭玷污。忏悔和告白机制则改变了自我管控的内在倾向，强制性忏悔不

① Erving Goffman, *Asylums: Essays on the Social Situation of Mental Patients and other Inmates*, New York: Anchor, 1961, p. 23.

② Erving Goffman, *Asylums: Essays on the Social Situation of Mental Patients and other Inmates*, New York: Anchor, 1961, p. 23.

仅破坏与重要他人之间的关系，而且进而污损自我。囚犯和精神病人甚至无法制止机构管理人员在充满羞辱性的环境中观察、评价他们。当被收容者无法控制机构人员在窘境中察看他们或探悉他们的底细时，他们便受到强迫性关系的污损。全控机构还违犯个人的自我信息保护原则，建立社会身份与历史行为（尤其是包含某些潜在遭贬的事实）的个人信息档案。集体宿舍制、没有门的厕所、可以从外面窥视的禁闭室等，这些都会导致身体外部的污染性暴露；而身体内部结构的污染则包括被迫口服或静脉注射药物、强制喂食等。污染性暴露不仅是身体性的，还是关系性的。个体与外部世界的重要他人之间的亲密关系亦被污染，如私人通信遭到拆阅和审查等。还有一种关系性污染是个体被迫眼睁睁地看着与自己有关联的人遭受攻击、伤害甚至死亡却无法施与援救行动，从而产生强烈的自我谴责和受辱感。

全控机构的特权系统提供了重构个体的框架，该系统包含三个基本要素：[①] 第一，“家规”，它是相对明确和正式的规定，详细列出对被收容者的具体行为要求。这些规则清楚地表明被收容者生活的严苛、节制、清苦和简朴。第二，在这种严酷的环境中，全控机构明确规定了少许奖赏或特权，以换取被收容者在行为或精神上对机构人员的服从。尽管这些权利在外部世界是理所当然的，但对被收容者而言，它们的失而复得具有重新整合的作用，能够使他们在一定程度上重新确立与失去世界的联系，并缓解由于失去自我和从外部世界撤离而产生的“断瘾症状”。围绕着这些细微的特权而建立的世界是被收容者文化的重要特征。第三，一旦违犯规则，被收容者将招致惩罚，被暂时或永久地剥夺特权。全控机构内的特权系统具有这样一些特征：首先，惩罚和特权本身是机构特有的组织形式，这种特权不同于外部世界的“特殊礼遇”，它仅仅是没有剥夺那些应有的普通期待，并不能肆意妄为。其次，从全控机构中被释放或解除惩罚是与特权系统挂钩的。某些行为会延长监禁的时间，另一些行为则可能有助于减轻惩罚。最后，

① Erving Goffman, *Asylums: Essays on the Social Situation of Mental Patients and other Inmates*, New York: Anchor, 1961, pp. 48-49.

惩罚和特权与居住-工作系统密切关联，赏罚系统使空间区隔化，特权系统则迫使潜在的违抗者变得服从和配合。

总之，全控机构的制度化世界是与家庭世界或公民社会相对立的。精神病人被认为无法充分地控制自我，他们是“有缺陷的人”。一系列制度化的实践确保着这些个体是“病态的”，需要加以治疗和规训。不同类型的全控机构对自我的攻击有着不同的理论基础。例如，宗教机构对自我的环境安排是得到皈依者认可的，苦修者更多的是禁欲、克制和自我贬抑；集中营或监狱运用强制性的羞辱手段，囚犯不会接受或参与对自我施加的毁灭性行为；而其他有些全控机构则通过各种名义使约束和苦行合理化，具体的理由包括健康卫生、生命责任以及安全等。但是在这些不同的全控机构里，都不同程度地发生了自我的缩减现象。

三、隐秘生活与次级调适

全控机构的隐秘生活涉及被收容者如何应付制度化的机构生活。社会团结及其限制是社会学经典的研究主题，每一种社会纽带蕴含着关于个体的观念，相应地，个体以各种方式调适他的社会属性。在压迫性的制度环境下，个体通常不会彻底割裂他的关系性纽带，而是在履行主要义务的前提下表现出某种不满，或通过某种行为模式表达社会距离。戈夫曼正是在这种思想框架下探讨全控机构的隐秘生活。个体有义务投入机构内的活动，通过注意力的约束、定位和投射，以他人可见的方式表明对机构的态度以及隐含的自我观。行动者规避某种规定或惯例，就是规避某种身份，在这种情形下，行动与存在之间呈离间状态。被收容者经常采用一些“机构性隐语”描述在他们的世界里发生的重要事件。此外，还存在各种形式的“捣乱”，如打架、斗殴、酗酒、自杀、赌博、不服从、同性性行为、集体骚乱甚至逃脱等，这些禁止性活动一旦败露将遭到严惩。机构人员与被收容者之间可能达成某种默契，允许被收容者某种形式的捣乱，以发泄对不公正情境的愤恨。对全控机构而言，捣乱具有重要的社会功能，它们赋予刚性、严苛的制度结构以某种柔韧性，从而起着释放怨恨的作用。同时，它使被收容者群体内部打破原有的身份等级界限进行接触，确保特权系统内部的社会流动和信息流通。

除了特权系统为自我重组提供主要框架之外，其他一些因素也能促进个体的自我重构，并减轻或解除经济和社会责任，譬如“婚姻中止”暂时解除了精神病人的婚姻义务。贬抑过程和特权系统是被收容者必须接纳与适应的制度条件，但它允许以不同的方式满足这些条件。因此，在道德生涯的不同阶段，个体会运用不同的适应策略。为了保护自我，被收容者在受辱性制度环境下通常采取四种调适策略。①

第一，情境性撤离。被收容者撤回对周围事物的关注，使互动卷入程度急剧缩减。在精神病学中，这种心理防御机制被称为“退行”，在集中营里甚至表现为人格解组。它通过白日梦、幻想等方式，将自身脱离于全控机构。

第二，不妥协底线。若机构对自我身份的攻击和羞辱超过个体能够容忍的最低限度，就会产生不遵从、反击甚至报复。被收容者会公然拒绝与机构人员合作，故意挑战制度。不妥协需要坚定的意志和勇气，它通常出现于初始的反应阶段，并可能转向情境性撤离或其他适应策略。

第三，殖民化。被收容者将机构提供的部分外在世界视为整体，他们在机构内难以实现最大程度的生活满足，只能凭此建立一种相对满足的实在。这些选择性的外部世界的经历被用作参照点，用来表明机构内生活的适宜性，从而缓解两个世界之间的张力。被收容者理想化地比较全控机构内的生活与外部世界的生活，甚至计划着释放之后如何重新得到社会认可。殖民化的被收容者会尽可能地利用有限的条件创造一个自由共同体。

第四，皈依。被收容者从官方或机构人员的立场来看待自己并付诸实际行动，以展示自身合格的形象。他们至少在表面上接受并承认上级

---

① Erving Goffman, *Asylums*: *Essays on the Social Situation of Mental Patients and other Inmates*, New York: Anchor, 1961, pp. 61-65.

的权威，表示洗心革面、悔过自新。皈依者比殖民化者采取更为规训化和道德主义的策略，他们对制度和机构的热情任由机构人员支配。

上述每一种适应策略都象征着处理家庭世界与制度化世界之间紧张关系的方式。在大多数全控机构里，被收容者采取多重行动策略，以机会主义的方式结合情境性撤离、皈依、殖民化以及对被收容者群体的忠诚等，从而最大限度地避免生理和心理上的伤害。被收容者并非完全被动的、无反抗意识的客体，他们形成独特的自我关注，建构某种叙事策略，以充满哀伤、辩解和自我怜悯的悲情故事向他人讲述自己卑微的处境。在这种情况下，被收容者的自我会比以往任何时候都更加关注叙事本身。尽管机构人员通常不会相信这些叙事，而他的同伴则会在这些反复叨念中灵活地克制怀疑和厌烦之情。

当个体在规定性的条件下遵循系统的角色安排，并按照组织的要求开展活动时，他是嵌入性的组织合作者和程式化的"循规蹈矩者"，此时个体与他所处的世界是气味相投的。这种情境中的个体与组织之间进行的是"初级调适"，其功能主要是维持制度的稳定运作。与初级调适相应的是"次级调适"，它是指任何习惯性的安排，通过它们，组织成员运用未经授权的手段，或获得未经授权的目的，或两者兼具，从而逃避该组织关于应该如何做、得到什么以及成为怎样的人等假定。① 对机构组织和互动组织而言，各种形式的次级调适甚为重要，因为它们反映了"参与卷入"与"愤懑不满"的普遍性主题。② 次级调适不会对机构人员直接构成挑战，但它允许被收容者获得违禁的满足，或通过违禁手段获得某种特许。次级调适不一定是为了获得某种物品或服务等实质性利益，它也可能仅仅是为了仪式性的展演，或表达社会距离，或情绪性地发泄对制度和机构的怨恨与愤懑。次级调适表明，被收容者仍然能在一定程度上掌控着环境，而不完全是机构的傀儡。次级调适可以成为自我的贮存和寄宿之地，它是灵魂得以驻留其中的

① Erving Goffman, *Asylums: Essays on the Social Situation of Mental Patients and other Inmates*, New York: Anchor, 1961, p. 189.

② Erving Goffman, *Asylums: Essays on the Social Situation of Mental Patients and other Inmates*, New York: Anchor, 1961, p. 308.

护身符与神圣之物。[①] 被收容者群体会采用特定类型的符码和非正式的社会控制手段，防止内部成员向机构告密。因此，群体内部根据交往的安全性，可以区分为自己人、告发者、暗探、奸细和叛徒等。

通过次级调适，个体可以脱离机构赋予的规定性角色与自我。在具体的情形中，有时很难明确区分初级调适与次级调适，而且这两种适应模式也未穷尽所有的可能性。全控机构可能以豁免参与者的义务为代价，选择性地合法化某些次级调适实践，以期重新获得控制和主导权。戈夫曼区分了两种次级调适类型：破坏性次级调适和含括性次级调适。破坏性次级调适指参与者的意图是放弃组织或彻底改变其结构，这将破坏原组织的有序运行。而含括性次级调适具有与初级调适相似的功能，它与既存的组织结构相契合，不会导致急剧的制度变迁。含括性次级调适具有明显的纠偏功能，能防止产生破坏性的后果。当机构内的成员集体维持一整套次级调适时，这些实践共同构成了该机构的“隐秘生活”,[②] 它主要由含括性次级调适构成。

戈夫曼从结构的视角研究次级调适，因此，主要关注的不是实践者的社会心理问题，而是它的获得和维持所需的社会关系及其特征。由于社会位置低下的成员对机构的承诺和情感依附较少，他们更可能广泛地采用次级调适。戈夫曼从四个方面论述精神病院的隐秘生活。

第一，材料来源，即精神病人在次级调适中使用的基本材料来源。首先是权宜性的临时代用品，被收容者利用各种渠道获得人工物品，以改变机构预置的生活条件，这些人工物品并非为此意图而设计，因而它的功能转变涉及重塑材料的物理形状等转换过程。其次是系统操纵，它维持着正当性活动的实质，但将扩展既有的满足来源，或利用例行性的正式活动为己所用。最后，某些工作、娱乐、治疗和任务指派等活动本身使特定的次级调适成为可能，行动者绕过这些活动的预期目的，使之成为寻求社交、获取物质利益、暂时摆脱控制、逃离令

① Erving Goffman, *Asylums: Essays on the Social Situation of Mental Patients and other Inmates*, New York: Anchor, 1961, p. 55.

② Erving Goffman, *Asylums: Essays on the Social Situation of Mental Patients and other Inmates*, New York: Anchor, 1961, p. 199.

人窒息的病房环境等的手段。

第二，场所，即产生次级调适的区域和范围。精神病人与其他全控机构的被收容者一样，他们的世界分为三个部分：禁入之地，它严格禁止个体在这些场所出现；监视空间，个体无须特殊理由就可以进入该区域，但是必须受机构的权威和限制性条件的支配；以及较少受机构性权威控制和管辖的区域。戈夫曼讨论的发生次级调适的场所主要是第三种空间形式及其变体。最简便也是常见的次级调适方式是远离监护人员的视听范围，或通过各种伪装和隐瞒策略避免引起监护人员的注意。除了暂时规避监控之外，被收容者和监护人员之间会默许形成某些具有特定边界的物理空间。在这些空间里，监控与限制明显减少，被收容者可以相对安全地公开参与被禁止的活动，这些区域是“自由场所”。监护人员可能不知道存在这些场所，即使知道也会故意避开，当他们无意进入时，则会心照不宣地放弃他们的权威。厕所、运输厨房食物的通道、被废弃的地下室以及某些治疗场合等，都具有此类自由场所的特性。此外，有些指派性的任务也能够使病人获得相对自由的空间。自由场所是监护人员与精神病人之间关系表演的后台，在这些场合，被收容者能够享有在病房里缺乏的平静、舒适、放松、自主和自我掌控。自由场所还涉及专享权问题，有些自由场所是公共性的，所有被收容者可以无差别地获取和进入。而在某些情况下，特定的被收容者占据着自由空间，并自我赋予所有权，除了专门被邀请加入的成员之外，其他人不得进入和享用。这便是“群体领地”，它具有选择性、主权性和排他性。与之相应的是“个人领地”或“私人空间”，诸如某些全控机构的私人卧室，在这些不与任何其他人共享的空间里，个体能获得舒适感和控制权。自由场所、群体领地和私人空间是被收容者具有不同控制权的三种场域。在这些不同的空间里，特权显示出它的地理分布特征。

第三，设施，主要涉及特定的物理设置。由于全控机构不允许存在储藏私物的地方，因此它们只能以不正当的方式出现。这些私人储藏空间是隐匿的，须随时应对和阻止他人的非法侵入与官方的突击检查。在精神病人的住院生活中，较常见的是个体能随身携带的藏匿装备，如手提袋、带有宽敞衣袋的外套等。在自由场所或私人空间里，可能还存在固定的藏匿处，如被收容者经常将一些贵重物品藏在床垫底下，与监护人员关系较为亲密者甚至将他们的私人住处用作藏匿地。在执行指派性任务的过程中，也可能为暂时隐藏个人物品提供机会，如分配在厨房工作的人会偷偷地将食物和饮料藏在橱柜和冰箱里。在使用固定的藏匿处时，被收容者通常以非正式的隐秘手段来传递相关物品，它是次级调适的“传输系统”，身体、人工制品以及书面或口头的信息都能够在运输系统中进行传递。就日常生活的信息交换而言，全控机构的被收容者群体内部会逐渐发展出一套用于面对面隐秘沟通的身势语系统，利用各种掩饰和伪装的手段直接进行交流，最常见的是交换眼神传递特定的信息。他们对监护人员则反应迟缓，或干脆装聋作哑。在精神病院里，这种撤离性的抵触却被视为精神病症状的表现。

第四，社会结构。被收容者会剥削他人的努力（通过秘密传输系统）满足自身的需求，并扩大次级调适的幅度与范围。大体而言，被收容者主要通过三种方式利用他人的物品与服务，它们也是次级调适的表现形式和构成要素。第一，私下胁迫。在这种情况下，个人之所以提供协助并非由于这样做能够改善自身的处境，而是不遵从将付出高昂的代价，因而被迫屈从就范。在全控机构的隐秘生活中，普遍存在这种私下胁迫，诸如敲诈勒索、强制屈从以及强迫发生性关系等。第二，经济交换。在任何实际的社会情境里，经济交换过程受外部社会设置的影响，因此，经济交换表达了特定社会条件的存在，是其外显的标志。在未经授权或秘密进行的合作性交换中，彼此之间的信任十分关键，必须确保对方不会违反约定或私自告密，或者不是伪装的官方人员。在精神病院里，这类经济活动包括私下交易、赌博、实物交换和劳动报酬等。第三，社会交换。出于对彼此困境的移情式理解，个体可能会主动帮助他人或提供仪式性回报。这些行为（可能以符号的形式）是相互支持的，它们是建立在平等关系基础上的均衡交换，也是社会团结及其象征的表现。这种社会交换显著不同于经济交换。在经济交换中，双方就交换物事先达成协议；而在社会交换中，一方明确希冀的事物对另一方而言可能仅是偶然发生的结果。经济交换中一旦发生违约行为，必须进行赔偿；而一个人如果未对他人的致意表示感谢或未能相应地投桃报李，他可能仅仅被指责为缺乏教养。社会交换可能为了稳定和强化某种既有的关系，因此，实质性的赐予可以仪式性的馈赠进行补偿；而在经济交换中，必须以等价的物质作为回报。经济利益可以转售给第三方，而在通常情况下，社会交换的主体是无法置换的。为非正式社会交换提供基础的另一种重要关系类型是"庇护关系"，它比私人关系更为稳定，能提供各种获得小恩小惠的机会。此外，被收容者还会利用情境中可获取的材料创造出各类仪式性的供给，它们也是次级调适的重要构成。这三种次级调适的方式有着各自不同的社会条件，在实际情境中也可能相互结合使用。

被收容者也可以通过随身携带的个人所有物，适时地创造出与全控机构相脱离的自我世界，并愉悦地沉浸于其中。还有一种重要的次级调适类型是"解除性活动"，这些活动为个体提供了专注的事物，在这种全身心的投入中，个体暂时忘却或消除他对必须接受的环境之感知，从而建构一个完全不同的世界，此类活动包括战俘营中的语言课程、监狱里的艺术课程、精神病院的体育赛事、宗教场所的仪式以及赌场里的赌博行为等。

通过对精神病院的隐秘生活和次级调适的观察，戈夫曼认为病房生活系统是人类诸多社会组织的其中一种表现形式，它与其他共同体和社会组织存在诸多共通之处。因此，精神病人运用的各类次级调适也适用于其他全控机构，乃至一般意义上的组织机构。一旦条件合适，次级调适会"像野草一样在任何类型的社会组织中萌芽、迅速生长"。[①] 戈夫曼承认他对全控机构隐秘生活的论述可能存在"系统性偏差"，[②] 它甚至只是一种玫瑰色的幻象。这主要是因为：首先，对于严格将自己限制在初级调适中的机构成员而言，这种隐秘生活不具有代表性，它甚至是不重要的。其次，最容易观察到的次级调适往往是那

① Erving Goffman, *Asylums*: *Essays on the Social Situation of Mental Patients and other Inmates*, New York: Anchor, 1961, p. 318.

② Erving Goffman, *Asylums*: *Essays on the Social Situation of Mental Patients and other Inmates*, New York: Anchor, 1961, p. 298.

些巧妙的和明显的活动，它们主要由一些具有良好社会关系的非正式领袖来实践。最后，戈夫曼对精神病院隐秘生活的研究主要以具有一定操控能力和具有院内假释条件的病人为对象，这意味着他们具有相当程度的自由，能够运用各种手段改善他们的生活条件，这可能使精神病院的生活呈现出一种过于乐观的景象，似乎他们能有效地动用各种方式改变既有的制度设置。然而，从总体上看，由于缺乏正式的社会控制和长期的协作关系，精神病院的病人群体是一个脆弱的非正式社会组织。群体内部的分化、对精神病污名的规避以及监护人员的异质性等，都削弱了病人共同体的“反应性团结”。①

每一个社会机构对其成员的肉体和灵魂都有着不同程度的期待和规范，参与者则会采取各种次级调适抗拒制度化的设置（包括自我观和生活世界）及其意识形态。隐秘生活使个体在高度结构化和制度化的机构里获得一定的自由度，并表明当个体的生存需要被降到最低限度时，个体是如何充实具体的生活世界的。同时，在受奖罚系统支配的情境中，传统的不遵从与反抗方式依然有效。藏匿处、输送方式、自由场所、个人领地、经济交换与社会交换等都是建构隐秘生活的基本方式。戈夫曼的研究表明，正式组织存在一些难以严防死守的场所，正是在这些角落里滋生和蔓延着大量次级调适。这些秘密的顽抗和适应策略对自我的结构具有重要的意义，它们并非是偶然发生的、次要的防御机制，而是自我的本质构成。② 总之，全控机构存在着一些可供被收容者暂时逃离和隐藏的世界，它们犹如僵硬冰冷的墙壁上的透气细孔，通过它们可以透进些许阳光和空气，不至于使机构里的个体完全窒息。换句话说，全控机构自身提供了“在场逃离”的各种方式和空间。

① Erving Goffman, *Asylums*: *Essays on the Social Situation of Mental Patients and other Inmates*, New York: Anchor, 1961, p. 302.

② Erving Goffman, *Asylums*: *Essays on the Social Situation of Mental Patients and other Inmates*, New York: Anchor, 1961, p. 319.

四、医疗模式与住院治疗

戈夫曼认为，西方社会的制度精神病学是将“专家服务模型”运用于各种精神障碍的治疗实践。如今，尽管西方的医疗实践者区分了“器质性”和“功能性”的病因，但仍然主张将医疗服务模型运用于精神病人。从个体最初的诊断、住院治疗以及出院后观察等，都以技术性精神病学的观点加以对待，从而使外显的社会性标识与内在症状、社会性的失当行为与可见的器质性病理结合在一起，以确证医疗模式的适用性和正当性。然而在戈夫曼看来，很多所谓“功能性”的精神病案例无法在医学模式的框架内解决。精神病院与其说是医疗服务模式的提供者，不如说是社会的代理监管者，它保护外部共同体免遭各种失当行为的侵扰，这种社会性的监管功能与精神病院普遍宣称的个体服务模式是相冲突的。精神病院采取各种措施隐瞒其实质性的社会功能，而突显其医疗功能。

在精神病院里，机构内部的设置通常不是以社会功能为首要目标，而是以服务模式下为病人提供各类医疗服务为直接目的。在医疗服务模式的伪装下，精神病治疗机构维持着药物治疗的表象。但精神病人却在身体和精神上遭受一系列折磨，他们被迫就范，以防止对机构造成威胁。精神病院宣称为病人提供个性化的治疗服务，而实际上被服务和滋养的恰恰是机构自身。因此，精神病院并非精神病人的医疗之地，而是所谓的社会问题制造者的收容所，此类同质性的机构还包括监狱、养老院、孤儿院、劳教农场、疗养所和收教所等。在每一所精神病院里，有相当部分的个体可能更适合待在其他的机构，而其他机构中的情形亦是如此。这些个体由于各种原因被滞留在某种并不适合他的全控机构里，诸如距离远近、熟人关系、缺乏剩余空间、花费高昂等外部社会因素。这也是为什么戈夫曼将一部以精神病院为原型探讨全控机构的书定名为“收容所”的原因。

精神病院里的各种资源支持着情境性的医学服务定义，或者它重新定义病人的特征，使之成为能执行精神病治疗服务的对象，并且整个监护管理系统都是以精神病学医疗服务的语言来表达的。通过一系列技术性的指涉框架，精神病院将病人转换成需要提供救疗服务的封闭性客体。对精神病院而言，制造病人就是生产作为服务对象的病灶客体。然而，病人真正可获得的服务却付诸阙如。精神病治疗实践假定，功能性精神病患者错误的行为模式可以通过治疗性的经验习得进行纠正，但是为病人提供这种经验的能力并不完全是一项技能，也无法像技能那样进行传授。此外，医疗服务者的“功能专一性”及其分离式诊治模式也不符合精神病治疗实践，病房也并非观察精神病人行为的自然场域。戈夫曼指出，在精神病人的治疗过程中应当全面考虑个体当下和过去的行为及其感受。医疗服务模式并不适合精神病院，许多个体进入精神病院是非自愿的，而且住院治疗的病人会产生被遗弃感、疏离感和怨愤情绪，住院治疗的经历还会造成终身携带污名。由于社会污名化和进入医院后遭受的各种剥夺，被收容者经常表现出与外部世界的疏离，乃至于后来拒绝离开。住院治疗的这种意外后果可能比个体最初遇到的问题更加严重。

戈夫曼质疑医疗服务框架的有效性，认为精神病院的运作不是基于精神病学原理，而是根据监护系统的需求。在他看来，精神病人的症状行为是其人际情境不可分离的组成部分。精神病学家对行为恰当性的判定在很大程度上是非专业的，他们既无法、也不可能对特定社会的所有亚文化行为进行技术性的图绘和测定。除了那些极端的症状之外，诊断性决策很可能是文化中心主义的，甚至带有政治意味，它是精神病学家以及其他利益群体从自身的文化立场和旨趣出发来评判、裁定特定个体的行为。因此，在对待病人的治疗实践中，精神病学并不能如宣称的那样做到价值中立或道德无涉。由于精神病院并未能向精神病人提供专家服务，或者说专家服务的理念并不适用于精神病人的困境，这势必导致精神病医生与病人之间的互动产生隔阂，这是精神病人住院治疗的必然结局。医生和病人处于同一种制度环境，他们对情境的反应“不仅反映了医院生活的重要方面，而且表明了存在（being）的社会模式（专家-服务者）与试图将这些角色身份制度化的社会机构之间的相互作用关系”。[①] 与公民社会里健全的自我不同，精神病人的自我被认为是病态的，从这种需要医治的自我结构中分离出来的救疗物及其所有者（即医学服务的顾客）与医疗服务者共同构成了精神病治疗服务模式中的三角关系。

因此，精神病院的设立是因为各种职业需求，其主体包括监管人员、精神病学家和医护人员等，精神病院的真正客户是精神病人的亲属、警察和法官等，他们需要这种机构来满足自身的诉求。医生与精神病人都不自觉地促成了这种专家服务系统的运转，由此，精神病院制度化了一种怪诞的服务关系：尽管医疗服务模式的适用性有限，然而医生除了医学理由之外却无法解释其行为；病人则感到必须反抗监护人给他施加的各种磨难和困苦，但如果他想尽快离开医院或缓解机构内剥夺性的生活，就必须接受被安排的位置和处境，正是这种认可的处境维护着机构系统内的职业角色及其分配。因此，精神病人处于一种“自我异化的道德奴役状态”。[②] 这种处境是通过调用专家医疗服务关系来实现的。

职业精神病医生同样处于窘迫的地位，他们的角色不断地遭受（自我）质疑，意识到在医院里扮演的不是医疗服务提供者而是管控者的角色，他们与病人之间亦存在紧张关系。受过职业训练的精神病医生面对病人必须提供文明和尽责的服务，但他们却无法满足病人提出的要求，这构成一种虚假的服务者-客户关系。为了解决这种角色分离，精神病医生可能选择离开，另设私人诊所，或采用各种适应策略，形成一整套转化的话语、观念和情感，从而继续留在医院的社会系统内。精神病院里发生的一切必须通过转化成符合医疗服务模式的指涉框架才能得到合法化，医护人员的日常活动被定义或呈现为观察、诊断和治疗，同时重构精神病人的特征以符合既定的医疗模式。现实在这种转变过程中被大量地扭曲，机构确实在改造个体，但不是治愈疾

① Erving Goffman, *Asylums: Essays on the Social Situation of Mental Patients and other Inmates*, New York: Anchor, 1961, p. 369.

② Erving Goffman, *Asylums: Essays on the Social Situation of Mental Patients and other Inmates*, New York: Anchor, 1961, p. 386.

病或矫正失当的行为模式，而是将个体改造成符合机构属性及其需要的客体。病人面临的是贫瘠荒芜、沉闷无趣和严酷苛刻的世界，精神病院运用的服务模式与这些剥夺现象相啮合产生了特殊的颠倒作用，彻底混淆了对他人的服从与个人自身调适之间的关系。

第五章　框架分析

框架分析是关于经验组织而不是社会组织的研究，它探讨究竟是什么因素决定了人们回答“当下正在发生什么”以及“在什么样的情况下，我们思考的事物是真实的?”等基本问题。换句话说，《框架分析》是对“社会实在的另一种分析”①。戈夫曼将矛头直指社会心理学的某些原理和托马斯定义，后者可以表述为“如果人们把情境定义为真实的，那么它们就会产生真实的效果”。戈夫曼认为，该宣称“读起来是正确的，但其实却是错误的”②。定义情境无疑会产生某些现实效果，然而对处于过程中的事件而言，它的作用却很有限。情境定义随处可见，但并非处于情境中的个体创造了该定义，它是由社会完成的。在戈夫曼看来，情境中的个体所做的是正确评估他们应有的情境，并

① Erving Goffman, *Frame Analysis: An Essay on the Organization of Experience*, New York: Harper & Row, 1974, p. 2.

② Erving Goffman, *Frame Analysis: An Essay on the Organization of Experience*, New York: Harper & Row, 1974, p. 1.

采取相应的行动。个体会对生活中的各种安排、设置进行协商，但这种商议一旦结束，人们就据此行事，仿佛一切问题都已得到妥善安置。

1869年，威廉·詹姆斯发表了一篇重要论文《论实在的感知》(后收入其《心理学原理》一书)。在该文中，詹姆斯没有直接问何为"实在"，而是提出了一个颠覆性的现象学问题，即："在什么样的情形下，我们认为事物是真实的?"实在的重要维度在于人们对事物实在性的感知，与之相关的问题便是：在何种条件下会产生关于这种实在性的感知?詹姆斯区分了当下感知的内容和人们赋予的实在状态，他强调选择性关注、亲密卷入和无矛盾抵触等因素，并且区分了不同的"世界"、"子宇宙"或"存在秩序"，如感知的世界、科学对象的世界、抽象哲理的世界、神话与超自然信仰的世界以及疯人的世界等，其中赋予感知的世界以优先地位。这些不同子世界中的事物具有特定的、独立的存在形式，当它们得到关注时，以其自身的方式表现为真实的，这种真实或实在随着关注的消逝而消逝。1945年，舒茨在《多重实在论》一文中再次探讨了詹姆斯的论题，揭示了产生任何实在必须满足的条件，指出人们在面对不同的实在（即有限的意义域）时，会有不同的"休克"体验。舒茨认为，维持实在的是个体经验的意义，而不是客体的本体论结构。舒茨的著作引起加芬克尔的兴趣，后者继而探讨产生特定类型的"世界"遵循的一系列相互依存的规则和实践形式。

戈夫曼认为，詹姆斯谈论的是特定个人的当下世界。倘若日常生活或常识世界的丰富意义依赖于封闭而有限的规则丛，那么阐释这些规则丛将是分析社会生活的有效途径。① 虽然詹姆斯和舒茨认为"梦境"之类的世界及其组织形式不同于日常经验世界，但在戈夫曼看来，对于究竟有多少不同的"世界"以及日常的、完全清醒的生活能否被视为一种由规则产生的存在，他们并没有提供令人信服的解释，并且也缺乏对日常活动的构成性规则进行描述。因此，关于构成性规则的

① Erving Goffman, *Frame Analysis: An Essay on the Organization of Experience*, New York: Harper & Row, 1974, p. 5.

宣称面临着一种“令人尴尬的方法论事实”，它像是“一场开放式游戏，任何人都可以无止境地玩下去”。[①] 日常生活和各种虚构的世界之间产生了结构相似性，却无从知晓这种关系如何改变人们对日常生活的观念。因此，戈夫曼的研究目标是：

> 试图分离出在我们社会中存在的关于理解的基本框架，这些框架可以使事物变得有意义，并分析这些指涉框架具有的独特脆弱性。我从这样一个事实出发，即从一个个体的独特视角来看，虽然某件事情可能会暂时性地表现出它实际正在发生的状态，而事实上，真正发生的其实不过是玩笑、梦、意外、失误、误解、欺诈或者戏剧表演，诸如此类。关注点将放在我们对当下正在发生的事物的感知，它很容易受这些不同再解读的需要之影响。[②]

一、框架、调音与编造

（一）初级框架

戈夫曼从格雷戈里·贝特森的意义上使用“框架”这一术语，[③] 并假定情境定义是根据管理（社会）事件以及人们主体性地卷入其中的组织原则而形成的。戈夫曼提出了“初级框架”的概念，这种框架之所以是“基本的”“初级的”，因为对它的运用无须依赖或回溯至先在的或原初的阐释。[④] 初级框架既可以是经过转换的，也可以是未经过

---

① Erving Goffman, *Frame Analysis: An Essay on the Organization of Experience*, New York: Harper & Row, 1974, p. 6.

② Erving Goffman, *Frame Analysis: An Essay on the Organization of Experience*, New York: Harper & Row, 1974, p. 10.

③ 有关贝特森“框架”观念的思想来源、相关批评以及重构等阐述，可参见 Steven Engler and Mark Q. Gardiner, “Re-Mapping Bateson's Frame,” *Journal of Ritual Studies*, Vol. 26, No. 2, 2012, pp. 7-20. 1956 年 10 月，戈夫曼还曾与贝特森共同参加了由“乔赛亚·梅西基金会”（Josiah Macy Jr Foundation）赞助的“群体过程会议”（Group Processes Conference），研讨“人际说服”问题。

④ Erving Goffman, *Frame Analysis: An Essay on the Organization of Experience*, New York: Harper & Row, 1974, p. 21.

转换的。初级框架因组织程度的不同而各有差异，其中有些表现为由各种实体、基本条件和规则构成的体系。大多数初级框架缺乏清晰的组织形式，它们只提供与理解相关的知识、方法和视角。不管其组织程度如何，每一种初级框架都能使它的使用者定位、感知、明辨和标签那些具体的事件。①

戈夫曼区分了“自然的初级框架”和“社会的初级框架”。自然框架分辨的事件是非取向性的和非指导性的，简而言之，自然框架是“纯物理性的”。这种非指导性的事件从头到尾都受自然因素决定，任何意志性的能动者②都无法干预其因果链。复杂的自然框架主要存在于物理和生物领域。而社会框架则用于理解包含能动者的意志、目标和控制力的事件，人们能够选择和运用不同的社会框架来理解当下正在发生的活动。社会行动者可能对他人进行劝诱哄骗、阿谀奉承、侮辱冒犯甚至恐吓威胁等，这些行为属于“引导性行为”，它们经受社会的各种评估，诸如是否诚实、高效、经济、安全、优雅、灵活和高品位等。因此，能动者需要对社会行为持续进行控制和管理。社会框架处理的是行为，而不仅仅是事件本身。自然事件产生的“盲目效应”是一种无限延展的引起与被引起的因果链，而个体行为的意图性后果则是以精神性的决定作为开端的。举例而言，天气状态涉及的是自然框架，而天气预报则是社会框架。能动者需要进入自然秩序才能有效地完成智识性行为，同时只要尊重自然的限制性条件，行动者不仅有能力适应自然世界，而且还能利用其必然状态。因此，“任何社会性导向的行为能够部分地在自然图式内加以分析”③。框架类型提供了一种描述和定义它所运用的事件的方式，人们根据初级框架感知各类事件：太阳照常升起，这是自然事件；落下百叶窗以遮挡阳光，这则是引导性的行为。当验尸官询问死亡的原因时，他需要的是一个能置于生理

① Erving Goffman, *Frame Analysis: An Essay on the Organization of Experience*, New York: Harper & Row, 1974, p. 21.

② 戈夫曼探讨的“能动者”主要是人，但下文的讨论中它也包括动物。

③ Erving Goffman, *Frame Analysis: An Essay on the Organization of Experience*, New York: Harper & Row, 1974, p. 23.

学的自然图式内的答案；当他询问死亡的方式时，他需要的则是一个社会性的答案，而这很可能是死亡动机的一部分。①

自然框架和社会框架的主要不同之处在于行动者的角色。在自然框架的视角下，个体没有特定的身份地位，他们与情境中的其他要素同样受制于决定论的、非意志性的和道德无涉的力量。而在社会框架的视角下，个体的表现形态不一，他们被定义为自决的能动者，具备法律上的行事能力，并对其行为承担道德责任。在社会框架中，正常的行动者之间发生人际互动时需要具备一些基本的特性，诸如感知能力、意志、记忆、移情、诚实、可信赖以及确定的社会和个人身份等。② 日常生活中的个体在对待他人时会惯常性地交织混杂使用自然框架和社会框架。例如，医生从病患那里获得两种类型的信息：体征（signs）和症状（symptoms），前者是客观的生物学指示物，后者则是主观的报告，包括患者自身和医生通过感觉器官感知的各种临床表现。但是，人们也会遭遇无法同时运用自然框架和社会框架的情况。例如，对那些缺乏充分感知和理解能力的人，无法使用社会框架进行互动，这些人包括死者、醉汉、精神病人、婴幼儿、梦游者或者熟睡者等。而且在不少情况下，人们对于采用自然框架还是社会框架会产生分歧。这种分歧并不是由于某些错误导致的，而是由于框架本身缺乏自洽性。比较典型的、也是戈夫曼经常批判的事例是西方社会对精神障碍的认知。对于器质性的大脑缺陷，人们通常认为不能采取只适用于合格的社会行动者的社会框架；而对于轻度的神经官能症，则普遍同意运用一般性的社会标准。然而，对处于这两者之间的诸多案例，则是众说纷纭、莫衷一是。

对于"这里正在发生什么"的回答通常是在初级框架内描述某一事件或行为。正是存在这些初级框架，才使日常生活是可理解的，特定社会群体的初级框架构成了其文化的核心要素。戈夫曼探讨了有关

① Erving Goffman, *Frame Analysis: An Essay on the Organization of Experience*, New York: Harper & Row, 1974, p. 25.

② Erving Goffman, *Frame Analysis: An Essay on the Organization of Experience*, New York: Harper & Row, 1974, p. 188.

初级框架的五个不同问题。

第一，“令人震惊的复杂事物”。某个事件的发生引起观察者质疑他们理解事物的整体方法，因为若要解释该事件的发生，需要引入新的自然力或新的控制引导能力，而这意味着未知的能动者。它们包括来自外太空的探访与沟通、宗教治疗神迹、深海怪物、反重力悬浮、擅长数学的马、占卜预言以及与死者通灵等。这些令人震惊的事件的出现隐含着存在超凡的自然力和引导能力，如占星术、千里眼和超感知觉等。在通常情况下，当发生令人惊骇的事件时，个体期待着能立即援引或找到某种“简单”或“自然”的解释，消除令人不安的神秘性，使之恢复到他们习以为常的力量和能动者的范畴，并维持着自然现象与引导性行为之间的固有关系。个体通常倾向于抵制改变原有的阐释框架，尤其是初级框架。在我们的社会中，一个非常重要的普遍假设是“一切事物（无一例外地）能够被包含和控制在传统的信念体系内”①。

第二，“绝技”。“宇宙论旨趣”支撑着一种简单的娱乐方式，即特技展示，它表现为有意志的能动者在近乎不可能的条件下仍然保持着导向性和控制能力。这些能动者包括魔术师、走钢丝者、骑师、冲浪者、花样滑雪者、掷刀手、高空跳水者以及宇航员等。这些“绝技”还包括个体以独特的生理机能进行表演，诸如意念控制血压和心跳等。此外，在这些绝技中，“动物行为”也扮演着重要的角色，如训练有素的海豹、善于社交的海豚、跳舞的大象和耍杂技的狮子等。这些动物行为表明，不同性质的能动者能完成一般性的导向行为，也即就导向性的行为能力而言，人类和动物之间的界限是模糊的。但这也使人们注意到在作为人的能动者和作为动物的能动者之间存在的界限，尤其是当动物被训练去完成某些属于人类范畴的“实用主义任务”时，如农场主雇用一群黑猩猩帮助收割农作物、一只经过训练的黑猩猩在高速公路上驾驶着一辆敞篷跑车等。

① Erving Goffman, *Frame Analysis: An Essay on the Organization of Experience*, New York: Harper & Row, 1974, p. 30.

戈夫曼认为，“令人震惊的复杂事物”和“绝技”在一定程度上与马戏团的“穿插表演”有着密切的联系，其社会功能是厘清基本框架的次序和界限。“不管观看者从这种展示中获得什么，很清楚的一点是，对于以宇宙论问题为基础的旨趣也是外行人的日常关注点，它绝不仅限于实验室和田野研究者。”①

第三，“失误/笨拙的行动”。这种情况出现在身体或其他原本应处于确定性指导下的客体出乎意料地冲出藩篱、脱离常规和控制，变得完全受制于自然力，最终导致扰乱和打断有序的生活，它具体表现为各种“弄糟”、“搞砸”、“出错”和“失态”等。在这种情况下，身体仍然保留着作为一种自然的、原因性的力量，但它不是意图性的、社会性的。对此类失控现象的研究可以将行为分为不同的类型：有些行为是由肢体直接完成的，如揉眼睛、点火柴、系鞋带等；有些动作的完成涉及肢体的延伸，如开汽车、修草坪等；还有些行为始于身体或身体的延伸而终止于与最初控制的分离，如打出的高尔夫球、发射的导弹等。个体经过早期的社会化能够胜任第一种类型的行为，而后两种行为类型则需要经过深度的社会化，尤其是通过职业训练。社会化的其中一种结果是将日常生活世界转变成受社会框架支配并能够以之加以理解的场域。

第四，“意外事件”。个体会遭遇各种无法预期的自然运作方式，两个或以上彼此没有关联、各自引导和支配着自身行为的个体，却可能共同地产生非预期性的事件。它涉及各种巧合、意外、偶然等。由于不需要也难以进行责任归咎，因此，意外事件更多地像是一种自然框架，除非自然力运作的要素是社会性支配的行为。

戈夫曼认为，“失误”和“意外事件”具有重要的宇宙论意义。人们根据自然事件或引导性行为来感知世界，任何事件都可以被归类到这种范畴之中。生活世界需要以现成的手段来应付各种纰漏、松散和断裂等现象，而特定的社会关于“失误”和“意外事件”的文化观

---

① Erving Goffman, *Frame Analysis: An Essay on the Organization of Experience*, New York: Harper & Row, 1974, p. 31.

念就起到这样的作用，它使人们与各种事件达成妥协，否则这些事件可能成为分析系统的障碍。

第五，“紧张”与玩笑之间的分离。个体根据正式运用的框架理解他们的所见所闻，然而，这种能力有其局限性。某种视角产生的影响可能彻底改变原先正式运用的关于事件的框架。身体及其接触过程中也会出现框架维持的问题，身体经常呈现为仅仅根据某种初级框架进行管控的资源。个体的阐释能力能够区分向车辆挥动手臂和向朋友挥手致意，而这两种动作又与挥手驱赶苍蝇或增加血液循环的动作相区别。这种识别反过来与这样的事实相关，即“每一种类型的事件是且仅仅是整个事件习语的要素，而每一个习语是独特框架的组成部分”①。

自然的和社会的初级框架视角影响的远不仅是事件本身的参与者，旁观者亦可能被深深地卷入。即使仅是简单的一瞥，但这样一个细微的动作也调用了初级框架，它猜测之前发生的事件，理解当下正在发生什么，并预期事件的未来走向。日常生活的观察者积极地将他们的参照框架投射到紧密围绕在他们周围的世界，但人们往往无法看到他们这样做，这是因为“事件通常肯定了这些投射，导致各种假定消失在平滑的行动流之中”②。

（二）调音与编造

在引入框架分析的基本概念时，戈夫曼采用了音乐上的类比。“音调”（key）是框架分析的核心概念之一，它是指“一整套习俗惯例，通过它，某项给定的活动——对某些初级框架而言它已经富含意义——被转换成某种以该活动为蓝本而在其参与者看来颇为不同的类型”③。戈夫曼强调“音调”是一系列具有很大弹性、并且作为非强制力的“约定俗成”，它不是硬性的“规则”或“法则”。在这里，戈夫

① Erving Goffman, *Frame Analysis: An Essay on the Organization of Experience*, New York: Harper & Row, 1974, p. 37.

② Erving Goffman, *Frame Analysis: An Essay on the Organization of Experience*, New York: Harper & Row, 1974, p. 39.

③ Erving Goffman, *Frame Analysis: An Essay on the Organization of Experience*, New York: Harper & Row, 1974, pp. 43-44.

曼认为“最好搁置诸如必然性、义务和互赖性等议题”[1]。同时他也指出，“音调”这一术语在论述上存在缺憾，这一音乐学上的参照并非完全贴切，可能“音阶”或“调式”更加接近于他阐述的“转换”。大体而言，戈夫曼的“音调”概念与戴尔·海姆斯的用法相类似。音调的功能是进行初级框架的转换，戈夫曼将这种转换或改编过程称为“调音”或“定调过程”（keying）。关于“调音”的完整定义如下：[2]

a. 涉及一种跨越不同物质的系统性转换，并且根据某种阐释图式而言，它已经富含意义，没有它，调音也将没有意义。

b. 活动参与者明确知道并公开承认包含一种系统性的改变，这种改变将彻底重构当下正在发生的状态。

c. 转换的起始与终结有明确的线索，也即“时间括弧”和“空间括弧”，它们限定运用调音的时空范围。

d. 调音并不仅限于在任何特定视角内感知的事件，它既可以是通过自然图式感知的事件，也可以是工具性导向的活动以及婚礼等仪式性的社会活动，尽管在自然图式内感知的事件比在社会图式内感知的事件更不容易进行调音。

e. 对参与者而言，系统性转换中采用特定的调音可能只是轻微地改变这种转换活动本身，但它完全改变了参与者对当下正在进行的事件的理解。调音在决定我们思考正在发生的事情中扮演着重要的角色。

若没有发生任何调音，那它只运用了初级框架。当正在发生未经转换的活动时，根据框架形成的定义，它也可能意味着异化、反讽和疏离。可以根据框架本身或者最深层的活动来描述调音过程，真正或实际正在发生的事件是一种混合体，包含了一种以初级视角感知的事件和经过转换的事件。语言学中广泛使用的“符码”概念与戈夫曼的

---

① Erving Goffman, *Frame Analysis: An Essay on the Organization of Experience*, New York: Harper & Row, 1974, p. 44, 脚注 14.

② Erving Goffman, *Frame Analysis: An Essay on the Organization of Experience*, New York: Harper & Row, 1974, p. 45.

“转录实践”相似，但是语言学家也用“符码”指涉戈夫曼的“初级框架”。在现实生活中，框架化过程极为复杂，它包含的逐次相继的转化可被视为不断地增加活动的“层次”或“叠片”。戈夫曼探讨了现实中的定调过程、戏剧框架以及编造的结构性问题。若要使活动片段[①]被正确地感知为组织化的经验形式，须理解它所包含的两种基本转换过程：调音与编造。对规范或标准的越轨是任何编造的基本特征。当参与者对正在发生的事件未能共享同一种认知与理解时，活动框架容易遭到扭曲，其结构特征是参与者被分成局内人与局外人两类群体。同时，调音本身能够被再调音，也即转换的转换。被框架化活动的最深层部分通常被认为是未转换的实体，它可以作为调音的原型。当被框架的活动并未真正发生，而仅是作为调音的模板时，这种活动片段展现了一次转换和两层叠片，即模仿之模仿和复制之复制：

> 活动的外层，也就是框架的边，确立了该活动在现实中的状态。这两层叠片——未转换的事件及其调音——构成了相对简单的“叠层”，它只有两层，并没有许多：简而言之，一个叠层是浅显的，而不是深沉的。显然，一个框架的叠层，无论深浅如何，将构成其结构的重要元素。确实，正是由于存在这种叠层，才使我们在一定程度上有正当的理由采用“结构”这样的术语。[②]

将一根圆木锯成两段，是一种未经转换的工具性行为；而魔术师在观众面前用装置将一位女士切成两段，则是一种编造。吸毒是一种未经转换的工具性行为，而关于吸毒的实验则是一种调音。临床药物实验的对象经常被分成实验组和参照组，前者服用真正的被试药物，后者实际上服用的仅是安慰剂，然后将实验结果进行对比。用框架分析的术语来说，这种情况是“调音的编造”。然而，被试者可能刻意地

---

① 戈夫曼关于“活动片段”（strips）的观念源自雷·伯德威斯尔（Ray Birdwhistell）关于电影胶片的技术性隐喻与意象，可参见 Jason Ditton，“Review Symposium，” *Sociology*，Vol. 10，No. 2，1976，p. 330.

② Erving Goffman，*Frame Analysis*：*An Essay on the Organization of Experience*，New York：Harper & Row，1974，pp. 156–157.

表现出他们认为是实验人员希望出现的结果，这便是“调音的编造之调音”。既可以有经过调音的编造，也可以有经过编造的调音，调音可以转变成编造，而编造还会转变成其他编造或者是累积性的、层叠性的编造。概而言之，编造具有增生性，包含之中可以再包含。如果增加框架结构的叠层，但未改变框边的状态，那么事物的性质不会发生改变；如果叠层的增加改变了框边的状态，那么事物的性质也随之发生改变。在这种情况下，良性编造和掠夺性编造之间可以相互转化。在自然框架内，假装出现某种病症被认为是对自然事件的编造，因此，为了逃避服兵役而假装精神病（模仿失常的行为）则是编造的编造。调音已是未经转换的活动之模拟，调音的再转换（即再调音或编造）所需承担的工作量要比初始的转换少，那些能使未经转换的活动进行转换的因素也将更容易导致再转换。

与编造问题相关的还有“再遏制”现象，它包含三种基本的形式。第一，“秘密监视”。个体在各种场合可能产生损害自身名誉和身份的行为，因而他必须慎重对待目睹这种有失身份之行为的人。监视者的听、看（尤其是偷听、偷看）等行为是为了获得某种破坏性的力量，迫使被监视者处于被动的地位，它们通常不会让后者察觉正在进行监视。第二，“渗透”。争取持对立立场的人，使对方的策略性秘密处于曝光的危险境地，或使对方败坏名声的行为昭然若揭。第三，“设陷/圈套”。如通过奸细探秘而产生抹黑和诋毁性的行为。这三种再遏制手段都涉及法律与道德伦理问题，因此，其运用的类型和范围都受到一定的限制。当被控制的个体发现或意识到自己的行为受限制时，除了公开进行谴责和抨击之外，还可能采取其他策略。例如，已发现的一方继续装作泰然自若，好像未察觉任何异样，从而彻底反转情境中的格局：遏制的一方反遭遏制。这便是框架的逆转或颠倒现象。在论述遏制的性质时，戈夫曼还涉及了其他不同的遏制类型，如连环遏制（即“螳螂捕蝉，黄雀在后”）、彼此共同遏制以及竞争性遏制等。

装疯卖傻、装病或诈死等与生理性缺陷的编造形成鲜明对比，这些编造使个体被剥夺了作为合格的社会行动者的资质。“装病”是社会行动者佯装患有生理疾病以逃避不希望发生的事件，还有“歇斯底里症”，这些转换形式迫使他人抑制社会框架，而以纯自然主义的方式解读假装者的行为。此类基于医学原因的能力缺失并不会影响个体其他的社会能力。而行动者其他的一些转换形式，如催眠式入迷、醉酒以及精神错乱等，则会不同程度地降低或限制行动者的社会能力。个体也可能发生自我欺骗，如做梦、幻想狂等，或者也可以表现得让他人以为他正在进行自我欺骗。

经验活动片段的复杂性与框架叠层有关，它涉及框架的“转换深度”。最外层的叠片，也即框边，既可以包含掠夺性编造，也可以涉及良性编造。关于框架的转换深度，戈夫曼举了一个关于间谍的极端例子。在从事间谍活动时，特工可能被刺探发现，为了自保，他不得不出卖先前的雇主。在这种情况下，原先的雇主试图遏制敌对方的努力失败了，现在反而使自己受制于他人。随后，该特工可以向原来的雇主坦承他已被转变（或者被他们发现），而回过头去继续表现得好像被最初的雇主欺骗。他的这种伪装又可能被那些原本以为已使他转变的人识破，后者的发现导致剧情朝着更加复杂的方向发展。这时特工的身份变得扑朔迷离，他可能是双重间谍，或是叛变之叛变者。经过这一系列回合的转化过程，已经没有人再能够相信他。此时，对特工提供的信息进行谨慎的甄别和评估变得颇为重要，它有可能确实是关于敌对方的有效信息，也可能是蓄意的误导。最深处的叠层可以发生在小说、戏剧或电影的剧本化呈现中，因此，它在某种意义上可以是虚构的。戏剧可以是现实的框架化，它可以进行再调音，从而转换成一种良性的或掠夺性的编造。通过这样的转换和再转换，产生了一种经过编造的戏剧性框架。[①] 这是“局中局”“剧中剧”和“镜中镜”的层叠现象，它们层层镶嵌、环环相扣，乃至生生不息。

① 在戈夫曼看来，所有戏剧评论都是关于某戏剧的各种编造、再转换的调音。

二、框架外活动与行为锚定

（一）框架外活动

在以某种特定的方式被框架化的系列活动中，不可避免地会发生其他类型的活动，它们与居于支配性地位的活动是相互隔离的，并以各种特殊的方式附属于主要的行动。这些框架外的活动会让参与者分心，牵制或转移其注意力，对互动情境中的适度卷入造成威胁。我们在第一章探讨互动的形式化分析时，已经指出面对面互动的其中一个促成性要素是“无关联原则”，即任何活动片段的重要特征在于参与者具有忽略其他各种竞争性事件的能力，即“撤回一切关注和意识”①，专心聚焦于当下的面对面互动。参与者系统性地忽视对当下的互动而言是无关紧要的活动，将它们视为框架外的，因而不必给予任何实质性的关注。也就是说，参与者在遵循某种活动路线（故事线或情节）时，他们会有意识地忽略框架外的活动。

最普遍的一类框架外活动与人的生理机能有关。当个体以某种角色（作为表演者）投入某项活动进程时，需要时刻面对各种生理机能问题，具体表现为搔痒、打哈欠、喷嚏以及其他“生物性释放”的次级卷入。在通常情况下，有四种普遍性的方式来应付这些细微而迫切的生理需要。首先是抑制或忍住，中产阶级社会关于放屁的禁忌几乎存在于一切社交场合；其次是对这种“释放”听而不闻、视而不见，当作根本没有发生过一样；再次是通过混淆和歪曲不同的行为类型，以遮蔽和掩盖失检的举止，或者用视线之外的身体部分来遮挡不恰当的行为；最后是采取随心所欲、放任自流的态度，或坦率地要求允许这样做，这种要求的前提条件是个体并不是在严格的意义上进行角色扮演，因此能够允许短暂的角色撤离。在后两种情况下，虽然行动者本人关注他的“生物性释放”，但共同在场的他人倾向于对他的这种关

① Erving Goffman, *Frame Analysis: An Essay on the Organization of Experience*, New York: Harper & Row, 1974, p. 202.

注表示漠不关心，这是一种有意识的礼节性忽视。

框架化活动的重要结构性特征是“轨迹跟踪”。对此，戈夫曼提出“轨道”（track）的假说，即任何活动片段都有各自特定的组织化路径或轨道，它不仅有主道（或干线）、主要的故事情节（剧情），而且还有各种类型的辅道（或支线）。与主要活动链同时发生的框架外活动可以称为“并轨信道”，框架外信道是一种附属性信道或次级信道，它区别于主导性信道或支配性信道。这些框架外信道本身具有各种特征，亦可以被执行或表演。在某些情境下，这些附属性轨道甚至还会成为聚焦点，成为主要的故事线索。在类似于面对面谈话的礼仪性互动过程中，还存在一种“忽略性轨道”，“处于该轨道中的行动必须被忽视，或者正式终止”。[①]

在日常生活中，随处可见框架外的次级卷入。例如，在正式开始演讲前，演讲者会暂时性地脱离框架，向坐在观众席中的某位熟人示以礼节性地问候，或与主持人交换眼神，示意下一步该做什么。而在演讲过程中，他可能在某个适当的时候呷一口茶水、擦拭一下眼镜片，或整理一下散乱的讲稿。又如，有些学生在阅读时，会不停地转动手中的笔；而有些老师在讲台上授课时，会不时地去拨弄一下粉笔盒；诸如此类。在高度结构化的剧场表演过程中，演员的生物性释放和其他次级卷入是被严格禁止的，然而，这类干扰有时具有一种特殊的“句法价值”。[②] 表演者可能会审慎地将这些细微的举动和表达整合到预设的互动剧本，因此，它们可能并不构成真正的次级卷入。也就是说，当演员在表演过程中未能有效而得体地控制自己时，他会将这些失误和导致中断的干扰性因素吸纳到他正在投射和演绎的角色表演之中，使表演者与角色之间的冲突成为剧本的一部分，而同台的其他表演者亦会配合参与这种掩饰，及时地调整他们的行为，从而自然地化解这种细微的意外扰乱。倘若这种补救措施失败，它会产生令人窘迫

① Erving Goffman, *Frame Analysis: An Essay on the Organization of Experience*, New York: Harper & Row, 1974, p. 431.

② Erving Goffman, *Frame Analysis: An Essay on the Organization of Experience*, New York: Harper & Row, 1974, p. 206.

的局面，因为此时“遭到这种困窘境遇的（已）是一种身份，而不是角色”①。整场演出的其他同台表演者都会感受到这种窘境。

在很多场合，不仅某些事件会被忽视，而且某些人也会被忽视，诸如门卫、清洁工、保姆等服务人员以及其他某些类型的技术工人，他们被习惯性地视为在场却不可见的“非人”。情境忽视的程度亦有深浅，戈夫曼枚举了两种场景进行对比。一种是紧急情况下的赌场行为。例如，一家位于拉斯维加斯闹市区的赌场发生了火灾，浓烟开始从第二层楼汹涌而出，火警笛在刺耳地鸣叫，全副武装的消防人员迅速冲进去直往楼上跑。这个时候，有更多的浓烟滚滚地冒出来，最终消防人员熄灭了大火，并安全地撤离。而在这整个过程中，赌场的第一层却照旧营业：发牌员继续发牌，玩家则继续玩牌。与之相对的另一种情境是在苏格兰乡间田野上劳作的人们，任何轻微的干扰都会分散注意力，使他们有足够的理由停下来驻足片刻，以观察正在发生什么，无论是眼前飞过的小鸟、身边跑过的小狗，还是偶尔途经的旅行者。此外，在不同的历史时期，人们对扰乱因素的处理方式和评判标准也会有所不同，并且有些事物（如非规则性的声音）会比其他事物更容易分散人们的注意力。

框架外活动可以是与支配性活动同时并轨发生的事件，也可以是指向性标志。指向性标志是一些符号束，它们本身不属于任何活动，但是起着调节、约束、澄清、连接和限定不同要素和阶段的作用，诸如将行动与行动者相连的连接符、陈述-回复的配对性连接以及提供限定词、修饰语、标记等行为。它们通过辅助语言和身势语贯穿于话语流之中，并产生框架化和（再）结构化的效果。如果“指示性提示”和“叠加式信道”尚被视为“犹如”（*as if*）处于框架之外，那么“显性边界”之外的事物则是真正意义上的框架外活动。任何超出参与者可感受范围的事物都会使感知能力受到限制，从而可能被蒙蔽或遭欺骗。以面对面互动的特定场景作为参照点，参与者能够清楚地看到标

① Erving Goffman, *Frame Analysis: An Essay on the Organization of Experience*, New York: Harper & Row, 1974, p. 206.

准的显性边界。其一是幕后或后台活动，也就是“发生在当下场景背后的行动，它与当下的行动有关联，但同时又互不相容”①。其二是行动者自身，一方面，他的思维和感受来自他身体的内在状态，它们通过有意无意的身体表意（尤其是面部表情和话语）呈现出来；另一方面，他能接受来自台前幕后的秘密信号而不被他人察觉。身体既可以是用来遮挡不必要的信息流露的“盾牌”，也可以是供他人阅读信息的“屏幕”。作为物理屏障的身体能阻止他人在身体的一侧看到另一侧正在发生的事情，或者避免背后的人看到他的面部表情，从而使人们即使在共同在场的情境中也可以进行联合、共谋，这便是“隐蔽性信道”。

戈夫曼将非正式的面对面谈话称为“自然谈话”，它与戏剧剧本和编造形成鲜明的对比。在戈夫曼看来，即使是日常生活中的自然谈话在某种程度上也是一种建构。行动者可以表达不满和愤懑，如拒绝对所发生的事件负责、蔑视其他参与者、执意离开或决意终止谈话、表现出厌倦情绪等。通过这些方式，行动者可以有效地攻击情境，迫使其他在场者关注那些被忽略的事物。行动者也可以通过凝视、点头和微笑等赞许性的表意动作，以给予情境支持。这是行动者的反馈信道，它也可以通过行动者言不由衷、心不在焉等细微的次级卷入进行表达。在由两个人构成的非正式谈话系统中，互动双方有着基本相同的行为能力和参与权利，他们能正常地进行沟通，此时的参与者处于完全充分的“参与地位”。然而，参与者可能在视觉、听觉或其他感知器官方面存在生理缺陷，或者难以理解彼此的语言，这时需要作为诠释者的第三方在参与者之间传递或转译信息，否则他们无法实现沟通。在正式参与者不知情的状况下，某些在场者可能会有意无意地通过电子设备和其他“自然的”方式对活动进行监控，即那些被认为是活动框架外的旁观者，可能凭借近距离的优势而偷看或窃听活动。而作为合格的和被认可的参与者，也可能有意图地秘密记录正在发生的事情。这

① Erving Goffman, *Frame Analysis: An Essay on the Organization of Experience*, New York: Harper & Row, 1974, p. 216.

些都是谈话互动过程中的框架外行为。

（二）行为锚定

戈夫曼通过“活动流的片段化惯例”、“表象通式”、“资源持续性”、“不可连通性”以及“人性”等维度阐述了行动的锚定和稳固化。戈夫曼认为，阐释者援引特定的规则进行阐释并做出调适的活动位于“物理的、生物的和社会的世界”①。人们可以用幻想性的词语谈论虚幻之境，然而，这些词只能在真实的世界里方能被言说。做梦及说梦话亦是如此，梦必须在现实的“自然”时间流中开始和终止。在戈夫曼看来，框架并不仅仅是精神或心理性的问题，它关涉活动本身如何被组织化的方式，这对社会能动者直接卷入的活动而言尤为如此。与之相关的还包括组织性的前提，它们是“认知以某种方式达到的，不是认知创造或生产的”②。这些受心理或活动本身认可的组织性前提与假设被称为“活动的框架”。在日常生活中，框架化的活动之间犬牙交错、彼此啮合，框架化过程具有递归性的特征，它们如何嵌入正在发生的现实与如何被调音以及被编造密切相关。对戈夫曼而言，揭示骗术就是研究编造的构成，活动片段与现实世界啮合链接的方式与编造、欺骗的手法如出一辙。因此，通过探究现实如何被模仿或如何被杜撰、编造等这些相对容易意识到的活动，可以认识日常生活的现实感是如何产生的。

戈夫曼从现象学的意义上采用“括弧”这一术语，它是“真实经验之组织特性的构成”③，与“自然”相比，社会更多地运用到它。括弧不是活动片段的自然边界，而是行动者自身加诸的边界，它能够以某种自我意识的检验性意图而停止经验流，并返回到这段经验内原先预设的各种观念。在戈夫曼看来：

---

① Erving Goffman, *Frame Analysis: An Essay on the Organization of Experience*, New York: Harper & Row, 1974, p. 247.

② Erving Goffman, *Frame Analysis: An Essay on the Organization of Experience*, New York: Harper & Row, 1974, p. 247.

③ Erving Goffman, *Frame Analysis: An Essay on the Organization of Experience*, New York: Harper & Row, 1974, p. 251, 脚注 3.

> 以某种特定方式被框架化的活动——尤其是集体组织化的社会活动——通常通过某些特殊的边界标记或者某种约定俗成的括弧与周围正在进行的其他事件划分开来。这种边界区隔在时间上发生于该活动之前和之后，并且在空间上是有界限的；简言之，存在时间性和空间性的括弧。这些标记就像一幅图片的木质框架，它既不是活动本身内容的构成部分，也不是活动之外世界的一部分，它是一种“内外兼具”。①

这种边界标记处于一种“既里又外”的状态，具有开启和闭合功能的时间性括弧和具有边界框的空间括弧分别确定了活动流的起止时间和空间边界。戏剧框架也可以施加括弧，往里面填充真实的时间和空间，剧作家和演员在其中以各种方式呈现自我。在舞台戏剧中，它们具象地表现为：演出开始之时，灯光逐渐变得昏暗、铃声响起并且帷幕冉冉升起；表演结束之时，帷幕降下、灯光重新亮起。在这两者之间，表演的世界受由舞台边界围起来的物理区域的限制。然而，当活动的定义本身比较脆弱和模糊的时候，括弧会成为一个明显的问题，并导致框架紧张。例如，同样是裸露的女性身体，在手术室和艺术课上需要解释不同的观看视角问题，也就是框架澄清。在这两种不同的情形中，女性穿衣和脱衣的动作通常是在充分给予私密性的空间里完成的。在发生裸露之前，身体披着长袍或穿着经过消毒的手术服，它的脱下和穿上明确标明了裸露行为的片段化，即确立开始与结束的时空边界。

起始括弧“不仅确立了一个活动片段，同时也确立了一个信号位置，它将告知并规定对该活动片段内的材料进行何种类型的转换”②。例如，主持人的开场白将定下活动的基调，并在一定程度上框架化之后发生的事情进展。而闭合括弧所承载的意义相对少些，这也表明某

---

① Erving Goffman, *Frame Analysis: An Essay on the Organization of Experience*, New York: Harper & Row, 1974, pp. 251–252.

② Erving Goffman, *Frame Analysis: An Essay on the Organization of Experience*, New York: Harper & Row, 1974, pp. 255–256.

个框架影响的终止要比确立更为容易。戈夫曼还区分了外在括弧和内在括弧，内在括弧标志着正在进行的活动内部的短暂停顿，这种在停顿过程中流逝的时间被视为框架外的。内在括弧在结构上具有很大的差异，诸如存在预先安排好的、集体性运用的和非预先安排的、个体性运用的内在括弧以及处于这两者之间的各种中间形态。不同的活动其内在括弧的程度也有差别，如高尔夫球、斯诺克等比一般的体育活动有更多的停顿（框架外时间）。内在括弧和外在括弧的区分只是相对而言的，若从更广泛的视角来看，外在括弧也可以被视为内在括弧。例如，一出戏剧的每一场表演都可以被看作连续性整体的一部分，因此，帷幕的升降仅仅是内在括弧而已。

当个体参与某个活动片段时，需要区分参与主体和在参与过程中实现的特定角色、地位或功能等要素，并理解它们之间的关系。也就是说，个体在参与过程中存在一种“个人-角色通式”（person-role formula），[①] 某个特定框架的性质与这种个人-角色通式的性质有着密切的关联。个人与角色之间不同程度的约束包括角色分配实践、广泛的文化标准、个体责任以及角色外的权利等。角色分配涉及社会的选择性，年龄、性别、阶级和族群等因素都会影响角色在特定个体之间的分配。表演者也可能退回到与他投射的角色相分离的自我，具体表现为角色表演中的框架外行为。当个体被迫参与不适合的活动时，他可能表现得玩世不恭，将当下的行为转换成非严肃的戏谑，从而将整个场景排除在角色之外。此时，个人与角色之间维持着一种松散的联系。由于个人与角色或不同角色之间经常出现不一致的情况，因此，这种松散性就很有必要。这也是戈夫曼关于“角色距离”的框架分析。

在调音和编造实践中，问题不在于职能性的角色或身份地位，而是被转换的变体形式，也就是表演出来的角色人物。因此，与调音和编造过程相关的不是“个人-角色通式”，而是“角色-人物通式”

① Erving Goffman, *Frame Analysis: An Essay on the Organization of Experience*, New York: Harper & Row, 1974, p. 269.

(role-character formula)。[①] 戈夫曼后来又探讨了“角色权利”和“人物权利”以及与之对应的“参与运用某个特定框架的权利”和“在这种框架运用中以某种特定方式进行参与的权利”。[②] 就“角色-人物通式”而言，典型的事例是导演根据演员的特点分配相应的人物角色，因此，演员经常会一再出演相同的角色类型。这是关于行动锚定化的实例。个体在扮演某个角色的过程中，他呈现出来的是某种社会类型，也即社会身份，而不是个人身份。然而，当他假扮某个角色时，这种虚假社会身份的获得也意味着获得了一种虚假的人格或个体性。[③] 正是在这种意义上，角色通常会在表演者的生命历程中起着锚定作用。戈夫曼坚持在个体作为持续性的实体与他当下正在扮演的角色之间做出区分，这种实体既是生物性的也是社会性的，它是一种个人身份。而从个人身份到当下角色在风格上的遗留正体现了个人行为如何锚定或根植于其本身之外的现实中。从“个人-角色通式”和“角色-人物通式”的观念里，也可以看出戈夫曼区分了作为能动者的演员/展演者、角色和人物这三重关系，此外，还有作为旁观者的观众。

（三）框架分析的一般性问题

框架分析的一般性问题主要包括不明确性、框架错误、解释与争议以及框架澄清等，这些问题都可能成为导致框架失败的来源。

第一，不明确性。即怀疑当下正在进行的事情，它也是对情境定义的某种质疑。当个体参与某种类型的行动时，对意义的不明确性会转变成一种不确定性和迟疑不决。不明确性具有两层含义，即含糊性

---

① 戈夫曼频繁使用的“role”和“character”这对概念都有“角色”的含义，这里将“role”理解成“角色”，“character”理解成“表演出来的角色人物”。两者的区别在于：role是作为行动者的角色，它可以包括舞台行动者，而character是剧本化的戏剧人物角色；前者是施行性的、展演性的；后者是剧本里的、尚有待展演的。概言之，在戈夫曼的文本中，role是一种“功能性/职能性/身份地位的角色”，而character则是一种“戏剧性/舞台化/剧本化的角色”。因此，将“role-character”译成“角色-人物”可能损失了原表述的某些含义。

② Erving Goffman, *Frame Analysis: An Essay on the Organization of Experience*, New York: Harper & Row, 1974, p. 276.

③ Erving Goffman, *Frame Analysis: An Essay on the Organization of Experience*, New York: Harper & Row, 1974, p. 286.

（“当下正在发生的可能是什么”）和不确定性（“正在发生的是哪一种情况”）。[①] 在特定的社会里，人们通常交由专家来消除框架的不明确性。戈夫曼举例说，当某位男子在殴斗中身亡，验尸员将检验死亡究竟是由于殴打行为引起的还是由于动脉瘤破裂导致的，这将决定死亡原因定位在社会框架内还是生理学的框架内。

根据与不明确性相关联的框架化要素，它又可分为若干不同的类型。第一种类型是关于初级框架的不明确性，如一个人在深夜听到门外面有声音，他可能一时无从判断是由于纯粹的自然事件（如狂风刮起的树枝撞击着门）还是社会事件（如有人敲门）导致的。又如，正在通电话时对方突然挂断，可能无法判断是由于技术故障导致信号中断还是对方心脏病突发，或者对方认为谈话已经结束，或者是由于对方对谈话内容感到极其愤怒等。在这些情况中，行动者对某事件的意义模糊不清，不知道应该运用何种框架来理解该事件。行动者一旦选择了某种阐释性框架，随着运用的深入，它将与其他潜在的解释框架变得截然不同。与初级框架有关的不明确性可以在短时间内得到澄清，因为这些框架对活动组织而言是根本性的，任何怀疑可以通过多重的信息来源进行交叉验证得到解决。第二种不明确性来自转换，它更多的是不确定性，而不是含糊性。因转换导致的不明确性可以是调音方面出现的问题，如当电话铃声突然响起时，它是房间里真正的铃声响还是电视里正在播放的剧情中的铃声？它也可能是与编造有关的问题，例如怀疑或猜测某个人的本性是否如在眼前表现出来的那样。第三种不明确性与框架锚定有关，尤其是对场景之构成要素的传记式识别（biographical identification）。如碰到某位似曾相识的人，却一时记不起来在哪里见过，因而不知道如何打招呼。

第二，框架化过程中的错误。个体有时会在错误假设的基础上将自身嵌入行动，在这种情况下，他“误置了框架”。有些错误是由于行动者的误解或理解不当产生的，但问题不在于感知与行动之间的区分，

---

① Erving Goffman, *Frame Analysis: An Essay on the Organization of Experience*, New York: Harper & Row, 1974, p. 302-303.

而在于错误的框架化，这将最终导致系统性和导向性的偏误。

类似于不明确性，根据与框架之间的不同关系，框架错误也可以分为若干类型。第一类是关于初级框架的错误。初级框架在经验组织维度具有重要的地位，并且人们确信在该层次上对正在发生事件的判断，因此，一旦个体发现他们的先验图式出现认知错误时，就会产生尴尬、窘迫和懊恼等情绪。第二类框架错误与音调有关，即“错误的调音”。这种情况多出现在发生严肃的事件时，而参与者还以为是开玩笑和闹剧。现实生活中也经常出现错误地将开玩笑的、嬉戏的行为与事件解读为严肃、认真的行为与事件。“错误的调音”有两种表现方式，一种是经验的“调高音”，它增加或复杂化了事件原有的叠片结构；与之相对应的另一种错误则是“调低音”。同样，在编造过程中也会产生框架错误。第三类框架错误涉及场景中的传记式（生平经历）识别。第四类框架错误与戈夫曼提出的“轨道假说”有关，这类错误出现在管理各个轨道或路径的过程中，即关于方向性轨道的错误框架化。最后，错误的框架化行为也可能发生在参与者的视野或能力范围之外，如不经意地疏忽产生的暴露、未能维持显性边界等情况。

第三，解释与争议。从理论上而言，无法把每个人都纳入同一个框架，因此，“事件中相互对立的各方会就如何定义已经发生或正在发生的事件而彼此发生争执”[①]。这种情况下便会产生框架争议。辩解（托词/借口）与争议（质疑）是经验组织的基本特征。框架化过程中会出现各种笨拙的举动以及失误（不经意和无心的）等意外，误置经过转换（调音）的活动（以为它未经转换）。个体可能因各种原因无辜地遭到质疑，也可能错误地怀疑自己以某种方式被欺骗，因而质疑周遭的世界。被框架化的活动经常因这些因素而导致失败，使个体切断与确证性卷入之间的联系。

当产生框架错误时，未能将自己稳固地嵌入活动流的人们会承认疏忽和失败，并以“错误的框架化”为借口解释他的失能、过失或无

① Erving Goffman, *Frame Analysis: An Essay on the Organization of Experience*, New York: Harper & Row, 1974, p. 322.

端的猜忌。然而对他人而言，这些解释和说明可能是有争议的或是值得怀疑的。作为事件的共同参与者，他们在本来应如何理解事物的问题上基本达成一致，分歧在于为何没有以应然的方式被理解，因此，这种框架争议处于更高的阶位上，即“高阶性框架争议”。个人被怀疑的解释通常涉及两个问题：一是他呈现的事实，二是他本人是否相信所呈现的事实，它可能与无心的误导有关。然而，在日常生活的互动实践中，这种误解并不经常出现，因为个体的审慎处理、斟酌考量、个人感悟以及移情能力等能够防止发生这种误解和争议。此外，社会控制的制度化手段确保了框架阐释的顺畅运用。参与者也会对正在进行的行动是否经过编造提出争议，框架争辩中的无关联性和偶然性都涉及框架限度问题，也就是框架辩护的界限。个体可以为他的行为的无意图性或非严肃性进行辩护，以期重构或还原其意义，并减少应负的责任。他也可以声称这是一种良性编造，如实验、测试等。此外，个体还可以控诉被他人有目的地“框架化”，因而被无辜地置于错误的情境。

第四，框架澄清。当个体怀疑正在进行的事情或产生错误的框架化时，他会通过情境检验、信息厘清等方式迅速确立新的理解。如果个体受自身条件或他人的遏制，那么随之发生的“误矫”可能会比简单的错误框架化持续更长的时间。识破或看穿事物意味着个体与框架之间的关系得到了澄清。清晰的框架是指这样一种设置或状态，即“活动的所有参与者与框架之间有着明确的关系，并且对所有参与者而言，个体自身与框架之间的关系明晰化和在某种框架内的参与行为之间存在明确的区分”①。当框架是清晰透明时，并不仅仅指每一位参与者对当下发生的事件具有切实可行的观点，也包括对他人观点（包括他人对自己的看法）的容忍性。当面对不明确性和非一致性时，处于困惑或怀疑状态的个体会努力重新定位，适应周围的环境，并提高警惕，直至一切弄得水落石出。同时，被误解者会提供说明、

① Erving Goffman, *Frame Analysis: An Essay on the Organization of Experience*, New York: Harper & Row, 1974, p. 338.

解释，或者反指控、抗争以及其他干预措施，以澄清和阐明情境。不同的信息源若要产生有效的佐证作用，必须在框架被澄清之前提供认知性的重构。编造者可能会策略性地故意泄露内情或露出马脚；而做梦者的梦醒时分，便是幻想消逝之时。与框架澄清相关的还涉及不必要的坦白、忏悔和自我揭露。例如，个体可能会误以为自己的伪装已经被揭穿而主动暴露，却发现他的秘密并无人知晓。另一种情况恰好相反，个体以为发现了他人编造的证据并公开进行暴露，结果却发现对方是清白的。

三、框架破裂与经验之脆弱

（一）框架破裂

一方面，个体有知觉和洞察力，能正确地将事物框架化；另一方面，他又可能被欺骗、遭迷惑，或产生各种幻觉。个体基于感知采取适当的言语和肢体行动，对行动进行框架化，并确立相应的意义。然而，在任何活动片段中，参与者不仅获得了关于正在进行的活动的感知和意义，而且也会不由自主地专注和投入其中。也就是说，框架具有促进参与卷入的功能。一切框架都包含了规范性的期待，使个体充分卷入由框架组织化的活动，日常活动能够容忍和吸纳一定程度的打破规范或越轨行为。个体期待着运用既有的框架处理和应对所有事件，当产生难以掌控的局面并且无法有效地用既有的框架进行理解时，参与者会产生困惑和懊恼。这时，框架运用的过程发生了破裂现象。当个体错误地将事件框架化时，也会打破框架，主要表现为个体无法适当地管理行为与情境之间的关系。在舞台表演中，与表演者相关联的场景设置、剧本、观众和剧班等都是潜在的框架破裂的来源。

当个体参与情境定义时，特定的情境可能会导致脱离原先的框架（或者离开正在参与的活动），这种脱离有两种表现形式。一种是以正当理由的、被认可的形式，通过使用内在括弧正式宣告休止和暂停；或者是个人行使他具有的放松和舒缓的权利，诸如演讲者稍停片刻，喝一口水，这时的行动者暂时脱离了正在扮演的角色。第二种脱离与面部表情有关，它破坏了谦恭有礼的参与卷入过程，这种情境性撤离通常没有得到在场他人的认可。发生此类脱卷现象之后，行动者往往无法再轻易地回到参与进程之中，也很难恢复原来的框架控制。框架脱离也会破坏其他参与者的卷入状态。

当个体打破框架时，可能发生“外溢”（flooding out）和“内涌”（flood into）现象。① 在某些情境中，个体会无法自控地狂笑、哭泣、怒不可遏，或者惊慌失措地逃离某个现场，戈夫曼将此类现象称为“外溢”。② “外溢”意味着行动者无法适当地抑制特定情境下的情绪，这是一种产生框架破裂的情境。当发生“外溢”现象时，个体会仪式性地努力隐藏或掩饰，其中较为常见的形式是以手掩面。当个体被迫履行某种角色，尤其当这种角色过于正式、严肃，并且对打破框架缺乏强有力的制裁与约束时，就容易产生“外溢”现象。通常，个体即使在充满危机的情形中也会试图维持规范性的表象，但难以自抑的“外溢”却往往使他们欲盖弥彰。在某些情况下，产生“外溢”是由于个体接受了关于身体行为的限制性规定，但无法做出适当的微调，只好以某种有损自我的方式应对整个情境，从而保全作为能动者的其他特性。情境性活动系统中的另一种情况是，从表面上看，框架化活动之外的个体是未被卷入的旁观者，但事实上他们却止在隐秘地参与活动。这些未被认可的参与者通常会竭力维持与正式活动相分离的表象，但也可能无法继续维持不卷入的状态，此时便出现了“内涌”现象。③

还有一种框架破裂的情形是，个体的行为能够保持角色组织，但它却是处于经过变换的音调之中。由此，“特定框架内的个体经验能够

① 在第二章探讨互动系统的运行时，也涉及“外溢”与“内涌”现象。戈夫曼在《行动的位置》一文中就已经出现关于“flood out”的表述。参见：Erving Goffman, *Interaction Ritual: Essays on Face-to-Face Behavior*, New York: Pantheon, 1967, p. 224.

② Erving Goffman, *Frame Analysis: An Essay on the Organization of Experience*, New York: Harper & Row, 1974, p. 350.

③ Erving Goffman, *Frame Analysis: An Essay on the Organization of Experience*, New York: Harper & Row, 1974, p. 358.

自我生成一种不断增加的反应环，这是一种关于感觉的浪涌，使他减少/增加与原初活动之间的距离，从而减少/增加反应框架的叠片”①。这涉及两种具体的方式，即“向下调音”和“向上调音”，前者如各种弄假成真，后者则是“弄真成假”，它将扩大与未转换的实在之间的距离，增加框架的叠层。当框架破裂（“外溢”或“向下调音”）发生在框架的连接处时，如表演即将开始或结束之时，它也可以被称为“括弧破裂”。②

（二）负感经验

负感经验中的“负感”是指某种非系统性化的解组特征，面对面的互动情境是产生负感经验的重要场域。当个体打破框架并意识到这一点时，整个参与行为的性质将发生改变，他既缺乏即时可用的框架，而原本可用的框架又已不再适合。在这种情况下，个体会显得力不从心、焦躁不安，只能勉强应付现实。戈夫曼的研究试图表明，即使是那些解组的、缺乏系统性的互动组织也具有秩序特征。在某些情境中，“外溢”并非失范和解组的标志，而恰恰是有效情境管理的后果。日常生活的很多场景都会短暂地出现打破框架的情况，但参与者会设法再次确立初始的框架定义。不同的情境允许细微的框架破裂，同时，“忽略性轨道”和“隐蔽性轨道”亦给框架外的行为提供了可能。框架破裂也可以是吸引他人参与互动的一种手段，负感经验在某种程度上能确保既有框架的持续性和可行性，缓解不同框架之间的张力，并赋予框架更多的柔韧性和适应性。

戈夫曼考察了产生负感经验的场景和相应的结构设置。负感经验的核心场域是纯粹表演，这里的“表演”不仅仅是剧院里的舞台表演，而是包含了宽泛意义上的各种展示性或表演性活动以及不同类型的剧

---

① Erving Goffman, *Frame Analysis: An Essay on the Organization of Experience*, New York: Harper & Row, 1974, p. 359.

② Erving Goffman, *Frame Analysis: An Essay on the Organization of Experience*, New York: Harper & Row, 1974, p. 370. 除了框架破裂之外，也存在框架补救问题，但戈夫曼没有具体展开论述。

本或剧本化的呈现形式。纯粹表演的过程中出现负感经验组织的情况可以概括为四种类型。[①]（1）括弧破裂。在表演性的竞赛和拟剧剧本里，通常都有清晰明确的时空括弧，表演者通过破坏、歪曲和违背这些边界，对观众制造负感经验；（2）跨越“人物-观众界线”。正处于角色扮演状态的表演者越过舞台前部直接向观众表述剧本外的内容，它是人物角色外的直接沟通；（3）打破“角色-人物通式”。这是有意图地制造负感经验的最普遍形式，如个体借托表演的角色对作为表演者的自身或其他同台表演者进行评价，通过这种方式，他能够将注意力投射到原本无法投射的地方，这是一种自我指涉的反身性框架打破。（4）“场景-活动”的分离。它违背了社交场合内主要活动进程之间的传统设置，当出现表演场景时，却缺乏相应的活动内容，也即社交场合未能出现应该发生的活动。在通常情况下，剧院观众席的灯光、序曲/序幕以及前奏等共同实现场景与相应活动之间的紧密联结。“场景-活动”关系的崩溃导致对特定框架要素的攻击扩展至对整个框架化活动的攻击，进而威胁到活动与场景之间边界的坍塌，混淆表演者与旁观者、（剧中）人物与戏迷之间的关系。

（三）框架化经验的脆弱性

任何关于活动片段的感知是与经验框架相关联的，并且框架化经验具有内在的脆弱性，因此，人们对当下事物的感知也是脆弱的。框架化经验的脆弱性是框架组织化功能的对立面，较为极端的情形是瓦解社交场合，使情境参与者陷于窘迫难安的境地。框架实践的脆弱性源自不同的方面。个体在不同的情境中需要面对框架的不明确性和对框架内角色的怀疑，甚至在不同场合使事件错误地框架化。个体可能成为欺骗、迷惑和幻象的受害者，并遭遇现实中的各种编造（无论是良性的还是掠夺性的）。从理论上而言，任何活动片段都可能被错误地框架化，对当下正在进行的事件随时都可能产生误解。当个体的行事

① Erving Goffman, *Frame Analysis: An Essay on the Organization of Experience*, New York: Harper & Row, 1974, pp. 388–412.

和判断能力被削弱，并且其主张和抗议被漠视或贬抑时，错误的框架化将变得持久而普遍。此外，特定的信念（尤其是宗教信仰）亦会影响框架化经验，不同的信仰可能导致各执己见，最终无法有效地达成共识。总之，经验的脆弱性是一个普遍存在的社会事实。

戈夫曼探讨了产生幻觉、迷惑或欺骗的具体条件，即与框架脆弱性相关的诸种实践手段。框架脆弱性与事件之间的互联性和信息充分程度有关，当发生的事件与其他事件相孤立，并且缺乏有效的信息进行判断时，就容易导致错误的框架化，这种情况通常出现于事件与情境相脱离或者出现断裂。在遥远的过去发生的事件、经他人（作为唯一的信息渠道）转述的事实也是脆弱的，记忆越是久远、转述次数越多，越具有框架脆弱性。可用于市场或政治交易的信息、机会性的活动（赌博等）以及零和博弈策略等都是框架化经验之脆弱性的事例。框架化过程中的特定环境亦会产生脆弱性，对此，戈夫曼主要从六个方面展开探讨。①

第一，"证实性谋划"。当个体对情境产生怀疑，想弄清楚是否误解初级框架、音调，或者是否被愚弄或受迷惑时，他会寻找肯定性的证据，此时尤为容易被伪造性的证据牵制，因为他很容易相信并高度依赖它作为判断和行事的依据。此类谋划包括安排独立证人、展示知情内幕（涉及暴露和泄密，可通过仔细观察细微的动作或客体而得到意外的线索）、散布伪证、设置致命测试、制造掩饰以及利用伪造的报纸和广播等，这些不同的方式（共谋地）诱导不知内情的行动者作出错误的判断和行动。

第二，"括弧运用"。舞台表演者在表演时不断地进行印象管理，在与他人进行互动的过程中时刻监控即时性的情境，并及时作出行为调适。因此，试图遏制他人的个体会在发生预期性的活动之前进行"设计"，否则活动一旦开始，受骗者就会产生警觉。当某项活动引起他人的强烈警觉与怀疑时，及时结束可以有效缓解紧张并恢复信任关

① Erving Goffman, *Frame Analysis: An Essay on the Organization of Experience*, New York: Harper & Row, 1974, pp. 463-486.

系。起始括弧也可以是终止括弧，两者亦可以互换，这个过程也会产生欺骗现象。

第三，“路径欺骗”。主导性路径和附属性路径之间的不同处理方式以及路径操控都会产生框架脆弱性。在一般情况下，那些容易被忽视的活动背景特征会为共谋性的信息系统提供掩饰。个体通常假定支配性信道中的谈话或行为可能被记录和讨论，而次级或附属性信道中携带的框架外要素则不会被关注。然而事实上，附属性信道中的信息同样会被记录。虽然信息提供者可能产生怀疑和顾虑，并试图控制自己的行为表现，但由于他将注意力放在被公开关注的支配性信道上，认为附属性信道的内容受整个行动过程的支配，因而他仍然可能被欺骗，因为那些他所全神贯注的行为细节很可能是根本不值得关注的。

第四，“局内人愚昧”。当某种解释不被信任时，无论它是被戳穿的还是自我揭示的，框架都在某种程度上得到了澄清，同时被揭露者所处的困境也可能得到他人的承认。当个体在遏制他人时，他会减少对遏制行为和共谋者的保留态度。在这种情况下，无论是关于框架澄清还是建构错误的框架，都会产生一种特殊的基础，从而对正在进行中的事件产生坚定的信念，这便是“局内人愚昧”。对此，戈夫曼以“剧中剧”为例进行阐释。当观众越是清楚地看到剧中剧仅是包含了各色表演的人物，他们越会认为是表演者在扮演这些人物，而事实上是剧中的人物按照剧本在展演这些角色。这正是引发个体产生错误认知的陷阱，“一旦进入舞台和后台，你会得到整个印象并为框架锚定感到欣慰，然而，当你感到确定无疑时，恰是被欺骗和蒙蔽之时”。①

第五，“虚假关联”。经验的基本特征之一是行为、语言可以关联到它们的来源，这种被视为理所当然的关联提供了行动的背景，并确保行动的锚定。然而，日常生活中经常出现违背这种经验特征的现象，也即出现生活的“巴尔干化”。

第六，“框架陷阱”。在一般情况下，当发生误解或其他错误的框

① Erving Goffman, *Frame Analysis: An Essay on the Organization of Experience*, New York: Harper & Row, 1974, p. 475.

架行为时，随之会产生纠正性的框架澄清。但也可能出现另一种情况，即每一种新的证据或纠正问题的努力都肯定了错误的观点，最终使个体陷入困境。在框架陷阱中，纠正性的抗议和企图会继续肯定、加剧对事件的误读，它通常表现为各类玩笑式询问。此外，非严肃性的音调也会产生框架陷阱。在经验的转换过程中，每一次错误的框架化都可能招致对方更深层的误解，这样的阐释一旦启动，每一次回应都将肯定和强化原先的误解。

总之，框架分析是基于这样的观察，即人们都有这样一种能力或倾向：使用具体和真实的活动作为模型，在其基础上进行各种转换，诸如消遣、欺骗、实验、排练、做梦、幻想、仪式、展现以及分析等。戈夫曼将这些经过转变的活动称为现实事件的“影子”，它们与正在进行中的当下世界是相啮合的。日常生活中的任何活动都包含了以不同方式被框架化的片段。相互重叠的框架和分层化的活动片段是现实世界的基本构成，因而，日常生活呈现出某种由薄片叠成的层状结构。“生活也许不是艺术的模仿，但在某种意义上，日常行为是礼节和典范性姿态的模仿，并且这些理想典范的最初实现更多的是属于虚构，而非实在”。①

四、谈话的框架分析

戈夫曼分析的“谈话”是一种非正式的言说形式，在这种类型的互动结构中，言说者-听话者之间的角色可以迅速互换，同时它包含了参与者最终完成行为的时刻或空闲期，这种空闲期可能是参与者有意为之，也可能是由于暂时的走神或转移注意力。② 在戈夫曼看来，谈话犹如“结构性的垃圾箱”和“废物堆”，在其中能找到不同文化场域

---

① Erving Goffman, *Frame Analysis: An Essay on the Organization of Experience*, New York: Harper & Row, 1974, p. 562.

② Erving Goffman, *Frame Analysis: An Essay on the Organization of Experience*, New York: Harper & Row, 1974, p. 498.

中框架化活动的各种“残羹冷炙”和“零星碎屑”。[1] 倘若要使谈话沟通有意义，言说须符合语言规则，参与者也必须具备基本的交流能力，譬如使用“索引性表达”，并彼此处于视听范围内。参与者受各种礼仪规范约束，诸如得体地轮流说话（包括话轮转换的频度和掌握话轮权的时间）、规避不恰当的话题、审慎地涉及自我以及热切关注话题等。在非正式谈话中，那些转瞬飞逝的活动片段与周围事件之间的联系是松散的，也就是说，谈话与它所发生于其中的情境之间存在一种“松散耦合”的关系。由于这种松散性正是转换所需要的，因此，谈话比其他活动更容易被调音和编造。既然言说者的行为与周围世界构成一种松散连接的关系，那么听话者的理解性回应更是如此。戈夫曼认为，所有非正式的言语与世界的联系都比其他任何类型的话语表达形式更加松散。

个体言说的大部分时间不是用于发出命令、宣布决定、拒绝请求或提供帮助等，即使发生这些可能性，通常也是以间接的形式。个体大部分的“言说时刻”都是在为他当下的情境属性提供各种证据，为寻求同情/共鸣、赞许/认可、免责、理解或消遣娱乐提供根据和缘由。作为听话者，其主要义务是表现出重视、领会和理解，他不一定要因此而采取实际行动，但需要表现出被唤醒或激起的迹象。[2] 从本质上而言，个体用言语再现事实的方式具有戏剧性，但这并不意味着照本宣科或夸张地展演剧本。个体会参与某种戏剧化的改编进程，并再生产场景，重演和回放过去的经历。一段故事传说或趣闻轶事，也即复述和重演（对故事性事件的叙述），不仅仅是对逝去事件的转述或传递，而且也是对一段个人经历的叙述。[3] 在复述和重演的过程中，听话者能够通过移情将自身嵌入其中，替代性地重新经历已经发生的事件。当

---

① Erving Goffman, *Frame Analysis: An Essay on the Organization of Experience*, New York: Harper & Row, 1974, p. 499.

② Erving Goffman, *Frame Analysis: An Essay on the Organization of Experience*, New York: Harper & Row, 1974, p. 503.

③ Erving Goffman, *Frame Analysis: An Essay on the Organization of Experience*, New York: Harper & Row, 1974, p. 504.

言说者转述一段经历时，犹如播放一段关于过去、现在、将来或假定性活动片段的录音磁带，很多非正式谈话都具有这种“重放”的特征。大部分谈话由重演构成，并且通过故事讲述者的悬置而获得意义，这表明谈话组织的框架关联性。

重演的框架问题容易与语言学的“嵌入性”相混淆。简单地说，嵌入性是指言语之中包含、插入着其他言语，与之相关的是一系列嵌套式施行性/感知性的动词，如：“约翰写道［看见、暗示、感觉、梦到］玛丽写道［看见、暗示、感觉、梦到］那条船已经被冲走。”这些动词彼此之间可以进行多重镶嵌，如：“约翰写道玛丽说哈利感觉那条船可能被冲走。”被转述的言语具有故事性的结构，故而具有重演的特征。又如：“约翰告诉我，‘那条船刚才还在那里；一个巨浪把它卷走了。’”而多重镶嵌的重演可以这样表示：“约翰告诉我玛丽写道那条船刚才还在那里，但后来被冲走了。”指涉个人过去陈述的描述确立了个人的视角和叙事的起始点，任何被引用的关于过去的陈述都可以作为各个故事暂时发展的总结部分。

谈话包含了事件的转述，这种转述呈现为再次经历、回味记忆和反思等，无论呈现者希望最终产生怎样的行动，他的展演都会激起听话者的反应。在舞台表演、小说桥段或其他虚拟现实里，表演者和创作者会默认“结构性悬置”，听众/读者则会“悬置疑惑”，确保行动或情节的顺利展演。这种“结构性悬置”犹如礼节性约束或仪式性的防护屏障。因此，讲述者所做的“不是向接受者提供信息，而是向观众表演戏剧”。[①] 说话者将大量的精力投入于表演，而不是给予信息本身。舞台化行为（戏剧）与个人的叙述行为（谈话）之间具有很强的同质性和共通性，这是一种“拟剧论关联性”。[②] 当说话者进行言说时，他往往不是直陈事实，而是进行一种“讲述”（recounting），向听话者重述已经发生的活动片段，从而将他们重新带回到信息交互状态。

① Erving Goffman, *Frame Analysis: An Essay on the Organization of Experience*, New York: Harper & Row, 1974, p. 508.

② Erving Goffman, *Frame Analysis: An Essay on the Organization of Experience*, New York: Harper & Row, 1974, p. 511.

作为剧场观众，他们愿意看到舞台人物表现得像不知道剧情内容那样进行表演，观众和表演者其实都清楚，舞台上发生的一切并不是如此令人吃惊。在日常生活和舞台外的互动中，每个人都进行着这种知识的悬置。① 实际活动片段的结构松散性与仪式有所不同，“自然的”、非舞台化的行为并不能预先确立“行动-回应”那样的序列，因而它通常是无法事先准备或预料的。

作为能动者的个体能够对提问、请求、命令和通告等作出相应的回应，这种回应凭借着对眼前事物的感知以及知识储备（包括以往的经验）。他可以选择坦诚地回应，也可以隐瞒信息、故意撒谎。回应可能具有无意识的表意性，也即“弦外之音”，它向观察者或接收者提供额外的信息（暗示或寓意）。信息提供者能够有意识地操控信息的“无意识泄露”，而信息接收者可以揭穿这种骗局，行动者之间不断地进行这种信息博弈。这便是传统意义上关于互动行为的“暗箱”模型。戈夫曼认为，语言学家分析言语的方法类似于实用主义，它没有让我们了解个体在言说时真正做了些什么。问题的关键在于，正如戏剧表演和误呈所表明的，说话者与正在说话的人之间可以分离，这如同表演者不同于他所扮演的人物角色，尽管日常生活中的个体是在他“自身的”人物角色中为自己说话。当说话者提醒在场的他人，他所说的仅是开玩笑时，这表明他将自身与话语内容相分离。话语的言说者并非他，或者他并不是以一种严肃的方式来讲述，从而减少话语责任。在戈夫曼看来，语言学家的“暗箱”模型仅是诸多信息管理的其中一种。对于日常谈话而言，它是一种简化模型，因为行动者脑海里的内部状态是“以各种方式显露出来，而不仅仅是通过有意识的声明或者无意识的泄露”。②

语言学的传统取向也无法充分阐释参与者在维持互动过程中发生“共谋”甚至“自我串通”的现象，后者是指个体就某些向在场他人

① Erving Goffman, *Frame Analysis: An Essay on the Organization of Experience*, New York: Harper & Row, 1974, p. 509.

② Erving Goffman, *Frame Analysis: An Essay on the Organization of Experience*, New York: Harper & Row, 1974, p. 514.

隐瞒的问题半公开地与自己对话。共谋不一定尽是掠夺性的，它也可以是仪式性的，主要表现为经过文化训化的各种“高雅和绅士行为”，诸如一定程度的宽容或忽视对方的缺陷，无论是身体性的还是沟通技能方面的。又如，人们在忍俊不禁时会用手掩住嘴，表明他们正努力试图抑制或隐藏善意的嘲笑，但是这种掩饰本身即是一种（自我）揭示。在戈夫曼看来，即使是两个人之间的单独谈话，也普遍设置和准备了听众的位置。只要与他人发生共谋，就会存在与自我的共谋。总之，个体在谈话互动过程中系统性地应付和处理各类信息，他不仅仅是一个“黑箱”。言语互动确实存在类似剧场的因素，但是隐晦性陈述和身势语旁白的戏剧效应只有在这样的情况下才是可以理解的，即“当它能够确定接收者扮演的人物没有意识到传达了关于他的何种信息，即使他作为表演者清楚地知道正在发生什么”。[①] 戏剧表演和多人谈话可以还原为两人间谈话的基本结构形式，此时每一位参与者都充当着多重实体的角色，只有在此类情境中，“暗箱模型”才符合行动者的行为。

通过分析重演和信息控制，戈夫曼指出个体行动者的传统模型不符合日常生活中的言说行为，尤其是非正式谈话。在他看来，若要探讨日常言说行为，就必须超越传统社会学分析的一些基本观念。富有意义的互动组织端赖于正确地将个体行为与其来源（发出者）相连，在谈话互动中，话语责任者或信息提供者（强调信息源的起始位置）对其有意识占据着的位置负有责任，而这个位置是由话语的意义来明确的。同时，他亦是陈述的发射器或发声者（强调信息发出的能动性），他自身是当下真实的传递和播送清晰声音的“发声盒”。[②] 信息的提供者不仅仅是“发出”、“散出”关于他自身的陈述和说明，确切地说是“激活”，即赋予其陈述以自身的生命，它能反过来肯定或否定彼时彼地的话语。在通常情况下，责任者也是发声者，他具有发布信

---

① Erving Goffman, *Frame Analysis: An Essay on the Organization of Experience*, New York: Harper & Row, 1974, pp. 515-516.

② Erving Goffman, *Frame Analysis: An Essay on the Organization of Experience*, New York: Harper & Row, 1974, p. 517.

息的功能。但是，当个体在转述和传达信息时，他不再扮演这种双重角色，即不再是原始信息的发声者，责任者和发声者之间出现分离。也就是说，信息的责任者与发声者之间未必总是完全对应的关系。

总之，信息源包含着两个功能，即作为责任者和发声者，当这两者由不同的个体来承担时，其中的每一个要素都在框架的迭片结构中扮演着不同的角色。这对于理解信息源而言非常关键。责任者和发声者之间的差别在于与某个陈述或行为的内在意义相关联的责任。[①] 例如，约翰与玛丽通完电话之后，对哈利说："我想知道你是否愿意今晚与我一起去拜访玛丽"。该话语的责任者与发声者不是同一个人，"我"指的是可以附加责任的实体，它并不需要涉及激活的能力（一种身体性的操控形式），这里的"激活"是指信息"传送的过程"。[②] 激活功能的发生不是指涉性的（作为符号），而是物理性的。发声者"更类似于打印出'我'这个词的油墨，而不是该词的所指"。[③] 约翰引用玛丽的话隐含着玛丽的双重角色，她是自身陈述的激活者，同时她的陈述又包含着一种连接，[④] 从而将嵌入性的陈述归因于话语责任者。也就是说，虽然"我"这个代词指向说话者，也即具有特定生命历程的实体，但这并不意味着它被引用的每一个场合都包含了整个实体的所有方面。戈夫曼认为，说话者通常被视为是不相同的，这部分是由于我们对身份的文化观念导致的。作为说话者的"我"位于不同的框架叠层，任何一个叠层中的"我"（I）本身都指涉自我（self）的不同阴影。当作出这样的陈述时："我觉得我必须告诉你，那天晚上我焦虑不安，然后就向玛丽和盘托出了。"这里隐含着三个实体，他们分别为："发声者"，即完全情境化的传送/发射器；"正在陈述的自我"，他对听话者

① 如一项活动的赞助者、支持者和合作者等都可以成为"责任者"，它是存在利害关系的、必须对话语或行为后果承担相应责任的一方。

② Erving Goffman, *Frame Analysis: An Essay on the Organization of Experience*, New York: Harper & Row, 1974, p. 518.

③ Erving Goffman, *Frame Analysis: An Essay on the Organization of Experience*, New York: Harper & Row, 1974, p. 519.

④ "连接"（connective）是那些告诉我们谁在说或在做的设置和方法，它将话语和行动与其发出者相衔接。在转述或重复他人的话语时，言说者可以插入其他表意性的内容。

负责并且可以被听话者理解，说话者一直保持的自我状态与他作为发声者的能力是紧密啮合的；以及“作为主角的自我”，他是镶嵌性的转述行动的责任者，说话者可能会感觉这种自我不再等同于以他的名义正在言说的他。①

在分析谈话的框架结构时，戈夫曼运用的基本术语和概念包括责任者、策略者、发声者、“型物”（figures）② 以及观众等。在某些情境下，参与谈话的个体能同时发挥这五种功能性角色，这也是个体再现经历的基础。然而一旦发生框架转换现象，这种一致性便宣告终止。表演者能够“激活”虚假的舞台人物，使其表现得栩栩如生、惟妙惟肖，他可以扮演历史人物、神、僵尸、吸血鬼以及机器人等。腹语表演者还能够为动物或桌椅等物体配音，操纵各种形象的动作。通过不同的物理构型和组合形态，表演者能够投射和扮演处于不同领域、地位或状态的实体形式。戈夫曼将表演者/行动者能“激活”的各种类型的构型统称为“型物”，它们具有特定形态的结构，包含了“布局、配置、轮廓和构造”等要素。③“型物”的含义与“人物角色”存在相似之处，但后者偏重于人的形式。在一般性的互动中，型物也可以是发声者和谈话的责任者。而在舞台表演中，责任者（主要承担者或主角）、发声者与型物之间则是相互分离的。尽管舞台人物能表现得他就是其话语的发声者和责任者，但是最终的发声者是作为演员的行动者。具体而言，戈夫曼探讨了谈话结构中的五种型物及其采用的不同连接方式。

第一，“自然型物”。它指有生命、有血有肉的动物或人，此类型物具有持续性的个体身份。这些实体是当下真正的发声者和责任者，能够身体性地独立展示属于它们自身特质的形态，也就是说，自然型物代表它们自身。合格的自然型物在言说时扮演着某种独特的角色，

① Erving Goffman, *Frame Analysis: An Essay on the Organization of Experience*, New York: Harper & Row, 1974, p. 520.

② Figure 一词在戈夫曼的表述中既可以是真实的个人，也可以是物的构型，这里暂且译成“型物”（较直接的译法是“型态/轮廓”），以对应于“人物”；前者包含了后者。

③ Erving Goffman, *Frame Analysis: An Essay on the Organization of Experience*, New York: Harper & Row, 1974, p. 523.

每一位言说者具有特定的身份。而且连接词显而易见，主要是通过听觉、对唇动的感知及其与言说的共时性寻找和确定方位。

第二，“舞台型物”。它包括舞台、屏幕、电台以及卡通漫画中的各类虚构人物，他们的生命及其历程是衍生性的。舞台人物是发声者和行动、陈述的责任者，但这种角色不是实际意义上的，因为整个行动包含在虚构的活动片段内。就舞台剧而言，这种虚构是剧作家、制片人、导演和演员等共同协作的产物。与自然型物不同，舞台型物可能不具有可想象的真实性。舞台型物采用的连接方式类似于自然型物，但是机械物和不可见的精灵等其连接需要采取其他的方式。

第三，“刊印型物”。诸如小说和传记用词语（而不是活生生的表演者或图片）建构出来的型物，其特有的连接物包括大写字母、独立成段的印刷标志等。

第四，“援引型物”。自然型物具有讲述其他型物（包括其自身）施为之事的能力，这些被援引的施为通过直接或间接的引用包含了嵌入于讲述者话语中的各种陈述，它涉及活动的转换，通常是经验片段的重演或预演。援引者需对转述的行为或言语宣称负责。自然型物、舞台型物以及刊印型物都能够提供作为重演或转述对象的经验片段。同时，援引型物本身亦能够以多重嵌套的方式再援引其他词语或行动。

第五，“模仿与替代性言说”。个人情境性地扮演或描述（在场或缺席的）另一个人，通常是以矫饰的声音。但它并非严格意义上的扮演和模仿，因为这种激活的片段非常简短，而且与其他表演者不相关联。它的核心是这样一种过程，即表现和投射出一种不是他自身的形象，同时又使观看者明白是由于不同性质的发声者在起作用。角色扮演中的舞台表演者可以进行这种替代性言说，而舞台外的日常谈话互动也能进行这种表达和投射。“替代性言说”与“腹语化”相类似，都是言说者将模仿性的话语置于型物的嘴里，如替宠物或尚不会言语的幼儿说话。这种腹语术被用来赋予小猫咪、玩具或其他讨人喜欢的物体以生命。与“替代性言说”和“腹语化”相关的是“表意性言语”,[①] 它是指人们与动物、学龄前儿童甚至某种物体（无论是象征性的还是实体性的）进行某种特殊类型的沟通，通过特定的言辞表达爱、恨、喜欢、厌恶、否定、赞成、生气、威胁和承诺等感情，并带有各种辅助性语言的特征。与自言自语不同，表意性言语是公开完成的，并且在共同在场的他人面前不会感到局促和尴尬。在“替代性言说”之前或之后都可能存在这些“表意性言语”，以完成言说者与型物之间的互动对话。

自我认同的个体与其相映射的型物之间关系的松绑、玩笑、戏谑以及其他调音方式可以减少个体在话语和行动中应承担的责任，个体还会将自身与角色表演中的瑕疵和错误进行分离，从而产生保护性的距离。在言语互动的过程中，个体通常采取两种不同的分离方式，一种是抑制性转移或分散注意力，诸如各类转瞬即逝的表意性变化，包括大笑、暴怒、脸红等，以及各类“舒展动作”，如哈欠、咳嗽、挠头皮、转变坐姿等。它还涉及框架外行为，尤其是各种次级卷入和附属性行为，如咬指甲、吮手指等。另一种是对借口、遁词和道歉的相应管理，它包含着对失误进行调整和补救。在角色扮演过程中，个体可能出现细微的“越轨”行为，如舒展僵硬的身姿以及各种生物性释放。这些短暂的偏离或懈怠成为未被察觉的“行为阴影”，它们是长期以来被社会学忽视的领域。在戈夫曼看来，这些细微的行为却展示着重大的议题。

在戈夫曼那里，谈话表现为不同的框架化片段处于迅速转变之中的活动流，它包含着短暂的编造和各种类型的调音、转换、括弧策略（标定和确立某种转换的起始和终止位置）等。说话者也可能寻求细微的反身性框架打破，这种自我生成和自我指涉的反应在某种程度上是必须的，它切断当下正在进行的互动，使行动者自主地对下一步行动作出反应。戈夫曼认为，对谈话的研究亦可以转向关于党派结构、关系网络、性别设置、社交的阶级政治以及社会组织的其他基础性结构的研究。事实上，戈夫曼也通过分析真实情景中的谈话录音材料来检

---

① Erving Goffman, *Frame Analysis: An Essay on the Organization of Experience*, New York: Harper & Row, 1974, pp. 527-528.

验其框架结构。戈夫曼论述的主要是当代美国中产阶级的谈话，这种非正式言语的组织策略包括直接或间接的引用、以第一人称或第三人称作为嵌入性代词、采用连接词使被引用的语段相区别等。不同的社会文化中有着不同的框架化实践，如大量采用民间谚语、宗教箴言、政治语录和说教训诫等。在这些情况下，责任者不是个体，而是集体性或历史性的智慧结晶，更为甚者，言说者可能援引神秘精灵、精神力量等。此外，在不同的语言文化中，行动及其来源之间的确立方式也是不同的。例如，在美国印第安人的语言中，它不是通过代词与动词之间的连接，而是通过动词后缀来确立转述行动的来源。①

① Erving Goffman, *Frame Analysis: An Essay on the Organization of Experience*, New York: Harper & Row, 1974, p. 522.

第六章　谈话形式

《谈话形式》收录了戈夫曼的五篇论文，它们先后完成于1974年至1980年之间，其中《回复与回应》（*Replies and Responses*，1976）、《回应性叫喊》（*Response Cries*，1978）与《话头》（*Footing*，1979）这三篇论文是分析性和纲领性的；《讲演》（*The Lecture*，1976）[①] 和《电台谈话》（*Radio Talk*，1976）则是谈话分析思想的具体运用。戈夫曼认为，任何一位合格的谈话参与者都能够制造话语的戏剧性效果，并且在他人进行话语展演时，能够充分地感知和理解其意义。在日常生活中，貌似随意、脱口而出和芜杂的会话其实具有基本的规则和结构，谈话参与者需要遵循既定的规则。戈夫曼主要运用话语序列、话轮转换、补救、仪式交换以及社会情境等概念工具系统性地研究会话结构，进而理解社会组织结构。

① *The Lecture* 是1976年戈夫曼在密歇根大学举行的一次讲座。

一、指称与回应

1974年，萨克斯、谢格洛夫和杰弗逊在《谈话中话轮转换组织的最简系统》一文中提出了话轮转换的简易模型，该模型包括话轮建构和话轮分配两大模块以及话轮转换所需遵循的一系列原则。[①] 会话分析学派认为，会话的基本结构包括话轮、相邻对和序列。相邻对由两个话轮构成，如问题-回答等，两个以上的相邻对组成“序列”。问题与回答分别构成了相邻对的“前轮”（first pair part，FPP）与“后轮”（second-pair part，SPP），或者可分别称之为“始发语”和“应答语”。由它们构成的对句是最小的对话单元，一个对话回合两句话，每句话由不同的人说出，一句紧跟着另一句。“相邻对”也就是二段式话轮转换，前轮为接下去的言说（后轮）确立了制约关联性。相邻对、话轮及其转换是语言学形式化分析的基本模式。戈夫曼认为，尽管语言学家已经意识到某个句子的含义最终部分地取决于话语包含的特定语义值，并因而避免彻底的形式化，但它还是包含了形式主义的分析逻辑。[②] “问题-回答”模式的约束力在一定程度上独立于谈论的内容，而且每个构成件的句子都受语法规则的限制。在戈夫曼看来，通过分析对话形式可以恢复相邻对后轮（“回答”）的省略性要素，回答可以采取经过删截的言语或非言语形式，即以身势语作为替代性的符号，描述镶嵌性和“旁侧序列”的特征。一个对句中的相邻后轮和下一个对句中的相邻前轮，构成了“反向语对”。[③] 相邻对之间以各种不同的方式相互衔接形成语句链，通过聚焦于话语的连接方式和结构，可以从单一的二段式轮换分析转向连续性链接的谈话分析。

戈夫曼进一步细化了谈话的听话者，将他们分为三种不同的类型。

---

① Harvey Sacks, Emanuel A. Schegloff and Gail Jefferson, “A Simplest Systematics for the Organization of Turn-Taking for Conversation,” *Language*, Vol. 50, No. 4, 1974, pp. 696–735.

② Erving Goffman, *Forms of Talk*, Philadelphia: University of Pennsylvania Press, 1981, p. 6.

③ Erving Goffman, *Forms of Talk*, Philadelphia: University of Pennsylvania Press, 1981, p. 9.

第一类是偷听者，他们并不是正式的谈话参与者，也就是说，他们作为谈话参与者的资格并未获得批准或认可。偷听行为可能是无心的、不经意地，也可能是意图性的。第二类倾听者是被认可的谈话参与者，但是他们并非言说者的陈述对象。第三类听话者是作为言说对象的谈话参与者，他们既具有参与者的资质，又是特定的陈述对象，言说者表明其话语是向他们发出的，并期待得到回复。谈话的基本规范性假设认为，话语发出者希望能够有效地将信息传递给预期的目标接收者，若谈话互动能够顺利进行，则表明谈话的内容已经被恰当地接收和理解。接收者不一定要认同听到的内容，但他须表明已经接收到。由于话语的言说者与听话者之间存在着理解上的不确定性，通常两者会达成一种基于实用目的的“运作协议”，这是一种建立在“规范性剩余”的功能模糊性基础上的理解。这种“规范性剩余”的模糊性区别于三种不同的言说效果，即指示性或索引性、省略以及表层言辞与隐义之间的差异。①

谈话过程中的很多行为都具有仪式意味。戈夫曼将至少包含着二段式轮换或更多话轮的谈话单元视为“仪式交换”。② 他主要分析了谈话互动的系统限制与仪式限制。尽管系统限制被认为是泛文化的，但是仪式关照明显端赖于文化定义。因此，在不同的社会之间，仪式框架可能迥然不同。③ 谈话进入亦涉及仪式关照，人们通常是请求而不是要求开启信道，拒绝开启信道类似于日常生活中拒绝提供“举手之劳”。若同意开启信道，则意味着认为谈话是安全可靠的，参与者不会因此而遭受侵扰。谈话发起者以“抱歉”“打扰”之类的言语作为谈话的开场白或引语，并许诺谈话将非常短暂，其背后的假设是接收者有权限定参与投入的时限。面对面谈话需要对风险与机会进行判断和管控，参与者需遵循仪式性的准则，既保持自我的端庄，又表达对他

① Erving Goffman, *Forms of Talk*, Philadelphia: University of Pennsylvania Press, 1981, p. 11.

② 戈夫曼承认“仪式”一词存在不尽如人意之处，因为它具有非世俗性和不受意志支配的意涵，他使用的“仪式”术语并不包含“自然的”符号或征候。

③ 戈夫曼提出了言语交换的系统要求和仪式要求，其中系统要求与萨克斯等人提出的会话机制相似。

人的关切。仪式限制的观念使谈话参与者得以调和社会情境的特殊性与谈话互动管理的普遍性规则，这为分析不同社会情境中的谈话管理提供了路径，并使情境性谈话的概化得以可能。

面对面互动系统不仅为展演仪式性关联的表达提供了场景，而且它也是特定类别的惯例化言语和词汇的场域。戈夫曼认为，言说行为的力量在某种程度上来自它们直接表达的个体感受，只有极少部分源自话语的语义内容。人际间的口语仪式起着一种“括弧”功能，它们标记出个体彼此在身体和社会的可进入性方面发生的可感知的变化，以及社交场合、言语、交遇和交换等活动的开始与终止。[①] 互动者展示的自足式轮换类似于语法学家的自足式范句，而二段式交换则对应于相邻对。但是，语法学家的局限性在于非语境性，他们假设谈话可以独立于它所发生的时空脉络而加以分析。戈夫曼指出，文本形式的会话若要重现真实的事件，不仅它的描述应符合印刷作品的标准，而且还需要书写出任何读者未知的或应被告知的信息。自然会话与文本语言一样，研究者面对的不仅仅是从陈述到回复的预期可能性，而且还包括各种指代、省略和迂回等。会话的阐释性线索和“谈话蕴意”（即间接传达的意义）嵌入在物理的和人际间的语境设置之中。此外，被转引的语句由于其语法的含糊性和索引性问题，往往出现言内行为的内容与言外行为的力量之间的张力。

戈夫曼对回复（reply）和回应（response）作了区分。“回应”具有以下特征：第一，它由个体发出，并受前一位言说者激发和促成；第二，它显示个体在当下发生的事件或状态中所处的位置或结构；第三，它划定界限，清楚阐释“正在发生什么”，并确立回应指涉的含义；第四，其他当下的参与者对其进行评估、鉴别和理解等。[②] 话轮将参与者锁定在谈话互动系统内，促使接收者作出回应。而回复则是回应的一种类型，它隐含的构型和指涉的对象都通过言语及其替代物进

---

① Erving Goffman, *Forms of Talk*, Philadelphia: University of Pennsylvania Press, 1981, pp. 20–21.

② Erving Goffman, *Forms of Talk*, Philadelphia: University of Pennsylvania Press, 1981, p. 35.

行表达，并且通过它呈现的事物本身正是前一位言说者的言语指涉对象，每一次回复将重新确立或改变言说者的位置。在日常会话中，口语的复制与再生产比身势语要容易得多，因此，话轮转换倾向于依赖口语或以口语替代身势性的表达，从而掩盖话语序列中的关联性话步，导致话语隐瞒互动事实。戈夫曼认为，事件本身在特征上并非是言语性的，但它需要通过言语表达礼节性问题，从而进入谈话最为关切的核心。惯例化的人际仪式并非简单意义上的句子，它具有的言语行为特征不同于对客观事实的宣称。总之，戈夫曼认为谈话是一种仪式关联性行为。打断某人谈话就像在路上绊倒对方，询问不适合的私人问题犹如未经邀请的登门拜访，这些行为都会对个人的领地构成侵犯。仪式关注的是行为的表意性含义，它能够呈现和描绘行动者占据的具有特定社会意义的位置。会话互动中的礼仪规则具有很强的制约性，有些话轮无法回避、忽略，否则可能导致互动秩序的崩溃。

除了言语之外，会话的关联性话步也可以是身体施为等非言语性的动作。当言说者以反复陈述回应重复性信号时，这种展演是一种施为，是一种与言语相对的行动，此时言说者绘制的是一种象形符号，它不是严格意义上的回复，而属于回应的范畴。例如，某人绊了对方一脚，他马上道歉，对方欣然接受。这种“接受”不是对道歉的单纯“回复”，而是对整个需要道歉的侵犯行为作出的“回应”。听话者的回复不仅仅只是针对他所听到的，感激行为也并非仅仅针对言语的最后一句话（如谢幕后观众的鼓掌不只是为了戏剧表演结束最后留在舞台上的演员或最后的表演），而是为了整个叙事及其讲述和展演。如同采取问答形式的“修辞性问题”并无引出具体回答的意图一样，它仅是构成整个陈述的一个要素。陈述具有一种需求功能，它能确定其中哪个要素需要被回应。相邻对的前轮与后轮可以同时发生，并采用相同的词汇。例如，在常见的问候式交互情景里，甲：“您好！”乙：“您好！”这里的第二个问候并非对前者的回复，而是对参与者彼此突然出现的可获得性作出的反应性回应。日常会话中细微的仪式展演不一定是为了要求回复或对恳求做出答复，它也可能是为了表现一种由于交遇而产生的情感，这种明显的重叠或重复不会导致会话的解组。在谈话的进程中，非言语性事件能够自如地发挥话步的功能。正是由于回应具有这些普遍性特征，戈夫曼认为在分析谈话时，“陈述-回应”模式比“陈述-回答”更为有用。

在戈夫曼看来，相邻对的概念具有误导性，会话的基本单元应该是仪式交换，而不是相邻对。口语交换可能是戏剧、小说和电影中会话形式的自然单元，在这些表达形式中，转录言语比描述行动更为直接有效。但是，自然会话无须受制于这种记录性的特征，它不需要系统性地转化为话语。对自然会话而言，最基本的不是会话单元，而是具有某种秩序的互动单元：要陈述的事件、陈述以及对陈述的反馈，它们共同构成了三位一体的单元。① 它是由三个话步构成的话轮转换，第一部分很可能不涉及言语，即回应者针对的可能不是言说者特定的陈述。基于会话对可理解性、主题性和剧情管理的要求，陈述充当着括弧的作用，它本身亦可以成为这些要求的回应。自然会话可能出现与陈述的观念无法契合的情况，因此，戈夫曼引入了“指称”这一更具囊括性的术语，它是个体以某种形式作出反应的所有对象。这样，会话的基本单元被具体化为“指称-回应”（reference-response），其中指称处于由前一位言说者提供的谈话语义之核心。相应地，会话过程中如何连接的问题也转变成指称回应单元如何连接的问题。② 话步创设了一个指称，该指称和话步一样，既可以是言语性的，也可以是非言语性的。话步是为了引出下一个话步或反话步，这种类似于博弈的反复交往过程是一种“交互作用”，而不是“对话”。③ 当言说者与听话者将话步理解为对已说出话语的反馈时，它是作为一个回应；当话步需要某种形式的回应时，它则可以作为一个陈述。但这种区分不是绝对的，陈述与回应之间可能出现混合。会话因而成为一个持续性的片段或指称束，每一个指称回溯性地与前一个指称相连。因而，谈话是

① Erving Goffman, *Forms of Talk*, Philadelphia: University of Pennsylvania Press, 1981, p. 48.

② Erving Goffman, *Forms of Talk*, Philadelphia: University of Pennsylvania Press, 1981, p. 50.

③ Erving Goffman, *Forms of Talk*, Philadelphia: University of Pennsylvania Press, 1981, p. 73.

一种“指称-回应”的话步序列。[①]

从面对面互动的视角来看，谈话是这样一种设置，它使个体聚集在一起并维持着对共同认可的、当下的和连续性宣称的关注，该宣称使参与者处于某种主体间的、精神性的世界。[②] 当个体参与谈话时，有些言语和非言语行为承载着特定的关联性，并以希望得到的评价、鉴别和理解等形式，呈现给共同在场的他人。从“回答”到“回复”再到更广泛意义上“回应”，戈夫曼进一步拓展了谈话的分析范畴。谈话的基本模型不再是会话对或会话链，而是由回应构成的话步序列以及与每一个回应性话步相对应的指称。相对于“陈述-回复”的属性而言，“指称-回应”体现了动态的功能均衡。[③] 戈夫曼认为，谈话分析的其中一种重要可能性是揭示某个特定话步对预期序列产生的后果。在他看来，谈话的社会设置不仅提供了语境，而且可能渗透并决定互动的结构。[④] 有些语言学者承认意义取决于语境，但是语境本身仍然是作为剩余范畴加以处理。而戈夫曼认为，即使说话的内容与其传达的意义之间没有分歧，语境仍然是极其重要的，即时性情境既可以作为回应的指称，也可以作为语境本身。概而言之，戈夫曼试图通过探讨会话的不同回应方式来分析谈话框架或元图式，以期增进对语境的系统性理解。

戈夫曼探讨了标准化的言语如何被理解成作为回应之基础的指称，并进而检验话轮转换的常规化序列。个体的回应可以呈现为各种类型的防范、保留和限制性手段，并能在谈话互动中及时撤回某种立场或自我。通过正在进行的话轮转换，谈话参与者能够打破框架，插入旁白或题外话、提及无关联的或细枝末节的事情，或者以变换的姿态在

---

① Erving Goffman, *Forms of Talk*, Philadelphia: University of Pennsylvania Press, 1981, p. 72.

② Erving Goffman, *Forms of Talk*, Philadelphia: University of Pennsylvania Press, 1981, pp. 70–71.

③ Erving Goffman, *Forms of Talk*, Philadelphia: University of Pennsylvania Press, 1981, p. 52.

④ Erving Goffman, *Forms of Talk*, Philadelphia: University of Pennsylvania Press, 1981, p. 53.

沟通过程中反身性地向他人呈现自我，巧妙地管理不断变化的序列，从而与听话者之间形成崭新的关系。任何会话都能自我引导，为参与者的话步提供各种指涉对象，然而也正因如此，会话可能“将我们塞进一个潘多拉的盒子”。[1] 通过选择不同的场合，谈话参与者心照不宣地使自己适应会话的陈规定式，故而导致更紧的限制和束缚。在某些情况下，整个会话的限制框架还受参与者的情绪影响，它或受尊敬，或遭颠倒，或被忽视。

二、自我谈话与回应性叫喊

在戈夫曼看来，需要对表层的话语序列进行深层的结构分析，为此，他采用生成性的方法探析言语中的层级和类别问题。在某些情况下，包含着导向性陈述和自我谈话片段的话轮涉及的是“两个不同秩序的话步”。[2] 这两个话步起着“行动-回应”的配对功能，它自我包含于单个的话轮之中。戈夫曼认为，言语寄宿于话轮而非语段，话轮机会意味着暂时持有话轮权以及话轮持有者之间的相互轮替。任何言语或是确立下一位言说者回复的陈述，或是对前一位言说者所确立的话语之回复，或是这两者的结合。戈夫曼论及一种特殊的会话形式，即自我交流或“自我谈话”，它是谈话角色多于参与者的情况。自我谈话与其他谈话形式之间存在着结构性的差异，在自我谈话中，信息的发出者和接收者是同一个人，也即一个人扮演着言说者与听话者这两个沟通性的角色。自我谈话具有自我中心主义的特征，它直接指向言说者与情境之间的定位问题。在共同在场的他人看来，这种行为反应可能呈现为反常、偏态与言语性自渎的形式；或是幻想的言语表达形式；或是异化和疏离的表征形式。

---

① Erving Goffman, *Forms of Talk*, Philadelphia: University of Pennsylvania Press, 1981, p. 74.

② Erving Goffman, *Forms of Talk*, Philadelphia: University of Pennsylvania Press, 1981, p. 118.

自我谈话在特征上是情境性的，而不仅仅是情境化的。[①] 喃喃自语、自怨自艾和咕哝嗫语等表明，虽然参与者在当下附和言说者，或遵从由权威确立的谈话秩序，但是他在精神上并没有被降服，也不能指望他顺从与屈服。自我谈话受时间限制，它通常发生在交遇刚结束之后，从而规避公共场合关于自言自语的禁忌。戈夫曼认为，这种沟通形式并不符合言说者-受话者的语言学模式，因为对言说者提供的回复将其置换成了第三方和/或我们自身，初始的言说者不再是回复的接收者，而仅仅是回应的对象或目标。当某种行为轨迹的表象让人怀疑行动者的道德品性或人格尊严时，行动者也会发起自我谈话。例如，在人来人往的街道上，一位路人弯腰拾起地上的一枚硬币，这时他会大声地读出面额，同时表现出惊讶的神情，尽管他自身并不需要这种信息。这是一种细微但必要的公共表演。因为如果捡到的原本以为是硬币，却发现只是无用的小金属片，他有必要通过声音或身势语将自己的内在心理外部化，表现出一种自我揶揄。又如，当一个人试图打开车门时，却发现不是自己的车，他会脱口而出某些自我解嘲的话，以向目击整个行为过程的旁观者表明他只是粗心大意，并非真正的偷车贼。因此，自我谈话具有自我引导并重新使行为框架化的功能。

当在公共场合自言自语时，个体需要向目击者证明自己具有合格的行动资格与能力，而不是该被嘲笑和戏谑的对象。此时，懊恼、惊讶和气愤等表情有助于实现该目的。自言自语似乎是游离于情境的、无法自控和受情感驱使的冲动行为，然而，戈夫曼认为它们与受社会因素影响的言语并无本质性的区别。当言说者的窘迫感在现场显而易见时，自我谈话是一种情境性的回应方式，它可以避免因封闭性的谈话映射出的异化世界以及在正式会话边界之外产生的不恰当性。因此，在这类情境中，自我谈话可以被容忍、理解和接受。这里的“理解”并非仅仅是认知问题，而且也包括反身性的自我移情。

戈夫曼探讨了在表面看来似乎违背相互依赖规则的言语及其沟通

---

① 关于“情境性”与“情境化”的区分，可以参见：Erving Goffman, *Behavior in Public Places: Notes on the Social Organization of Gatherings*, New York: Free Press, 1963, pp. 21-22.

效果，他将此类独特的言语称为“回应性叫喊”。具体而言，回应性叫喊是一些“准词”，甚至是“非词”，它可以表现为一种插入性的感叹词，有时甚至不是一个完整的词，这种非词汇化的感叹词符合人的本性特征。在普通人看来，戈夫曼探讨的“回应性叫喊”其实是日常生活中普遍存在的“应激性反应”，它是自然的、本能的身体反射。换句话说，关于回应性叫喊的常识论观点是将其视为自然的盈溢状态，是原先被控制的情感之涌现，或是在正常抑制下的“喷爆”，它是一种处于放松警戒的状态。戈夫曼不同意这样的看法，他认为回应性叫喊不仅是一种情境性反应，更是一种仪式性表达。戈夫曼关于回应性叫喊的立场与之前确立的“指称-回应”的分析框架是一致的，他借鉴了社会语言学家采用的共现性分析的自然主义方法，但他的关注点与社会语言学家有所不同。戈夫曼认为，回应性叫喊并不是语言学意义上的陈述，能够通过连接并置的语义指涉而目的性地生成言语功效。回应性叫喊的主体更适合称为“发声者”，而不是“言说者”，因为它只是由信息源散发的关于该信息源状态的简单符号过程，这种表达是渗出性的，而非意图性地发送信息，它甚至不涉及自我沟通。另一方面，回应性叫喊可以被用来产生某种期望的印象，而他人则会报之以移情式回应。通过这种方式，回应性叫喊能够开启会话，当然这种意图亦可能被他人有意无意地忽略。回应性叫喊也可以作为缓解情境失当的策略。总之，对戈夫曼而言，回应性叫喊是一种行为学意义上的仪式化行为。当行动者无法以他所希望的方式形塑生活世界时，就会将对它的操控置换为一种口头言语，以展现对事件进行调适的意图。而当行动者成功地应对了复杂的情境时，他也会发出释怀、慰藉和庆贺的戏剧化声音。这种行为展演通常采取凝缩、删截的形式，尤其是表现为非连贯性衔接的、非词汇化的表达。①

戈夫曼区分了四种不同类型的回应性叫喊，它们是在与他人共同在场的情况下发出的，但同时发出者又没有与他人直接产生互动。第

① Erving Goffman, *Forms of Talk*, Philadelphia: University of Pennsylvania Press, 1981, p. 100.

一，转换性展示。当进入或离开某种会令人产生不适的自然状态时，如狂风骤雨、酷暑极寒等，人们会将内在的身心状态外显化。至于这种在环境转换时发出声音的功能，目前尚不清楚，其潜在的功能可能是给人片刻的时间，从而适应新的环境。第二，溢出性叫喊。这种情况出现在对周围世界的某些特征短暂地丧失导控能力。从表面上看，这种声音似乎表明失去了控制，但是行动者何必在公共场合如此自我暴露甚至自取其辱？因此，戈夫曼认为溢出性叫喊其实具有若干社会功能：首先，这种声音明确定义该事件仅是一起意外，表明个体知晓它已经发生，并期望将它与其他的行为相分离，以显示这种失控并非由于某种让人难以理解的意图或资格能力的丧失而导致的。其次，由于“哎呦”之类的溢出性叫喊通常用于微不足道的情境失控，因此，当面临更严重的过失时，它可以起到淡化其重要性，并降低对个体能力产生质疑的作用。再次，这种独特的声音表明至少言语渠道仍然在发挥着作用，并未完全处于慌乱和失控的状态，自我的一部分正在看守和监视着另一部分。换句话说，行动者仍然是安全的互动主体，不仅具有自我意识，而且能够自我掌控。最后，这种声音提醒在场的他人，世界的某个部分已变得松脱，最好严加防范。第三，威胁性惊吓。在某些情形下，人们（尤其是女性）会发出惊讶和惧怕的声音，但这种惊讶与惧怕尚处于控制之下，无须真正地担忧。这种惧怕性反应也可能是夸张的模仿。第四，厌恶性声音。当个体不得已或不经意地接触到污染性事物时，会发出保护性、警告性的声音，它能表达出身体姿态暂时无法展现的情景。在威胁性惊吓和厌恶性叫喊的情形中，都可能发生过度仪式化或超仪式化，即非严肃性、模拟性的形式化行为。在这种多重转换的情况下，仪式化开始被自我复制取代，并对已有的形式化进行再次转换，这是二阶仪式化。

在共同在场并维持互动的状态下，参与者会向其他人发出回应性叫喊，对此，戈夫曼区分了四种情况。第一，用力时发哼。人们在举起或推动沉重的物体时（如抡铁锤），会在竭尽全力的一刹那发出低沉的喊声，声调的升降会将行为戏剧化。这种声音表明，他们此刻正高度集中精力，同时提醒他人适当远离。个体在发出这些声音时是无意识的。第二，疼痛性叫喊。这种叫喊对当前正在发生的事件起着自我调适的指示器作用，它反映出某种施加行为造成的不同程度的疼痛。疼痛性叫喊表明，情境中的发声者能够与其他人配合，而这种配合不是通过完整的语句性言语或动作完成的。第三，性呻吟。它是性高潮产生快感时发出的声音。第四，话轮权提示。在与他人共同在场的情境中，个体通过发出这种声音引起他人的关注，从而主动开启谈话互动。例如，丈夫在阅读报纸时，突然爆发出笑声或大呼“天呐”，从而吸引妻子过来认真听他讲述。当不小心出现失误时，人们会发出自怨自艾的声音，以引起旁人的询问，这时便可以倾吐和陈述具体缘由，这种声音是对他人询问的回复。行动者也可以通过事先发问转变话轮权。在某些情境中，公然要求他人倾听自己讲述会让人产生反感或觉得很唐突。为了避免让人产生自我中心主义或被侵扰的感觉，可以通过话轮权的提示，让潜在的听话者先施行初始话步，从而使双方顺利卷入会话。第五，欢欣式惊叹。例如，当面对一大桌丰盛的晚宴时，宾客们由衷地发出“哇哦”的赞叹声。

这些回应性叫喊是仪式性表达，而不是脱离于情感和身体控制的生物性反应，但这并不意味着它们是会话的创造物。回应性叫喊是特定角色的惯例化言语，并非语言学意义上的陈述。对于共同在场的他人而言，回应性叫喊提供了独特的信息，它具有情境性的意义和功能。这种看似自然的情感表达实质上并不完全是自然的，但是它又区别于以沟通为导向的设计性言语。情境性要素能够减轻公共场合的自我谈话产生的不恰当性，并且在任何情况下，都可能打破禁止公共性自我谈话的禁令。当言说者在暂时失语或无法流畅地说话时，会出现“填充性停顿”，如发出“嗯”“啊”“这个”“那个”等，它们也起着回应性叫喊的功能。通过这些声音，言语的发出者展现出原本他人既看不到也无法听到的“搜索枯肠”的行为，使听话者能够观看“内心戏”，跟踪言说者正在投入的言语生产过程，同时使言说者仍然保持着话轮权。

回应性叫喊也可以呈现为一种纯粹的表达，它不是以接收者为导向的命题性陈述，因此，有时自我咒骂亦是回应性叫喊的一种类型。

由于导向性陈述与回应性叫喊之间存在根本的不同，它们作为互为补充的仪式资源构成了运作配对，在互动系统中各自发挥着不同的作用。倘若回应性叫喊本身已是二阶仪式化，亦已属于非严肃性的领域，它会对现实生活中的真实行为产生污染。某些行为类型并非为导向性的语言沟通而设，但是它们能够以语境置换的方式注入公共生活。这种结构反身性是沟通生活的基本事实，它被仪式化的并非表达本身，而是自我与他人之间的互动设置。例如，当与他人在身体上靠得特别近，或者发生预料中的肢体碰撞时，由于施动者会拟想被动者的反应，因此他发出的回应性叫喊具有戏剧性的特征。当他人提醒行动者没有履行应尽的义务时，他会自责地说“真该死！”在这些导向性的话语中，被置入了个体模拟和想象他人的情境性反应，从而发出共鸣式回应性叫喊。

戈夫曼区分了公共言语中的自我谈话、咒骂语（具有相对完整的语汇）以及非词汇化的（或准/半词性的）回应性叫喊，它们是脱口而出的、受情感驱使的言语行为，这类声音形式是社会情境而非谈话形态的产物。分析这些惯例化的表达形式必须指涉社会情境，而不是会话本身，这样方可理解存在于谈话形态之外的沟通形式。尽管行动者是在传统的语境里运用回应性叫喊的各类感叹语，但是如果缺乏指涉外在于谈话形态的原初功能，它们就无法得到充分的阐释。因此，戈夫曼主张必须拓宽谈话分析的范围，引入非谈话性的言语和社会情境，而不是仅局限于共同维持的谈话本身。关于人性的“默会理论”认为，回应性叫喊是“纯粹表意性的”“简单原始的”和“非社会化的”，它们在某种程度上违反了在他人面前保持自我控制和沉着冷静的基本社交原则，从而使人们得以窥视行动者面具背后的“真容”。然而，戈夫曼的研究表明，回应性叫喊仍是一种社会性的行为。因此，或许根本没有所谓的“真容”可言，揭开面具之后触碰到的很可能是另一张面具，这些面具相互嵌套着，这也正是人性的复杂表现。

戈夫曼的言语研究强调社会性因素，但是他并不排斥传统的转换性与嵌入性概念。谈话通过各种非言语姿态受到密切的监管，并与其语境紧密啮合。戈夫曼认为，回应性叫喊的声音化具有展示自我管控的功能，它表明不应该根据困境或窘态的表象来定义个体的自我。戈夫曼的社会学关注易变的、难以捕捉的微观沟通行为，它们被传统语言学家视为次要的与边缘性的领域。然而，正是这些细微琐碎的、看似不经意的和未经深思熟虑的言语表达了对情境中他人的密切关注，同时，它们也是行动者内心的召唤。戈夫曼关于谈话形式的分析还强调情境，在他看来，重要的并非发出表达的方式，而是它们在怎样的情境中被接受的。总之，回应性叫喊是一种公共设置，它介于彻底的沉默与有针对性的谈话之间。回应性叫喊使个体短暂地向在场的他人发出独特的声音，以展示其内在的思维和感受。就此而言，回应性叫喊不是情感的向外溢泻，而恰恰是“内涌”。①

三、谈话分析图式

“话头”与日常会话中的语码转换现象有关。戈夫曼关于“话头”的观念可以概括如下：② 第一，参与者的结构、立场、位置或投射的自我出现分歧或不一致。第二，行为片段能够维持该投射，而句子的语法尽管涉及某种类型的认知单位，至少包含“音素分句”，但它将无法发挥很大的作用。因而，它蕴含的是韵律学，而非语句学的成分。第三，涉及一系列可感知的变化连续统，包括从总体性立场的转变到细微的语调变化。第四，言说者通常包含了语码转换，若不涉及语码转换，它至少包括各种声音的标记，诸如音高、音量、音律、重音和音质等；第五，包含更高层次的互动阶段，新的话头具有阈限作用，它在两个实质性维持的行为片段之间充当着缓冲器的功能。在说话过程中，参与者总是在不断地改变话头，这是自然谈话的普遍特征。话头的变化意味着发言位置或话语立场的变化，它也涉及与特定事件相关的解释框架的变化，这种对自我和在场他人的立场调适主要通过管理

---

① Erving Goffman, *Forms of Talk*, Philadelphia: University of Pennsylvania Press, 1981, p. 121.

② Erving Goffman, *Forms of Talk*, Philadelphia: University of Pennsylvania Press, 1981, p. 128.

话语生产和接收的方式来实现。戈夫曼重新检视了说话者和听话者的观念以及一些未曾言明的关于谈话互动的假定，从而探讨话头变化的结构性基础。

传统谈话分析的基本范式是“说话者-听话者”的二元模式，说话者关注说话及其接收状况，听话者关注说的内容，话语是两者共同的聚焦点。在这种分析模式下，谈话圈是一种相对自我封闭的系统，言说过程中的各种行为无法被说话者和听话者之外的他人感知，也就是说，它是“不可进入的”。在互动过程中，说话者和听话者的角色呈现轮换式“陈述-回复”模式，话轮权相互交替。这种话语分析范式仅注重谈话过程中的声音，这在戈夫曼看来是颇成问题的。话轮转换的管理、通过可见的秘密信道的线索对接收状况进行评估、身势语的辅助语言功能、视线转移的共时性、提供关注的迹象以及通过次级卷入和面部表情判断专注程度等，所有这些方面都表明，视觉甚至触觉对说话者和听话者而言都具有重要的意义。① 谈话过程中的任何既定时刻都是实质性的、具有自然边界的社会交遇之构成，从谈话的开启到终止，它包含了仪式关照等诸多要素。开启谈话、确定主题、强化信息状态以及前置结束语等，这些都需要将整个谈话系统视为自主的和自成一体的活动单元。但戈夫曼亦承认，这种以整体谈话作为基本单元的分析方法无法对诸多的谈话时刻恰当地进行定位，而且大量的交遇彼此交织在一起，这也削弱了对其自主性的宣称。因此，必须返回到截面分析，以反观和检视谈话的诸时刻。如同戈夫曼分析一般意义上的面对面互动系统一样，他强调重要的不是“人以及他们的时刻”，而是“时刻以及它们的人”。② 在戈夫曼看来，任何以宽泛的标签来看待诸如“会话”“谈话”“话语”等都还为时尚早。③

戈夫曼认为，在沟通系统的意义上，倾听言说者说话并领会其要

---

① Erving Goffman, *Forms of Talk*, Philadelphia: University of Pennsylvania Press, 1981, p. 130.

② Erving Goffman, *Interaction Ritual: Essays on Face-to-Face Behavior*, New York: Pantheon, 1967, p. 3.

③ Erving Goffman, *Forms of Talk*, Philadelphia: University of Pennsylvania Press, 1981, p. 131.

旨，需要区分谈话互动中被认可的听话者和不被认可的听话者。现实的谈话较为复杂，有些人具有被正式认可的交谈地位，尽管说话者对其中某些人有着规范性期待，但他们仍无意去倾听。而有些人不是谈话互动的正式参与者，却密切跟随着谈话进程：他们或是有目的性地偷听，或是非意图性地无意中听到。简而言之，具有正式资格的谈话参与者可能没在听，而不具有认可资格的非正式参与者却可能在听。因此，戈夫曼认为，听话者/接收者和说话者/发出者的概念是非常粗糙的，前者掩盖了参与状态的复杂分化与差异，后者忽略了复杂的生产模式问题。因此，他进一步细化了听话者的概念，引入了那些处于视听范围内并非是会话的直接参与者却在有意无意地倾听谈话的人，即旁观者，包括无意中听到者和偷听者等，他们与正式被认可的听话者统称为观众。① 从身体距离上而言，观众往往比共同参与者离说话者更远，但是他们有权直接检视说话者。然而，在会话情境中，公开和坦率的批评可能是冒犯性的。观众的角色主要是理解和欣赏谈话，而不是以任何直接的方式回复，但他们可以通过非正式的秘密渠道作出反馈。观众的概念可以从现实情境延伸至虚拟情境（如电视、电影和广播等），但这两者之间存在明显的不同，社交场合的亲身经历者同时也是共同参与者，他们会对各种刺激作出即时性反应；而借助于器械设备的听、看则只能是替代性地参与。旁观者是普遍存在的，他们的参与者地位并未得到认可，正式参与者可以察觉到他们已进入谈话互动的视听范围。他们可能一直倾听整个谈话进程，也可能获得一鳞半爪的印象后离开，而且人们往往在不经意间成为无意中听到者或偷听者。在通常情况下，旁观者会忠实地践行情境伦理，提醒正式参与者他们的谈话已经被他人听到；或者表现出一副漠不关心、毫不在意的样子，并尽可能地主动撤离谈话的可进入范围；或保持一定的礼貌距离。总之，旁观者会设法使正式参与者认为，对于正在进行的谈话互动系统而言，他们是可以忽略的。

---

① audience 这里理解成“观众”而不是“听众”，因为戈夫曼认为谈话互动包含了视觉、听觉甚至触觉等生理感知，“观众”的表述更符合原意，它既包括听政治演说的人，也包括观看戏剧的人。

传统的会话分析模式无法充分解释包含露台、讲坛等公共场所的言语事件，因为这些交遇需要考虑的是整个社会情境。在由二人构成的谈话模式中，听话者是唯一、直接的讲话对象，说话者会投以目光关注，并期待着随时将说话者的角色交付于对方。在两人以上的多人谈话中，说话者的对象是整个谈话圈里的所有听话者，就话轮权的转换而言，每个正式参与者都具有平等的地位。但是，说话者通常会盯着其中某个人说话，至少在一定时期内如此。因此，在正式听话者中，需要区分直接受话者和间接受话者①，这种正式接收者之间的结构性区分主要是通过视觉暗示来完成的。在理想型的会话模式中，参与者轮替扮演着说话者、直接受话者和间接受话者这三种角色，没有谁更频繁地扮演其中某个角色，并且在总体上时间分配大致均衡。然而在谈话实践中，这种理想的设置会发生各种变化。一旦打破谈话的二元限制，并承认旁观者可进入谈话情境，便能认识到存在附属性的沟通现象，它们对支配性沟通构成有限的干扰或补充，这些次属性的非正式谈话是根据正在进行的谈话情势产生的。戈夫曼将附属性沟通分为三种不同的形式，即附属行为/配角展演，它们是一小部分正式参与者之间的次属性沟通；跨界展演，即正式参与者与旁观者之间跨越支配性互动的边界进行沟通；旁侧展演，即旁观者之间私下进行的言语交换。在不同的文化里，这三种沟通形式通过独特的和标准化的功能性标识来实现。当参与者试图隐瞒附属性沟通时，会在互动边界内外产生共谋行为，如两位旁观者秘密评论他们无意中听到的谈话，这构成了共谋性旁侧展演。与共谋相关的还包括映射和暗讽等。

在引入了旁观者的概念之后，谈话分析的对象也从交遇转向更广泛的社会情境，这是理解存在不同听话者类型的重要前提。谈话互动不仅仅是话语之间的沟通，它还包括了各种细微的动作、姿势和眼神等，对这些要素的感知和理解是无法仅仅通过“听”来完成的，它还涉及视觉上的“看”以及触觉等其他生理能力。社会情境对谈话的结构性意义清楚地表现在陌生人之间的言说行为。在社会聚集中，个体一旦开启言说

① 间接受话者不是讲话的对象，他们是在场的非受话者。

行为，就能从该参照点描述其他成员的角色或功能，这些成员与其言语之间的关系可以称为他的相对“参与状态”。戈夫曼认为，言语并没有将说话者之外的世界分成接收者和非接收者两个部分，而是打开了具有结构性差异的诸多可能性，确立了指导说话者进行表达的参与框架。在不同的谈话圈中，个体具有不同的参与地位（被认可或未被认可），话语在其中以不同的形式被接收，参与框架是话语倾听的结构性前提。

戈夫曼探讨的谈话包含了诸多形式，如会话、独白、政治演讲、脱口秀、授课、戏剧朗诵和读诗等。演说家、演员与谈话的说话者不同，前者拥有的是观众，后者则是作为同伴的交谈者。在谈话中，投入注意力的主体是清晰可辨的，但是客体却未必如此。听话者需避免长时间盯着说话者，以防止侵犯其领地性，但同时又需要恰如其分地投以关注、捕捉细微的身体动作以理解其确切的含义。在娱乐性的舞台表演与讲坛性质的布道式聚集或演讲中，存在不同于一般会话的特定参与框架。因此，两人间谈话的参与框架无法运用于普遍意义上的谈话形式。在很多社交场合，尤其是在涉及身体动作的状况下，非言语性的事件可能占据着话轮权。话语的非言语性语境，诸如服务员与顾客之间惯例性的服务接触，虽然可能涉及礼仪交换，但是身体的相互作用构成了意义语境以及分析的单元。也就是说，有些言语不是会话的构成，它们是合作性任务活动的组成部分。在这些场合，言语并非是参与者的首要关注点。

说话者在话语生产中居于核心的位置。“说话者”这一术语可以在不同的意义上使用，它具有不同的结合形式或变体，戈夫曼也对这个概念作了进一步的功能细化。[①] 首先，从传统会话的意义上而言，说话者是发音盒、唱机和发声器，是进行发声活动的身体、声源，也是扮演言语生产角色的个体，戈夫曼称之为“发声者”，这是说话者最主要的含义或功能。发声者和接收者属于同一分析层次和模式，它们并非沟通系统中具有某种功能的社会角色，而是分析性的角色。其次，说话者是言语的“作者”，他是选择性地表达情感并进行言语编码的行动

① Erving Goffman, *Forms of Talk*, Philadelphia: University of Pennsylvania Press, 1981, pp. 144-145.

者，他创建、编写言语和篇章，并系统地阐述、规划和改编既有的陈述。最后，说话者作为言语的“责任者”，他通过话语的言说确立位置、告知信念、相信话语的真实性并对其作出承诺和证实。戈夫曼关于说话者的微观分类并不完全等同于个体的某种被认可的社会身份或角色，这种身份或角色通常是自我认同的社会性资源，也是作为群体成员和其他社会关系的基础。① 然而，在某种身份下所言说的内容可能只属于他的一部分实体，同一个个体可能变换他的社会角色，但他作为发声者和作者的能力却保持不变。在诸如公开演讲之类的场合，发声者、作者和责任者这三种功能可能集中于同一个人身上，但是这种一致性和叠合现象并不常见。

发声者、作者和责任者共同构成了话语的“生产模式”，这种言语结构中的基本要素不同于“参与框架”。在传统的会话分析范式里，“说话者”意味着发出声音的个体正在建构和形塑其自身的文本，并通过它监控自身的位置，它不对发声者、作者和责任者作出任何形式的区分。而戈夫曼的分析模型里，不仅对说话者进行了功能细化，而且生产模式和参与框架中的角色时刻发生着转移，并且这两者通常同时发生变化。生产模式-参与框架的分析图式具有普适性，“如同戏剧家能把任何世界搬上他们的舞台，我们能够将任何参与框架和生产模式展演于我们的会话之中”。②

戈夫曼的谈话分析图式

A. 说话者的生产模式

发声者、作者和责任者

B. 听话者的参与框架

被认可的参与者：直接受话者、间接受话者

未被认可的参与者：无意中听到者、偷听者

① Erving Goffman, *Forms of Talk*, Philadelphia: University of Pennsylvania Press, 1981, p. 145.

② Erving Goffman, *Forms of Talk*, Philadelphia: University of Pennsylvania Press, 1981, p. 155.

当个体对特定的话语进行调适时，会产生话头的变化。但是这种观点可能简化了参与框架和生产模式对言语结构的影响，因为它没有为随心所欲、自我指涉的言语特征留下余地。[①] 也就是说，它未能抓住谈话的幻想性、流动性和易变性等特质。话头变化会因嵌入性问题变得更加错综复杂，如说话者的自引或直接、间接的他引等，从而在话语中设置不同的生产模式。当谈话参与者由讲述自己的话转为传递或转述他人已说完的话时，或者从表达当下的感受转为曾经的感受时，话头亦发生了改变。因此，生产模式必须考虑谈话的（双重）嵌入性功能。通过将说话者和听话者的传统观念分解成生产模式与参与框架，可以理解话头的结构性基础。同时，谈话分析亦需要考虑话语的嵌入性特征与言说生产过程的分层效应。会话呈现为一种迭片结构，每一次叠层的增减都伴随着话头的变化。这种由嵌入性与分层效应导致言语生产的复杂性需要借助于另一种维度的嵌入性才能理解，即参与框架的转换，如共谋、隐射、暗讽等。在谈话过程中，人们会惯例性地仪式化参与框架，自觉地将在某个社会情境中表现为自然的参与设置移植到非自然的互动环境。换句话说，人们不仅嵌入言语，也嵌入互动设置。[②]

参与框架能够被括弧化，并植入异质性的语境。在会话之外发生的参与框架，即包含观众或不涉及正式接收者的谈话设置，其本身体现了再框架化的过程，它们能够被重新设定并嵌入会话，而每一种嵌入都会产生话头的变化。谈话中的个体也可能跨越不同的话轮，但保持着同一个话头。戈夫曼认为，歌唱、吟诵和说话是声音生产的三种主要形式，其中说话的三种生产基础分别为“背诵”“朗读”和“即兴谈话”。[③] 这三者会以不同的混合形式出现，并且相互之间经常发生连续性的转换。它们涉及不同的生产模式，每一种模式代表了说话者

---

① Erving Goffman, *Forms of Talk*, Philadelphia: University of Pennsylvania Press, 1981, p. 147.

② Erving Goffman, *Forms of Talk*, Philadelphia: University of Pennsylvania Press, 1981, p. 153.

③ Erving Goffman, *Forms of Talk*, Philadelphia: University of Pennsylvania Press, 1981, p. 227.

与发出的言语以及听话者之间不同的关系，从而为理解话语提供阐释框架。这些不同的可能性与参与状态相结合，构成了言说者的“框架空间”。[①]

戈夫曼还用框架分析的思想探讨演讲，如文本的叠层式调音、文本括弧与插入等，也即作者插入括弧性的陈述对话语进行限定、强化并加以评论，或详尽地阐述、辩解，以及偏离主题和闪烁其词等。有四种情况会改变话头或言语的立足点，它们分别是经过调音的段落、文本括弧、附加性说明的评论以及对各种表演偶然性的管理。[②] 在戈夫曼看来，沟通系统是一种层状结构，它包含了电子的、物理的和生物的等不同层级，并且有效的沟通受该系统结构中不同叠层的杂音源的影响，但是发声者和接收者都倾向于容忍和忽略一定的杂音。外部世界的结构和位置会渗入面对面互动的情境，这是面对面互动的基本特征。说话者带入谈话圈的预定文本类似于呈现在当下情境中的某种外部事物，如会话者带入社会交遇的年龄、性别、社会经济地位等要素。戈夫曼认为，这些根源于外部的并且其形态、结构与面对面互动无甚关联的特征必须与当下情境中的诸要素一视同仁，外在性必须融入于内在性之中，并以某种方式相结合。此外，作者言说的个性也会影响到他将文本和社会地位映射到具体的言说行为。[③] 由演讲者和观众共同维持的谈话系统能够反映、表达、描绘和理解现实的、结构化的和统一的世界。

四、仪式性谈话

《电台谈话》是一项在微观社会学的框架下进行的研究，它结合了社会语言学与民族志。日常生活中的非正式谈话具有很大的松散性、

① Erving Goffman, *Forms of Talk*, Philadelphia: University of Pennsylvania Press, 1981, p. 230.

② Erving Goffman, *Forms of Talk*, Philadelphia: University of Pennsylvania Press, 1981, p. 181.

③ Erving Goffman, *Forms of Talk*, Philadelphia: University of Pennsylvania Press, 1981, p. 193.

自主性和灵活性，它允许出现各种细微的失误和缺陷。而且谈话过程中也不可避免地会出现各种偏离性的因素，如打哈欠、喷嚏、咳嗽、瞟一眼周围感兴趣的事物等，说话者通常会忽略这些干扰和打断，并假定听话者亦会如此。同时，它也允许各种不需要掩饰的纠正，诸如重新表述、有声停顿（如“嗯”“啊”等)、重复以及道歉等。在非正式谈话过程中，说话者需要随时准备变换立足点，并广泛运用框架空间。通过对不同结构的谈话形式及其框架空间进行微观分析，可以认识正式和非正式谈话之构成。

戈夫曼认为，社会生活的研究者一旦认识到管控个体行为的各种限制条件和目的，就会将关注转向行动者实现既定目标的能力。他探讨了电台谈话过程中出现障碍的基本来源，以及播音员如何管理、自我纠正这些障碍和失误，也就是播音员的框架空间如何脱离于分配给他的标准配置。这实际上类似于戈夫曼曾经论述过的“角色距离”[①]和关于自我的分离。这些策略具体包括特意（即兴）地详尽阐释、沟通变换[②]、颠覆以及自我沟通等。[③] 在戈夫曼看来，“虽然这些话头细微的瞬息变化表现为无足轻重的游戏，然而，我们的谈话生活正是在这种游戏中度过的”。[④] 在分析电台谈话时，戈夫曼认为，关于角色和社会控制的传统解释框架显得过于狭隘，因而他采用有关个体行为的观念（区分实质性和表意性行为）以及谈话分析的生产模式和参与框架进行探讨。

戈夫曼以序列图式表示在传统的社会控制模式（补救模型）下，谈话过程中出现口误及自我纠正机制的情况。在口误出现之后，补救措施会使它重新恢复到基点。在不同的变化形式中，失误和补救的位

---

① Erving Goffman, “Role Distance,” in *Encounters: Two Studies in the Sociology of Interaction*, Indianapolis: Bobbs-Merrill, 1961, pp. 85-152.

② 这里主要指谈话立足点或话头的改变。

③ Erving Goffman, *Forms of Talk*, Philadelphia: University of Pennsylvania Press, 1981, pp. 278-311.

④ Erving Goffman, *Forms of Talk*, Philadelphia: University of Pennsylvania Press, 1981, p. 327.

置可能发生互换：①

基点→失误→补救→基点

对播音员而言，朗读、背诵或即兴形成的文本为他设定了任务，他通过电台设备和工作人员提供的技术支持确保向观众传达清晰、流畅和准确的话语，其中也包含了播音员试图塑造的个人形象。这便是基点。在言语生产过程中，当播音员认为出现了不能简单忽略的失误时，这些失误可能与电台的工作伦理相违背，或与作为播音员的形象不符，因而有必要回到基点进行补救，以重新定义自我。由于传统的分析框架无法充分阐释电台谈话中出现的失误，因而戈夫曼扩展了关于"谈话故障"的观念，使之包含了任何"可评论的"或"值得注意的"话语，② 也就是播音员不能置之不顾、必须施以补救的话语。这样，戈夫曼进一步拓展了社会控制的基本序列，使之更加符合经验事实。当说话者严格遵从文本时，任何形式的自我纠正都是对规定文本的偏离，因此，这种自我纠正本身亦需要相应的补救行为。纠正错误和道歉会引发话头的改变，它是说话者框架外的纠正，结果延长了补救序列：

基点→失误→补救→对补救的补救……→ 基点

补救序列还会因框架化问题变得更加复杂，听话者可能无从判断某段谈话是对文本的框架外评论抑或是文本自身的一部分，或者无法确切地区分非剧本化的评论与正式的规定性文本之间的界限。在这种情况下，说话者会提供"括弧线索"，以使听话者能够返回到原文本。播音员自我纠正的补救序列可以表示如下：③

---

① Erving Goffman, *Forms of Talk*, Philadelphia: University of Pennsylvania Press, 1981, p. 314.

② Erving Goffman, *Forms of Talk*, Philadelphia: University of Pennsylvania Press, 1981, p. 315.

③ Erving Goffman, *Forms of Talk*, Philadelphia: University of Pennsylvania Press, 1981, p. 319.

基点→可评论性言语→补救工作 ↗ 括弧线索→基点
　　　　　　　　　　　　　 ↘ 改进→括弧线索→基点

戈夫曼认为，个体的行为具有一种双重后果，即实质性的和表意性的。实质性的行为后果指成功的表演能够对正在进行的活动产生某种外在的秩序，尤其是当该活动直接包含其他行动者的旨趣时；而表意性行为后果的成败会影响他人对个体能力和道德品性的判断。个人的（言说）能力包含了这种两重性，譬如出现口误时，行动者的回应可以分为两部分：“反应”，表现出诸如尴尬、窘迫、懊恼和惊愕等；“补救”，表现为实质性或仪式性的纠正实践。也就是说，补救行为本身也包含着两个方面：一种是提供实质性的补偿，这种恢复性的工具性行为有时以民法规定的形式出现，它包含纠正、复位或金钱赔偿等，使失序状态恢复到有序状态。在这种补救行为中，重点关注的并非行动者的失能，而是他的补救行为。另一种是仪式行为，它类似于评论和自我指涉的行为，行动者借之重新定义表演的表达性意涵。在与对象之间的关系方面，仪式性补救具有比实质性补救更加多变的时序关系，它可能是回顾性的或追溯性的，这通常发生在意图补救的行为之后；可能是预期性的或宣言式的，以控制尚未产生的可能含义；也可能是并发式的，与正在进行的活动重叠并置。仪式性补救和实质性补救在特征上都具有对话性，行动者一旦提供某种补救，他会要求从接收者那里得到回应和反馈，以确定他的信息是否得到正确地接收，以及在重新定义违犯行为时，补救行为是否已经足够充分。

第七章　自我、污名与女性

一、自我的两重性

戈夫曼的著作代表了20世纪中期美国社会学从宏大结构性议题转向微观互动研究的诸多努力之一，而自我呈现与印象管理是其社会学的重要特征，戈夫曼甚至将自我置于互动秩序的核心。很多关于戈夫曼的研究过多地停留于拟剧论的表演技术和舞台术语，而对戈夫曼的核心概念——自我——却付诸阙如或语焉不详，或偏重于制度化角色和社会化自我。尤其是围绕着《日常生活中的自我呈现》产生了大量阐释性文本，却较少见到关于自我及其呈现的探讨。从表面来看，拟剧论是在论述舞台表演和人际互动，它实则是在探讨自我的社会属性及其生产机制。因此，舞台表演技术也是自我呈现和自我生产技术。随着舞台表演的不断进行，我们得以窥见戈夫曼更深层次的自我观。这里主要阐述戈夫曼思想中自我的本质、呈现、生产及其结构，并认为戈夫曼的自我观包含了两重性，即情境化自我和作为能动者的自我。

（一）自我的社会性生产及其构成

自我是符号互动论的重要主题和核心概念之一。戈夫曼关于自我的研究绕过赫伯特·布鲁默（Herbert Blumer），更多地继承了乔治·赫伯特·米德的观念。在实证主义方法论的指导下，戈夫曼与行为主义者一样，关注个体可观察到的外在行为。因此，在解释社会性自我的呈现与生产时，戈夫曼并没有将无法观察的自我视为理论性的抽象存在，而是强调通过可观察的外显行为解释个体的人格特征。[①] 也即，戈夫曼通过米德式社会行为主义的分析，以呈现的方式对自我进行社会学意义上的操作化，从而使自我成为一种可见的社会学现象。戈夫曼将个体分成两个基本的部分，即表演者和角色。[②] 表演者是印象的制造者，因而受尽各种烦忧与苦恼，他在舞台表演中履行着“过于人性”的任务。而角色则是一种肖像，在表演中试图展现它的精神、力量以及其他优秀的品质。戈夫曼认为，在西方社会里，人们经常将一个人表现出来的角色等同于他的自我，这种自我被认为栖居在其拥有者的身体里，成为“人格之心理生物学”的某个节结。[③] 戈夫曼没有完全否定对“作为角色的自我”的这种认知，而是将它视为传统的或常识性的解释。但是，如果分析仅止步于此，那将无法深入探讨日常互动中的社会性自我及其展演。因此，戈夫曼花大量笔墨从另一个维度对自我进行阐释。在戈夫曼看来，自我是展演出来的，即“展演性自我”，它通常是某种令人称赞的形象，个体在舞台上和角色中竭力说服他人相信他具有这种形象，并不断促使他人维持关于他的这种看法。当关于个体的这种形象得到维持时，他便获得了自我。但是，自我本

---

① Thomas Miller, "Goffman, Positivism and the Self," *Philosophy of Social Science*, Vol. 16, No. 2, 1986, p. 184.

② Erving Goffman, *The Presentation of Self in Everyday Life*, N. Y, Garden City: Anchor, 1959, p. 252.

③ Erving Goffman, *The Presentation of Self in Everyday Life*, N. Y, Garden City: Anchor, 1959, p. 252.

身并非源自它的拥有者，而是衍生自实施行动的整个场景。自我与即时性情境中的各类事件的属性密切相关，正确的舞台设置和恰当的表演场景将促使观众赋予表演出来的角色以某种自我。概而言之，自我是顺畅进行的场景之产物，而非其原因。

社会性自我是暂时的、流动的、变动不居的和权宜性的情境生成物，而不是自我生产的、稳定的和一成不变的。自我、身份与社会秩序都是偶然的，不存在恒久不变的自我。随着情境特征的改变、角色扮演的不同，自我亦会发生改变。理解这种社会性自我需要通过观察“个体之间彼此相待的不同方式，并且推断这种相待背后隐含的意义”。[①] 然而，自我并不是自由漂移的，它受个体不断进行着的生命历程的限制。戈夫曼反对传统的自我观和身份类别，这在《污名》一书里表现得尤为明显。另一方面，自我远非是私密性的，它是一种“公共现实”，是人们在社会互动过程中相互调适的结果。个体须端赖于他人完成关于自身的肖像，因此，自我不是某些内在本质或特质的纯粹表达，而是在特定的情境下，由面对面互动的行动者共同构成的表演中不断进行调适而得到的戏剧化实现。[②] 也因如此，互动与社会性自我都是脆弱的，它们遭受着各种意外和偶然性的威胁。这种情境化的自我概念是对核心自我与固定身份的否定，它与主流互动论的观点颇为不同。戈夫曼的自我观比传统符号互动论者的思想更为复杂，它没有仅停留在作为互动或意义交换之产物的层面。对戈夫曼而言，社会性自我不是机械地遵循社会角色与规则，也不是理性选择模型中自我逐利的算计性行动者。在他看来，查尔斯·库利的“镜中我”观念过于简单化，个体的自我形象与他人对他的形象之间并不构成一种镜像关系，两者之间需要彼此不断地相互印证和合法化。虽然日常生活中的每个人都可以拥有独特的自我，然而，这种人格占有状态是共同的仪式性努力的产物：

---

① Erving Goffman, *Relations in Public: Microstudies of the Public Order*, New York: Basic Books, 1971, p. 342.

② Mick Smith, “Review: Goffman’s Legacy,” *Area*, Vol. 37, No. 4, 2005.

> 每一个个体都对自身的风度形象与他人的恭敬形象负责。因此，要呈现一个完整的人，个体必须在仪式链中（与他人）携手，每一个人恭敬地给予右边的人以适当的风度，又恭敬地接受来自左边的人的风度。①

通过阐述这种自我观，戈夫曼将目光从自我的肉身寄居者或心理-生物学意义上的自我转移开来。现实生活里的个体需要接受某种自我，但它只是“一种外来的寄居者，是一种为他，也通过他进行言说的群体性声音”。② 自我的展演并不完全依赖于表演者本身，因为作为自我之拥有者的身体“仅提供了一个挂钩，在它上面，能够暂时地悬挂某种协作制造的东西”。③ 这种“协作性的制造物”便是相互合作的集体性拟剧表演而产生的自我。戈夫曼紧接着论述道：“生产和维持自我的各种手段并不位于挂钩内部，事实上，这些手段经常镶嵌在各种社会性的设置之中”。这些社会设置就是戈夫曼如数家珍的拟剧论的基本要素，它们包括后台、前台、剧班与观众等。后台有各种工具能够修饰身体，前台则有固定的道具协助舞台表演，剧班与演出道具共同构成了场景。作为展演性角色的自我生成于这样的社会设置之中，观众的阐释性活动亦是生成自我所必需的。关于这种社会性自我的生产，戈夫曼如此论述：

> 自我生产的整个机器是笨拙不堪的，并且时而发生故障，从而暴露出它分崩离析的各个部件：后台控制、剧班共谋、观众的世故圆滑等。但是，一旦得到充分润滑，它便会迅速地涌出各种印象，足以使我们置于某种现实类型的支配之中——表演最终得以实现，而与每个表演出来的特质相一致的稳固自我也将会从其

---

① Erving Goffman, *Interaction Ritual: Essays on Face-to-Face Behavior*, New York: Pantheon, 1967, p. 85.

② Erving Goffman, *Stigma: Notes on the Management of Spoiled Identity*, Englewood Cliffs, N. J.: Prentice Hall, 1963, p. 123.

③ Erving Goffman, *The Presentation of Self in Everyday Life*, N. Y, Garden City: Anchor, 1959, p. 253.

表演者身上内在地散发出来。①

这便是自我的社会性本质及其生产机制。自我是“所有这一切安排的产物，并且它的每一个部分都打上了这种起源的烙印”。② 而作为表演者的个体，他具有学习的能力，为了扮演某个角色而不断地进行训练，他会因完美的表演而愉悦，也会因丢脸而感到紧张焦虑，羞耻感促使他最大限度地降低表演败露的可能性。这些都是作为人的表演者的特性，尽管它们产生于与舞台表演的诸种偶然性之间的密切互动，但它们并不仅是对特定表演的描述，这些特征具有心理-生物学的属性。

自此，已经清楚地阐明了戈夫曼的两种自我观，可分别称之为“作为表演者的自我”和“作为展演性角色的自我”。戈夫曼虽然没有明确地提出或具体阐释“作为表演者的自我”，但在《日常生活中的自我呈现》第一章的“维持表达控制”这一小节中，他区分了两种自我：“太人性的自我”和“社会化的自我”，③ 并且指出，这两者之间的矛盾和差异往往导致表演的表意不一致。作为人，我们是具有各种情绪性冲动的生物，但是在观众面前进行角色扮演时，我们必须克制反复无常，而正是社会化过程促进了个体精神的稳定。

（二）“能动性缺失”之误识

在社会性自我的生成过程中，自我的拥有者或表演者并不具有主导性或因果性的作用，因为展演性自我并非从内部生成，而是从外部获得的。个体生活在受无数规范制约的世界里，自我是社会制约下的情景建构的产物。戈夫曼强调互动和自我的情境特征，情境性自我时刻等待着进入互动场景的个体，“个人只需遵从施加于他的压力，他便

---

① Erving Goffman, *The Presentation of Self in Everyday Life*, N. Y, Garden City: Anchor, 1959, p. 253.

② Erving Goffman, *The Presentation of Self in Everyday Life*, N. Y, Garden City: Anchor, 1959, p. 253.

③ Erving Goffman, *The Presentation of Self in Everyday Life*, N. Y, Garden City: Anchor, 1959, p. 56.

会发现一个宾我早已为他准备好”。[①] 正因如此，很多学者认为戈夫曼的行动者并不具备参与社会行动的充分能动性。倘若确实是场景生成了展演性的自我，那么表演者不需要成为能动者。在托马斯·米勒（Thomas Miller）看来，这种将场景作为自我之生成机制的观念消解了戈夫曼社会学的基石和作为表演者的自我的观点，并进而破坏了戈夫曼在其他地方坚持的自我建构的基础。[②] 正是由于这种消极的行动者观念，导致个体被动地镶嵌在充满各种角色和关系的社会网络。因此，米勒认为戈夫曼的社会理论必须配置更为强健的“作为能动者的个人”的观念。[③] 类似地，默雷·戴维思（Murray Davis）亦认为，由于拟剧论中的个体行动者试图恢复身份的均衡状态或调和矛盾的自我，因此，戈夫曼的个体不是“积极的、主动生成的自我”，而是“消极的、被动合成的自我”。[④]

拟剧论的舞台隐喻和剧本化的角色表演确实容易让人产生表演者及其行动是被预先决定的印象。但是，戈夫曼的行动者并非剧本化的木偶，他们也是剧本的创作者。个体并不是被捆绑在角色和关系之中，他们同时也是角色与关系的修改者和创造者。在戈夫曼的著述中，不乏关于行动者之能动性的主张，尤其是他早期对策略性互动、自我呈现和印象管理的精妙论述。而且在不同的情境中，个体为了在他人面前保持适宜的形象而采取各种策略，戈夫曼称之为“自我工作”（self-work）。[⑤] 在他后期提出的话语“生产模式”中，“作者”是其中的重要构成。[⑥] 也就是说，一方面自我生成于场景、依赖于互动，通过与他

---

① Erving Goffman, *Encounters: Two Studies in the Sociology of Interaction*, Indianapolis: Bobbs-Merrill, 1961, p. 88.

② Thomas Miller, “Goffman, Positivism and the Self,” *Philosophy of Social Science*, Vol. 16, No. 2, 1986, p. 181.

③ Thomas Miller, “Goffman, Positivism and the Self,” *Philosophy of Social Science*, Vol. 16, No. 2, 1986, p. 179.

④ Murray Davis, “Georg Simmel and Erving Goffman: Legitimators of the Sociological Investigation of Human Experience,” *Qualitative Sociology*, Vol. 20, No. 3, 1997, p. 381.

⑤ Erving Goffman, *Relations in Public: Microstudies of the Public Order*, New York: Basic Books, 1971, p. 185.

⑥ Erving Goffman, *Forms of Talk*, Philadelphia: University of Pennsylvania Press, 1981.

人的面对面互动而集体性地生成；另一方面自我也会对社会关系的性质（譬如前台、后台的区域化）产生重要的影响。自我需要通过表演和呈现彰显其存在，这种依存关系既约束参与者的行动，也影响互动秩序的形式。[①] 概而言之，自我的存在依赖于互动秩序，互动秩序本身又受制于这种依赖关系。

关于戈夫曼“能动者缺失”或“消极行动者”的观点与戈夫曼自身的表述也有一定关系。戈夫曼在探讨作为展演性角色的自我时，连续犯了一系列“失误”。首先，他在区分了作为表演者的个体和作为角色的个体之后，详细论述了作为展演性角色的自我，却没有继续探讨作为表演者的自我，也即“太人性的自我”，而仅是寥寥数笔描写了“作为表演者的个体”。其次，戈夫曼在论述作为角色的自我之伊始就指出，常识性的观点是将表演出来的角色与自我相等同，对自我的这种理解其实与作为表演者的自我存在重叠之处，它们都具有心理-生物学的特征，但戈夫曼没有直接挑明这一点。最后，也是造成诸多误解的根源之所在，戈夫曼在探讨作为角色的自我时，过于强调情境化的自我，而对“作为能动者的自我”缺乏相应的论述，从而给人造成能动者缺失的假象。正是由于这三个“失误”，人们经常认为戈夫曼的自我观前后不一、自相矛盾，以至于托马斯·米勒抱怨在戈夫曼的面对面互动中，行动者积极参与维持和塑造关于自身的情境定义与情境的自我生产机制相互矛盾。[②] 米勒甚至将这种无法调和的矛盾归咎于戈夫曼实证主义的方法论立场，认为若要对社会行为进行合乎情理和前后一致的解释，必须放弃实证主义原则而在解释框架中引入作为能动者的自我。然而恰恰相反，戈夫曼关于行动者之能动性的论述不是太贫乏，而是“太丰富”。作为舞台表演的主体，他们个个都是深谙操控表演技能和玩弄框架意义的老手，拟剧论描述的大多是这样的主体及其能动性。导致表层意义上行动者暂时缺席的另一个原因是，作为一位

① Anne Warfield Rawls, “The Interaction Order *Sui Generis*: Goffman's Contribution to Social Theory,” *Sociological Theory*, Vol. 5, No. 2, 1987, p. 139.

② Thomas Miller, “Goffman, Positivism and the Self,” *Philosophy of Social Science*, Vol. 16, No. 2, 1986, p. 182.

实证主义者，戈夫曼对日常互动系统的论述通常是基于极其敏锐和反身性的细节观察，而情境化的自我相对较难通过观察外部行为进行类似的细致描述与刻画。因此，在涉及作为角色的自我时，戈夫曼关于情境对自我的生成作用进行了大量非描述性的阐释，从而造成自我完全被结构化的印象。

（三）情境化自我与作为能动者的自我

在戈夫曼的其他著述中，自我也呈现出能动性和多重性的特征。例如，《收容所》中至少出现两种自我：一种是个体通过所属的制度性关系网络呈现出来的自我，它存在于社会系统为其成员普遍确立的设置之中。在这种意义上，自我不是其所归属的个人之特征，而是居于社会控制的模式中，这种特殊类型的制度设置不像作为其构成那样支持自我。它是制度性赋予的自我，更是管控性的自我。另一种则是个体创造和构建的自我，它表现为获得他人接受或规避受他人支配的各种方式，从而维持某种独立的自我掌控。在戈夫曼论述的全控机构里，这种自我主要表现为通过次级调适与机构分派给个人的角色和自我保持距离，它是个体对组织机构进行积极调适的结果。被收容者采取各种方式使自身适应机构化的生活，诸如殖民化其环境，尽可能使有限的空间变得轻松自在；转换至机构人员的意识形态，提升他们在权利系统中的地位；从情境中撤离并退回到自身；反抗不公正待遇；形式性地遵从，以保全真正的自主性并尽早得到释放。这两种不同的自我之间是可调和的，它们亦可以被分别称作“制度化的自我”和“抗争性的自我”，这也是对情境化自我和作为能动者的自我的另一种阐述形式。

“作为能动者的自我”和“情境化的自我”这对概念很容易令人联想到乔治·米德在人格发展理论中提出的“主我”（I）和“宾我”（me）。在米德那里，自我形成于个体的社会经历，并由此发展出以概化他人的视角反观自我的能力。① 米德认为，自我“在本质上是一种社

① Ann Branaman, “Goffman’s Social Theory,” in C. Lemert & A. Branaman, eds., *The Goffman Reader*, Oxford: Blackwell, 1997, p. 96.

会结构，并且产生于社会经验”。[①] 个体的自我结构反映了整个社会过程中组织化关系形式的不同侧面或角度，因此，自我的共同社会起源并没有排除个体性差异。米德的社会性自我并不是笛卡尔式的、根源于意识的主体。[②] 他将自我分为主我与宾我，某个社会过程的完成依赖于这两者之间的互动。主我受宾我限制，宾我是主我的客体，是库利所说的“镜中我”，社会经由宾我进入个体，同时被主我建构。互动是主我与宾我之间的对话，完善的自我意味着个体赋予符号的意义与他人赋予的意义相一致，它既包容社会又创造社会，并能自如地扮演概化他人的角色。简单而言，主我是对情境作出的反应，并产生自由、主动的感觉；而宾我由情境决定，它是“循规蹈矩、因循守旧的个体”。[③] 自我越是具有社会性，它与宾我的范围越是一致。[④] 由此，我们可以认为，米德的主我大致对应着戈夫曼的作为能动者的自我，而宾我则对应着情境化的自我。

但是，这两对概念之间也存在着差别。主我-宾我强调的是自我态度的不同来源或内容，因为“主我是有机体对他人态度的反应，宾我是有机体自己采取的一组有组织的他人态度”。[⑤] 米德的主我与宾我之间的关系是自我内部的主客关系，它们之间的相互作用推动着个体人格的发展。经验世界里的自我基本上是以宾我的形式出现的。而戈夫曼的情境化自我与作为能动者的自我更多地是以行动与结构之间的关系为导向的，它探讨制度、结构与个体的能动性。戈夫曼认为，自我并不仅仅产生于社会经历或互动，它是社会情境或社会生活中戏剧表演的产物。表演的核心在于从他人那里获得对自我的支持与接纳，鉴

---

① 乔治·米德：《心灵、自我和社会》，赵月瑟译，上海：上海译文出版社，2005 年，第 110 页。

② 帕特里克·贝尔特：《时间，自我与社会存在》，陈生梅、摆玉萍译，北京：北京师范大学出版社，2009 年。

③ 乔治·米德：《心灵、自我和社会》，赵月瑟译，上海：上海译文出版社，2005 年，第 156 页。

④ 马尔利姆·沃斯特：《现代社会学理论》，杨善华等译，北京：华夏出版社，2000 年，第 28-29 页。

⑤ 乔治·米德：《心灵、自我和社会》，赵月瑟译，上海：上海译文出版社，2005 年，第 137 页。

于此，自我不能被简单地理解为拥有它的个体之属性。情境性维度的引入显示出戈夫曼的自我观比米德更加激进：自我并非稳定的固有实在，而是不断变动的情境互动之产物。尤其是作为展演性角色的自我，它表达的并非表演者内心，而是展演性的外在人格本身。为了获得普遍的人性，个人成为某种社会建构物，这种建构基于外在的道德规则，而不是内在的精神属性。①

（四）自我之两重性

很多学者都认同戈夫曼的双重自我命题，但是他们辨析出的双重自我的内涵并不相同。例如，菲利普·曼宁（Philip Manning）提出的双自我分别指操控性自我和表演性自我；② 阿什沃思（p. D. Ashworth）认为戈夫曼将作为实体的人分为表演者和角色（脸面），这类似于让-保罗·萨特的“自为的存在”（*pour-soi*）和“先验的自我”。③ 戈夫曼在探讨自我的仪式角色时也对自我采取了双重的定义，或者说自我本身具有双重性。④ 尽管如此，大多数研究者都忽略了戈夫曼思想中对生物性特质的强调，进而忽略其自我观中的稳定性自我。戈夫曼自我观的两重性首先表现为它的生物性与社会性。戈夫曼的社会研究大量采用行为主义的模式，尤其是在加州大学伯克利分校执教时期，他与当时知名的行为学家格雷戈里·贝特森交往甚密。戈夫曼提出的“过于人性的自我”是一种心理-生物有机体，行动者有冲动、情绪和感觉，受他人的认知和态度的影响，并希望给他人造成良好的印象。在面对面互动过程中，行动者自身作为人的本质特征会对博弈评估构成限制的因素，尤其是作为主体的“过于人性化”的本性，这种限制因素涉

① Erving Goffman, *Interaction Ritual: Essays on Face-to-Face Behavior*, New York: Pantheon, 1967, p. 45.

② Philip Manning, “Drama as Life: The Significance of Goffman’ s Changing Use of the Theatrical Metaphor,” *Sociological Theory*, Vol. 9, No. 1, 1991, p. 76.

③ p. D. Ashworth, “‘L´enfer, c´est les autres’: Goffman’ s Sartrism,” *Human Studies*, Vol. 8, No. 2, 1985, p. 138.

④ Erving Goffman, *Interaction Ritual: Essays on Face-to-Face Behavior*, New York: Pantheon, 1967, p. 31.

及情绪和心理的自我控制。在某些情境下，即使个体清楚地知道他正在受到密切关注或严格监视，他也会不由自主地感到某些表达处于掌控范围之外。也就是说，行动主体和观察者都具有人类本性的弱点和无法控制的本能表达，诸如体液分泌、颤抖、体热、脸红甚至失禁等。[①] 这种作为表演者的自我体现出来的人之普遍本性，也是个体参与社会互动和遵从社会规则的基础，它是相对稳定的。汤姆·伯恩斯关于戈夫曼的研究也曾提出过类似的两种自我观念：一种是稳定持久、独特的主体性，对他人而言，它是不可还原的，也是未知的。这种自我是一个永久主体，它没有属性，是未定义的存在。另一种是行动中的主体，他一切的思考、意欲、希望等都是可交流的和可知的，它是社会性的自我，并通过经历、与他人互动、物质与精神环境等因素发生改变。[②] 戈夫曼关于自我之生物性与社会性维度的区分，还可以从他对人际互动中个体信息的“给予”与“流露”来理解：[③] 信息的给予是可以操控的，但信息的流露却无法控制，这是人的自然本性之表现。在探讨博弈的乐趣时，戈夫曼指出在互动研究中，形式主义的博弈论视角容易忽视焦点式聚集的独特性，其中最主要的是“自发性卷入中有机体的心理生物学特征”。[④] 因此，戈夫曼并没有摒弃对自我的心理-生物学阐释，但他强调自我的社会性、情境性。

个体是应激性（动物行为学意义上）、自决性和社会性（仪式性）的存在。戈夫曼自我观的两重性包含着双重含义，前文已经论述了生物性与社会性，另一层两重性的含义是能动性与情境性，它们共同构成了戈夫曼自我观的基本内涵。在不同的自我层面，生物性、能动性和社会性不是截然分离的，例如，作为表演者的自我与作为角色的自我都具有不同程度的能动性。当人们谈论自我时，通常是指作为展演

---

① Erving Goffman, *Strategic Interaction*, Philadelphia: University of Pennsylvania Press, 1969, p. 29.

② Tom Burns, *Erving Goffman*, Routledge: London and New York, 1992, p. 211.

③ Erving Goffman, *The Presentation of Self in Everyday Life*, N. Y, Garden City: Anchor, 1959, p. 2.

④ Erving Goffman, *Encounters: Two Studies in the Sociology of Interaction*, Indianapolis: Bobbs-Merrill, 1961, p. 38.

性角色的自我，即表演的角色，它是社会生活中表演的产物。这种自我是不稳定的。就角色扮演的自我而言，每一个角色并没有真正的内在自我，它只有在现实世界中才能找到某个人的自我。作为机制的场景对应于情境化的自我，它以情境结构为导向，而作为能动者的自我则以行动为导向。如同作为表演者的自我与作为展演性角色的自我之间的关系一样，场景与行动之间也并非对立的关系。正是由于戈夫曼未曾言明的“太人性的自我”之存在，他首先是一位实在论者，其次才是一位拟剧论者。因此，戈夫曼的实证主义自我观并不矛盾。

总体而言，戈夫曼以印象管理和舞台化的表演探讨自我的呈现，将社会行为比作舞台行为，社会行动者总是在真实或想象的观众（他人）面前进行表演。从某种意义上而言，拟剧表演和印象管理构成了米歇尔·福柯所说的自我技术（其核心是“关注自我”）之实践。[1] 随着表演的谢幕，演员将撕下面具进入现实生活，而作为“脚手架”的拟剧论也将逐渐淡化。诚如戈夫曼所言，世界并不是大舞台，拟剧论的隐喻仅是概念工具。[2] 因此，拟剧论是以存在真实的自我为前提的，印象管理也需要真实的自我。在这个世界上，倘若没有真正的内在自我，那么《日常生活中的自我呈现》里的表演者或行动者何来喜怒哀乐、爱恨情愁？他们又何须因表演崩溃而感到惶恐难安？尤其是在《收容所》里，压制性的全控机构还如何能够羞辱、攻击自我？在《污名》中，污名携带者又何须伪装？在《策略性互动》中，个体还如何捍卫“自我的领地”？这些都不仅表明日常生活中的行动者存在真实的自我，而且还具有极强的能动性。否则，人人都没心没肺，如同行尸走肉般游荡在虚无缥缈的世界里。

结 语

戈夫曼是拟剧论的首倡者，从方法论上而言，他又是实证主义者。理解戈夫曼需要将他所有的著述作为整体加以考量。20 世纪 50 年代中

---

① 米歇尔·福柯：《自我技术：福柯文选（Ⅲ）》，北京：北京大学出版社，2015 年。

② Erving Goffman, *The Presentation of Self in Everyday Life*, N. Y, Garden City: Anchor, 1959, p. 254.

后期，戈夫曼社会学的思想体系已经初现轮廓。在此后20余年的学术生涯里，戈夫曼不断改变的是研究主题和研究对象，如精神病院、污名、女性和会话分析等，但是他核心的思想观念并未发生彻底的改变。自我的概念为我们理解和剖析戈夫曼的理论体系提供了重要路径。在不同时期的著作中，戈夫曼研究的侧重点有所不同，而且他对学术概念采取"用完即仍"的态度，这往往让人以偏概全，或认为他的思想前后矛盾。这也是很多学者认为戈夫曼的自我观缺乏明晰一致，甚至相互冲突的原因。由于戈夫曼没有具体讨论作为表演者的自我以及它与作为角色的自我之常识性理解之间的关联性，而其他著述虽然经常出现关于自我的零散论述，却通常是碎片化的，难窥全貌，这更是加深了人们对戈夫曼的自我观和拟剧论的误解，进而认为他的理论体系存在无法调和的内在紧张。戈夫曼自我观的两重性可以从两个方面进行解释，一种是生物性与社会性，另一种是情境性与能动性。这种阐释可以协调场景与能动性或结构与行动之间的张力。

二、污名与越轨

20世纪60年代，美国社会学的重要研究主题是越轨和社会控制，戈夫曼的《污名——受损身份管理札记》（以下简称《污名》）正诞生于这样的学术背景。戈夫曼的研究开创了一个崭新的研究领域，如今"污名"一词已是社会科学领域最常用的概念之一。《污名》的雏形是戈夫曼在加州大学伯克利分校给研究生讲授《越轨社会学》课程的讲义，后于1963年正式出版。这是一部超时代的作品，从某种意义上而言，它至少超前20年。[①]《污名》探讨的民族主义、身份政治以及"白人特性"（*whiteness*）等成为20世纪八九十年代西方文化与历史研究的核心议题。但它也因此而备受时代孤立和冷遇，与戈夫曼的其他著作相比，《污名》相对较少被谈论和引用。

① Richard Handler, "Erving Goffman and the Gestural Dynamics of Modern Selfhood," *Past and Present*, Supplement 4, 2009, p. 294.

在《污名》里，戈夫曼探讨了遭贬者和潜在遭贬者这两种不同类型的人面临的污名处境以及应付策略，他试图通过污名来理解互动组织，并对污名化的社会情境提出内在一致的分析性视角。戈夫曼将"正常性"视为一种由互动仪式维持的集体表征，在他看来，揭示社会秩序之本质的最好方式是分析人们在社会压力下无法遵从规则时的情境。① 戈夫曼认为，自我与他者、污名者与正常人是统一的。通过对污名进行深入剖析，戈夫曼从"不正常的人"身上解读出"正常人"维持的身份整合感，也即以反常反观正常、以越轨反思规范。戈夫曼借此检验形塑我们面对面互动规则的边界和范围，这也是其越轨社会学思想的内核。

（一）污名的分析框架

"污名"这个术语源自古希腊，它从一开始便是作为社会控制的机制。如今，污名已不再局限于身体可见性的标记，而更多地用于耻辱、不光彩和丢脸本身。② 在《污名》的开篇，戈夫曼援引了《孤心小姐》（*Miss Lonelyhearts*）中一位没有鼻子的少女面临的生活困境。戈夫曼将污名置于具体的社会情境，这样的情境通常是"混合型接触"，即污名化的个体与正常人处于即时性的身体在场，无论是类似于谈话的日常接触或是非焦点式聚集的共同在场。③ 而"正常人"是指内化各种文化规范和社会准则并符合他人规范性期待的人，也即没有"否定性地偏离特定期待"的人。④ 在戈夫曼看来，正常人的观念起源于"以医学的方法对待人性或诸如民族国家那样的大规模科层制组织在某些方

---

① Barbara Misztal, "Normality and Trust in Goffman' s Theory of Interaction Order," *Sociological Theory*, Vol. 19, No. 3, 2001, p. 317.

② Erving Goffman, *Stigma: Notes on the Management of Spoiled Identity*, Englewood Cliffs, N. J.: Prentice Hall, 1963, pp. 1-2.

③ Erving Goffman, *Stigma: Notes on the Management of Spoiled Identity*, Englewood Cliffs, N. J.: Prentice Hall, 1963, p. 12.

④ Erving Goffman, *Stigma: Notes on the Management of Spoiled Identity*, Englewood Cliffs, N. J.: Prentice Hall, 1963, p. 5.

面一视同仁地对待所有成员的倾向”。[①] 无论它起源于何处，正常人都提供了一种基本的意象，普通人通过它想象其自身。

污名指涉某种贬抑性的特征或属性，但它并不直接指向这种属性，而是“属性与成见之间的一种特殊关系类型”。[②] 当个人具有的某种遭人嫌弃的属性使他与同类别的他人有所不同时，在极端的情形下，他将是属于极其坏、危险或虚弱无力的人。由此，他从一个整全的、普通的人被贬抑为有污点、受怀疑、遭漠视、不值得信任和交往的人。这种属性便是污名，它也被视为一种失败、缺陷或残障。被污名化个体的特有生命情境将他置于正常人的对立面。

1. 身份类别与内外群体

身份是污名分析的重要概念。在日常生活中，我们每时每刻都对遭遇的个体进行某种假定，只有当原先的预期和要求被打破或无法满足时，我们才会意识到这一点。戈夫曼探讨了三种不同的身份与污名、信息控制和群体调适之间的关系。社会身份基于与他人之间的关系，是人们被辨识和归类的方式，诸如根据年龄、族群、性别和阶级等社会类别定位个体。与社会地位不同，社会身份同时包含结构属性和个人属性，它产生于制度框架内的各种社会定义，并通过外在标志体现出来。个人身份是个体区别于他人的独特身份，诸如姓名、外貌和过往经历等，它与个人的生命历程密切相关。自我身份对污名有强烈的感知，它是个体对自己身份的主观感受，即从各种社会经历获得关于自身的处境、连续性和特征的主体性感知。[③] 它与污名管理及相应的策略直接关联。他人对个体的个人身份的关注和定义在其生前死后都会持续存在，而个体本人对这种身份可以没有任何感觉。但自我身份是主观的、反身性的，身份遭到质疑的个体能直接感知其存在。这些不

① Erving Goffman, *Stigma: Notes on the Management of Spoiled Identity*, Englewood Cliffs, N. J.: Prentice Hall, 1963, p. 7.

② Erving Goffman, *Stigma: Notes on the Management of Spoiled Identity*, Englewood Cliffs, N. J.: Prentice Hall, 1963, p. 4.

③ Erving Goffman, *Stigma: Notes on the Management of Spoiled Identity*, Englewood Cliffs, N. J.: Prentice Hall, 1963, p. 105.

同的身份都可能遭受污名。概而言之，“社会身份促使我们思考污名化过程，个人身份使我们关注污名管理中信息控制的运作，而自我身份则让我们考虑个体对污名及其管理的感受”。①

戈夫曼区分了“虚拟的社会身份”和“真实的社会身份”。② 前者是一些假设和预期，是对个人特征的潜在回顾与追溯，后者则是已经被事实证明了的个人类型和属性，也即个人真正具有的品性。污名者是虚拟的和真实的社会身份之间存在严重矛盾的人，污名在这两者之间构成特殊的差异和错位，它破坏个体的社会身份，将其与社会甚至自身相切割，使之成为未被承认和接纳的人。能否维持身份规则将对个体心理整合产生作用，污名化的个体需要各种身份标准衡量自身，但往往会因无法满足这些标准而对自我产生矛盾情绪或双重身份，这体现在对被污名化的同类抱有的认同摇摆。污名者通常根据污名的可见度将自己人进行分层，以正常人对待他的姿态对待污名化程度更明显的个体。与这种自我背叛的分化相关的是“社会结盟”，即个体在群体内或跨越群体边界选择朋友、约会对象和配偶等。不同的群体定位会产生不同的社会结盟形式，如采取群内结盟还是群外结盟。无论是否与同类群体结盟，当污名者仔细打量同类身上的负面属性时，他又可能产生关于身份的矛盾情绪，对正常社会的认同心理使他将对同类污名群体的反感与厌恶转化为羞耻。因此，污名者不仅试图规范自己的行为，也设法整顿和清理群体内他人的行为，这便是内群体的自我净化。

2. *污名类型与污名者*

戈夫曼区分了三种不同的污名类型。第一种是对身体的憎恶，即各种生理畸形和残障；第二种是个体性格特征的缺陷或污点，如懦弱的意志、无法控制的激情（飞扬跋扈、盛气凌人）、叛逆的信仰以及欺诈等，这些都是从诸如精神障碍、监禁、上瘾、酗酒、失业、自杀倾

① Erving Goffman, *Stigma: Notes on the Management of Spoiled Identity*, Englewood Cliffs, N. J.: Prentice Hall, 1963, p. 106.

② Erving Goffman, *Stigma: Notes on the Management of Spoiled Identity*, Englewood Cliffs, N. J.: Prentice Hall, 1963, p. 2.

向以及激进的政治行为等推论出来的特征，它们涉及与主流的规范和价值相冲突的行为；最后是关于种族、民族和宗教等的“群落污名”，此类污名会通过世系血统传递并同等地污染族系的所有成员。[①] 这三种污名可以分别被简称为身体污名、行为污名与族群污名。污名也可以划分为社会污名（如种族、性别、性取向等）和个人污名（如生理残障、肥胖和罪犯等），不同污名者采取不同的印象管理方式。

污名化的个体可分为遭贬者和潜在遭贬者。前者是人们已经知晓个体具有遭贬抑的差异或者在现场暴露无遗，他们的污名是社会可见的，这主要涉及社会身份；后者是在场他人并不知情，或者无法即刻察觉那些会被贬抑的特征。在不同的社会情境里，个体可能同时经历这两种身份。公民社会的不同个体对待污名的方式也不尽相同。有些人分享污名者的感受和立场，帮助其处理生活中的内在紧张，他们被称为“移情的他者”，这类同情污名者处境的人又可以分为自己人和知情人，前者是与遭贬者共享污名的人，他们对污名遭遇感同身受，因而会提供实质性指导、道德支持和情感慰藉；后者是充分知晓和体会遭贬者困境的人，他们虽属正常人，但因其独特的处境能亲密参与污名者的隐秘生活，从而产生同情与共鸣，他们被该类别的群体接纳，并享有一定的礼遇资格。污名者在知情人面前无须拘束、感到羞耻或自我控制。戈夫曼还提出一个重要概念：“连带污名”（courtesy stigma），[②] 它是因与污名者直接接触或共享某种关系而导致的受损身份。由于污名揭露可能损害个人身份，因此潜在遭贬者在互动过程中面临的首要问题是如何运用各种策略管理自我信息以保护个人身份，而如何或在多大程度上进行伪装则端赖于不同的情境。

3. 分析路径与理论假设

普通心理学也解释与污名相关的个体不同的反应方式和适应模式，诸如自我诋毁的病理学后果、对污名群体的病态偏见等。但戈夫曼采

① Erving Goffman, *Stigma: Notes on the Management of Spoiled Identity*, Englewood Cliffs, N. J.: Prentice Hall, 1963, p. 4.

② Erving Goffman, *Stigma: Notes on the Management of Spoiled Identity*, Englewood Cliffs, N. J.: Prentice Hall, 1963, p. 31.

取了不同的分析路径，他认为不同的污名携带者面临的情境颇为相似，且以类似的方式作出反应。污名者和正常人具有类似的心智结构，与某种污名相连的个体通常会有扮演某种污名角色的经验，而只要扮演其中一种角色，个体就获得了扮演其他角色所需的知识和素养。“可耻性差异”的观念也促使污名者在涉及重要的信念和身份时产生相似性。总之，污名者共同的社会情境遭遇使他们能够被纳入同一框架内进行分析。戈夫曼认为，污名问题的关键事实是遭贬者倾向于持有与正常人相似的身份观。即使某个个体具有反常的感知，他也可能有正常的关注与顾虑，并采用正常的策略向他人隐瞒异常特征。

戈夫曼持反本质主义的立场，认为以往的研究忽视了污名的结构性前提条件。在他看来，对污名的社会学分析需要一种关系性的语言，他试图以统一的概念图式组织不同的经验材料来阐释污名。戈夫曼将拟剧论运用于污名分析，污名管理可谓印象管理的典型例证，它需要敏感的信息控制，包括隐瞒、掩护、伪装以及适时暴露污名等。伪装在某种程度上是玩世不恭的表演，掩护则是剧班配合下的集体表演。面对他人的礼貌，污名者被告知不要过于认真，这种宽容通常是讨价还价的一部分，因此，“不要去检验他们的接纳限度，也不要得寸进尺”。[①] 污名者应调适自己的位置，使与正常人互动时双方都觉得舒适。污名管理的场域是与非亲密关系者接触的公共生活，它具有强烈的情境性。不同的污名具有不同的可见性，污名者在不同的社交情境和亲疏关系的连续统（陌生人-知己）里所处的不同位置也会产生不同程度的可见性。

大体而言，戈夫曼对污名的分析基于三个理论假设：[②] 首先，我们面对的是一个充满社会框架的世界，个体用于比较的社会规范外在于个体；其次，将身份与互动阐释为认知过程。身份涉及与外部社会规范之间的一致性问题，个体清楚规范与越轨的边界，互动则涉及信息

---

① Erving Goffman, *Stigma: Notes on the Management of Spoiled Identity*, Englewood Cliffs, N. J.: Prentice Hall, 1963, p. 121.

② Mvriam Winance, "Being Normally Different? Changes to Normalization Processes: From Alignment to Work on the Norm," *Disability & Society*, Vol. 22, No. 6, 2007, p. 628.

的确证和印象管理以创造某种正常化的幻象；最后，污名是客体化的对象，它将人划分为正常人与污名者。

（二）污名管理的拟剧化阐释

污名将腐蚀和破坏身份，降低污名者在社会阶序中的位置，而且一旦被附上很难彻底根除。身份的暂时受损可能导致个体面临整体性的损毁，他可能感到关于日常事件的一般性阐释图式正在遭到削弱，任何细微过失或意外的不得体都会被理解为污名化特征的外显表达。因此，在不慎就可能被染上污名的社会里，人们小心谨慎、如履薄冰，时刻保持警惕和自我意识，评估他人正在形成的关于他的印象并进行印象管理，以避免遭受羞辱。身份受损者更需要有应对污名的能力，包括语言和行动表达，诸如理解、配合、感激、忍耐、愤懑、拒绝或自我隔离等。他们沉着冷静、成熟地应付日常情境，保持良好的心理调适状态，这不仅意味着自我认同、主动规避和撤离不适合的社交场合，而且在某些情境里还应主动介入、打破僵局、缓解紧张，施以仪式性的迎合以协助正常人维持互动。

伪装是污名者管理与自我相关的尚未被揭露的贬抑性信息，它也可能产生“逆向伪装”，即隐瞒值得称赞和荣誉性的事实。伪装与掩饰同时也是自我暴露和揭示，个人身份的隐瞒行为也隐含着关于某种社会类别的暗示。伪装涉及符号，它们是频繁出现、可持续获得并且能够通过常规途径接收的用于传达社会信息的标记。① 戈夫曼区分了三种不同的标记，即地位符号、声望符号和否定性标识符。地位符号适用于涉及某种组织化的社会位置，这些符号传达的社会信息能够确立一种关涉声望、荣誉或者阶级的宣称，这种宣称是其他方式无法呈现的。与声望符号相对的是污名符号，它指向贬抑性的身份错位、打破整体和谐，最后致使降低个体评价的标记。否定性标识符则破坏了原本一致的图景，它不是为了确立新的宣称，而是对虚拟宣称的有效性提出

① Erving Goffman, *Stigma: Notes on the Management of Spoiled Identity*, Englewood Cliffs, N. J.: Prentice Hall, 1963, p. 43.

严厉质疑。这些符号都是制度化的信息载体，区别于那些变化无常、转瞬即逝的标记。在任何情况下，对自我信息管理的分析都需要充分考虑如何处理与特定的他者互动时出现的各种权宜性与偶然性。

遭贬者需要面对有关社会接受的诸多限制，而潜在遭贬者在信息管理过程中需要面对各种偶然性，也即遭贬者需要进行张力管理，潜在遭贬者需要进行信息控制。戈夫曼更感兴趣的是后者。潜在遭贬者采用的技巧和策略包括：隐藏或抹除可能成为污名符号的各种标记、将污名化缺陷表现为另一种严重程度较低的污名属性、作出群体区分并采取不同的信息控制策略、与不同性质的个体保持适当的关系或空间距离（因为相处时间越长、关系越亲密、距离越近，越可能暴露身份信息）以及主动自我揭露等。污名者有时会寻找恰当的时机吐露隐秘性的缺陷或会遭贬抑的身份，戈夫曼称之为“揭露礼仪”。[①] 该情形下的个体对污名身份有良好的认同和接受度，同时假定他人对这种身份并不很在意，这体现了污名者在撕下面具后表现出来的身份骄傲。在这种情况下，个体从信息管理者转变成社会情境管理者、从潜在遭贬者转变成遭贬者。污名一旦被揭示，个体得以进行一系列适应性行动，而这些行为之前只有已知的污名者才采用，这解释了个体为何采取自我揭露的策略。

污名者与正常人之间的接触充满了不确定性，因为无法事先知道对方能否辨识他的缺陷以及会将他置于何种类别。由于与他人的社会交往缺乏有益的反馈，污名者往往自我隔离，并产生多疑、沮丧、敌意、焦虑和困惑等情绪。对此，个体会通过各种直接纠正的方式，如医疗手段或再教育等，来矫治和消除使他遭受污名的根源。就生理性缺陷导致的污名而言，失明者会通过眼科恢复性治疗、平胸者借助隆胸手术以及19世纪末诸多同性恋者试图以精神疗法“治愈”性取向等；而“文盲”则通过再教育的方式弥补知识。此外，他们会投入大量额外的时间和精力努力掌握某项技能，以打破刻板印象。污名者也

① Erving Goffman, *Stigma: Notes on the Management of Spoiled Identity*, Englewood Cliffs, N. J.: Prentice Hall, 1963, p. 101.

可能与现实决裂，桀骜不驯地以非传统的方式来阐释其社会身份，他们还可能将污名作为“继发性获益”的手段，甚至将因污名而遭受的经历视为洞悉人情世故的人生财富，并重估正常人的局限性。

社会对污名者的认同是条件性的，它是建立在“虚幻的接纳”基础上的“虚幻的正常性”。[①] 正常人与污名者之间可能达成某种默契，通过心照不宣的合作，越轨者得以继续留在规范内，其他人会谨慎地尊重他的秘密、宽宥不经意的身份暴露或者忽略泄露的蛛丝马迹。而污名者也会克己忍让，使自己的要求控制在他人能够接受并感到舒适的范围内，双方共同维护着互动情境。因此，社会互动是相互妥协的产物，社会实在是由谨小慎微的污名者和彬彬有礼的正常人共同维系的。

（三）情境外的因素

污名是一种社会定义，它是社会互动的产物。对戈夫曼而言，污名是一种情境失当。污名具有文化异质性，某种文化中的污名特征在另一种文化中可能是正常的。在探讨污名管理时，戈夫曼强调情境性和关系性，他用“日常事务/例行工作”这个术语将个体与遭遇的社会情境联系起来。戈夫曼亦强调污名特征作为个体生活史的构成，它涉及生活连续性和个人记忆，也即生平和“传记性他人”（*biographical others*）。戈夫曼探讨了与个体亲疏关系不同的人（陌生人、泛泛之交和亲密关系者）、地方（“禁地”“文明之地”和“后场”）以及不同的参照框架（内外群体、场域等），这些类别和参照框架是重要的分析工具。社会学对黑人、犹太人等少数族裔的研究主要关注社会结构，戈夫曼关于污名的分析在这方面的立场是一致的，他认为个体在面对面互动过程中的遭遇附属于结构性的议题，若不涉及历史、政治发展和特定群体的现行策略就无法完全理解。

由于个人身份信息能够被严格地档案化记录和管理，因此在身份

---

① Erving Goffman, *Stigma*: *Notes on the Management of Spoiled Identity*, Englewood Cliffs, N. J.: Prentice Hall, 1963, p. 122.

辨识与鉴定的过程中，身份档案比身份符号更加准确，它能有效防止恶意篡改以误呈社会身份。无论个体的传记式生活轨迹保留在脑海里还是人事档案簿里，个体都是能建立起相应记录的实体，他由此被锚定为生平传记的对象。① 这些传记往往是回顾性的、主体建构的产物。个体通过两种方式辨识个人身份：一种是感知识别，将具有特定社会身份和个人身份的个体进行安置和定位；另一种是社会识别，即个体在一定圈子内通过社交掌握某人的传记性信息。感知识别仅是一种知觉行为，而社会识别则是个体在沟通仪式中扮演的角色。个人身份具有唯一性，它包含着肯定性标记和“身份挂钩”（*identity pegs*）以及借助于这些身份挂钩附着在个体身上的各种生命史的结合。② 个人身份在社会组织中扮演着结构性、惯例性和标准化的角色：

个体能够从一切他人之中分化和区别出来，通过这种区别方式，一种独特的、持续性的关于社会事实的记录能够被附着、缠卷，如同棉花糖那样，然后变成黏稠的物质，它仍然能够吸附其他各种关于生命历程的事实。③

在戈夫曼看来，污名者对遭遇的困境有着类似的认知经历，也即相似的精神历程，它包括个体的自我对污名身份进行必要的学习和调适。该社会化进程的其中一个阶段是污名者通过习得并内化正常人的立场和观念，从而获得更广泛的身份观以及有关污名的普遍性观念；另一个阶段是通过学习更详细地了解自身的污名及其社会后果。这两个初始阶段的发生时机和相互作用会产生精神历程的不同模式，进而确立后续发展的基础。④ 污名者后续经历的两个阶段是学习应付他人对待像他这类人的方式以及如何伪装，这是精神历程的转折点。倘若个

---

① Erving Goffman, *Stigma*: *Notes on the Management of Spoiled Identity*, Englewood Cliffs, N. J.: Prentice Hall, 1963, p. 62.

② Erving Goffman, *Stigma*: *Notes on the Management of Spoiled Identity*, Englewood Cliffs, N. J.: Prentice Hall, 1963, p. 57.

③ Erving Goffman, *Stigma*: *Notes on the Management of Spoiled Identity*, Englewood Cliffs, N. J.: Prentice Hall, 1963, p. 57.

④ Erving Goffman, *Stigma*: *Notes on the Management of Spoiled Identity*, Englewood Cliffs, N. J.: Prentice Hall, 1963, p. 32.

体在社会化历程中能够接受、尊重自己，就不需要继续伪装和隐瞒缺陷。那些煞费苦心地学习掩饰技巧和策略的个体也可能抛弃或遗忘这种隐瞒与掩盖，因此，污名或隐秘性缺陷的自我揭露是精神历程的最后阶段，也是成熟、适应的阶段。

个体的属性获自归属群体的性质，由其在社会结构中所处的位置决定。污名者会针对内群体和外群体进行各种行为调适。外群体是正常人以及由他们构成的广大社会，内群体由处境相似、同是污名者的个体构成，这是真正属于他们的群体，同时也正是因这种类别属性而遭受贬抑。对同类境遇的关注可能强化污名者在公共形象中的差异性，这种差异被集体性地概念化为整体，并成为真实的存在，被污名化的同类也被建构成真实的群体。站在内群体立场上的污名者有时会采取沙文主义的姿态，故意张扬原本很容易掩饰的缺陷，并不断检验他人的行动与话语，直至获得难以察觉的迹象以表明正常人所谓的接纳仅仅是装模作样。

当个体被告知他与其他人同属普通社会的成员时，同时也被告知脱离、背叛或辜负所属群体是极不明智的。因此，被告知没有差异恰恰肯定了差异，而且这种差异犹如镌刻在布满尘埃的石碑上的铭文，越擦拭越清晰。此种身份矛盾便是污名者所处的悖谬式身份政治。

（四）污名、越轨与秩序

污名是一种社会、文化和道德过程，[①] 不同时空的社会存在不同的污名与禁忌。而且，每个个体都可能在不同程度上被污名化：穷困、文化程度低下、土里土气、缺乏涵养、人品差、矮小、丑陋、肥胖、身体残障、性变态、智力低下、传染病、罪犯等，这些极具价值判断的标签都会成为污名的来源。污名者被剥夺了正常身份的制度支持，相当于被宣判了“社会性死亡”。社会秩序的形成既需个体遵从，也要外部控制。从宽泛意义上而言，污名是一种微观的社会管控机制，它

① Arthur Kleinman & Rachel Hall-Clifford, “Stigma: A Social, Cultural and Moral Process,” *Journal of Epidemiology & Community Health*, Vol. 63, No. 6, 2009.

通过惩罚不遵从规范的个体以确保社会秩序。因此，污名化与规范化进程具有同根同源性，它们都将个体分类并使之符合标准规范，而各种形式的情境得当则促成了社会秩序及其正常运转。对他者的污名化是通过边缘化和排斥性实践完成的，人们建构各种污名理论和意识形态以解释污名者的低劣性及其潜在的危险，限制他们的生活机会，将基于诸如社会阶级等其他差异产生的敌意合理化，甚至将污名者对社会情境的防御性反应视为缺陷的表征形式，从而正当化他们被对待的方式。污名者的类别化肯定和加强了其他社会类别的正常性，使之免于承认其狭隘的容忍度。总之，通过选择性地排斥差异性特征而建构起来的污名身份创造了新的群体边界，并不断地强化既有的社会规范。

戈夫曼认为，污名并不意味着个体可以被截然分成污名者和正常人两种类型，任何个体都同时参与污名化-正常化这种双重角色的社会进程，因此，正常人和污名者指涉的“并非不同的个人，而是不同的视角”。[①] 在混合型接触的社会情境中，未被察觉的、可能会对面对面互动造成影响的规范产生了这种不同的视角。个体在生命历程中会经历不同的类型转换，一个人可能在大多数社会情境中扮演污名化的角色，但他被污名化的属性并没有真正决定正常人与污名者这两种角色的属性，而只是决定他扮演特定角色的频率和持续时间有所不同。与污名相关的社会控制包括正式的和非正式的：正式控制用于审视和清查被怀疑的、记录在案的甚至遭通缉的个人，非正式控制的对象则包括所有公众，无论是声誉卓著者还是臭名昭著者。对有不良道德记录的人的污名化具有正式控制的作用，对某些种族、宗教和少数族群的污名化则能够起到减弱竞争的功能，而对生理缺陷者的诋毁能限制其求偶的选择范围。

社会群体共享着某些价值观并遵守关于行为的价值规范，个体成员一旦违犯这些价值规范会被贴上越轨者的标签。在某些紧密结合的群体里，有些成员的行为或个体属性发生了偏离而扮演着特殊角色，

---

① Erving Goffman, *Stigma: Notes on the Management of Spoiled Identity*, Englewood Cliffs, N. J.: Prentice Hall, 1963, p. 138.

他们成为群体的象征或起着小丑般的作用，这些人无须在他人面前控制信息和管理身份。但是，他们也被拒绝获得那些具有完全资格成员享有的尊重，甚至不被赋予正式参与者的地位，这些人是“群内越轨者”,[①] 他们是对规范和特定群体的相对越轨。群内越轨者不同于群体孤立者，当他们受到外人攻击时，群体成员可能会提供声援；而群体孤立者受到类似攻击时只能孤身鏖战。当越轨的参照系统从面对面互动系统转向社会时，越轨的类型和意义也会相应地发生转变。

戈夫曼花了大量篇幅论述污名者在人际互动中的情境遭遇以及管理策略，除了探讨身份政治外，他还有一种普遍性的诉求，即对越轨社会学的研究，这是《污名》的最终落脚点。戈夫曼认为差异并非越轨，而很多社会学家未经思索便将越轨标签贴于某些差异性的人类行为。当破坏规则的诸种行为被混置于“越轨”这一囊括性的概念时，它便丧失了原有的精确性。在戈夫曼看来，要理解差异性不应该只专注于差异本身，而应关注正常性。这也是为何他着迷于“正常的表象”的原因。戈夫曼承认规范性是社会学的核心议题，但认为应将聚焦点放在对普通事物的一般性越轨，而不是针对一般事物的非寻常性越轨。[②] 污名并非仅是特定人群（如生理残障、少数族群等）遭遇的问题，任何人都可能遭遇污名，所有无法满足理想文化标准的人都是潜在的越轨者。大多数看似正常的人都不同程度地隐藏着某种缺陷，而每一种细微的缺陷在特定的社交场合都可能被无限放大，从而在虚拟的和真实的身份之间造成羞耻性的断裂。因此，是社会规范制造了越轨，而不是个体的属性本身。污名者与正常人一样，是互动角色，而非越轨者。社会情境中的任何身份都可能成为污名来源，污名管理是普遍性的社会特征，只要存在身份规范就会有污名管理。个体同时在正常人和越轨者的戏剧中扮演角色，每个角色表演者有着迥异的调适策略和心理感知。被污名化的和正常的角色之间不仅互补、互构，而

① Erving Goffman, *Stigma*: *Notes on the Management of Spoiled Identity*, Englewood Cliffs, N. J.: Prentice Hall, 1963, p. 142.

② Erving Goffman, *Stigma*: *Notes on the Management of Spoiled Identity*, Englewood Cliffs, N. J.: Prentice Hall, 1963, p. 127.

且存在显著的“平行性和相似性”。[①] 正常人与污名者具有一体两面性，偶尔的和持久的污名之间形成了一种连续统。因此，倘若非要将被污名化个体称为“越轨者”的话，那也是“正常的越轨者”。

污名者表达的诉求、批判的困境以及倡导的策略属于整个社会的习惯性表达和感受。在戈夫曼看来，污名者退回到内群体并采取激进的姿态对拒绝他的世界产生鄙夷和摒弃只能以所在社会的骄傲、尊严和独立来加以理解。一旦形成越轨行为的范畴化，它反过来会以标签的形式施加于个体行为，这是将范畴过度外推、进而普遍化之后导致的压制性后果。“除非可以退回到某种不同性质的文化，否则越是将自己与正常人进行结构性的分离，他越可能在文化上类似于他们”。[②] 通过群体内和群体外的各种调适策略以及持续终身的社会化过程，最终污名者从心理和生理上投合正常人的社会。因此，当戈夫曼采用“正常的越轨者”这样的表述时隐含着一种强烈的社会批判，因为这些所谓的越轨群体在文化诉求和价值观念上并无本质不同。由此，戈夫曼质疑并解构了越轨行为本身，在他看来，越轨研究的合法性值得追究，越轨社会学似乎是社会学家们自娱自乐的游戏，他们凭空捏造了一个术语、一类范畴甚至一门学科，然后俨然把自己打扮成专家和权威，这与19世纪晚期同性恋问题的医学建构如出一辙。正是在这种意义上，《污名》是反对正常之霸权而提出的道德抗议。[③]

总结与讨论

戈夫曼的《污名》论述了日常生活中的污名管理行为，偏常者通过各种技术和策略压制或消除污名以维持良好的自我形象。与《收容所》一样，通过系统性地阐述偏常行为在社会互动中的含义，戈夫曼

---

① Erving Goffman, *Stigma: Notes on the Management of Spoiled Identity*, Englewood Cliffs, N. J.: Prentice Hall, 1963, p. 133.

② Erving Goffman, *Stigma: Notes on the Management of Spoiled Identity*, Englewood Cliffs, N. J.: Prentice Hall, 1963, p. 106.

③ Richard Handler, "Erving Goffman and the Gestural Dynamics of Modern Selfhood," *Past and Present*, Supplement 4, 2009, p. 298.

揭示了理想化的社会秩序和社会规范的本质，并质疑越轨社会学的内在合法性，从而解构了正常人、污名、精神病人等既有范畴。就此而言，戈夫曼与米歇尔·福柯通过知识考古学重新审视既有的学术命题和日常经验可谓殊途同归。戈夫曼的研究为后来社会科学关于污名的研究奠定了基础，但它也引起不少批评与争议。关于戈夫曼污名研究的一个常见批评是认为它忽略历史、结构和文化等宏观要素。在通常情况下，污名研究往往忽略社会阶级、历史与文化背景等因素在污名-正常范畴之间的调节作用，并对污名的争夺性特征缺乏关注。[①] 戈夫曼探讨了污名者如何在互动情境中进行身份管理，但他将污名视为一种关系性的结果，并承认历史与社会结构在污名建构中的作用，认为一旦污名文化与结构环境相分离便无法产生作为社会物的污名，这种观念在早期的污名研究中较为少见。这也是这里强调污名的情境外因素的原因。

其他关于戈夫曼污名研究的批评还包括：缺乏系统性的经验调查，大量援引传记、小说以及报刊摘要中关于污名的轶事，其结论与思考也是基于这些二手文献；[②] 以比喻、典故或略加提及的方式取代严谨的分析；[③] 没有如他自己所宣称的那样在统一的概念图式下探讨主题；也未能深入探讨污名的作用机制，如社会排斥、经济无保障、羞耻内化以及孤立隔离等。[④] 戈夫曼认为偏离社会规范的形式和内容如此多样和普遍，以至于分析越轨变得没有多大意义；然而，他提出的涉及行为或道德的第二种污名类型，包含了乞丐、离婚者、领取低保者、被强奸者、流浪汉以及不孕不育者等，这种分类也因包含如此复杂多样的身份类别似乎并无实质性意义。总之，戈夫曼更多的是探讨污名管理

---

① Abdi Kusow, "Contesting Stigma: On Goffman's Assumption of Normative Order," *Symbolic Interaction*, Vol. 27, No. 2, 2004.

② Melvin L. DeFleur, "Review of Stigma: Notes on the Management of Spoiled Identity," *Social Forces*, Vol. 43, No. 1, 1964, p. 128.

③ Melvin Seeman, "Review of Stigma: Notes on the Management of Spoiled Identity," *American Sociological Review*, Vol. 29, No. 5, 1964, p. 771.

④ Betsy L. Fife & Eric R. Wright, "The Dimensionality of Stigma: A Comparison of Its Impact on the Self of Persons with HIV/AIDS and Cancer," *Journal of Health and Social Behavior*, Vol. 41, No. 1, 2000.

技术，而不是污名生成过程；并且主要针对个体污名，而非组织污名。[①]

戈夫曼还预设了人们共享的对污名标准、污名分配的规范性理解以及关于正常人和污名者这样的二元分类。换言之，戈夫曼对污名的论述是以假定先在的规范性秩序和污名建构者对共享的价值准则的理解为前提的。他还通篇使用一些前提令人质疑的术语和某些在今天看来并不很尊重人的词汇，诸如“黑鬼”（*Negro*）、“同性恋者”（*homosexual*）等。在戈夫曼那里，历史、社会和个体背景确实在污名化过程中起着作用，但他首要关注污名化个体的经验。[②] 另一方面，无论污名者如何竭尽所能使自己看起来“好像”（*as if*）是正常的，或者正常人通过各种方式使污名者显得“好像”是正常的，遭贬者和潜在遭贬者与正常人之间的互动都是通过建构一种“好像”的情境而完成的，这种正常化形式在正常人与污名者之间造成了否定性差异，同时也产生了无法调和的距离。[③] 污名者可能通过掩饰和隐瞒污名而被认为是正常人，但同时污名者永远无法被认为是完全正常的，因为他们具有可能遭贬抑而必须隐藏和掩饰的特征。在社会层面，这种正常化的结果是将污名者归为特殊类别并进行立法保护，从而改善其处境，相关的实例包括种族污名与肯定性行动政策之间的复杂关系。

戈夫曼关于污名的论述似乎更为强调互动秩序的“运作共识”，[④] 污名承受者更多地通过伪装、掩饰等信息管理技术使自己符合正常人的世界及其规范，或满足于虚幻的接受，而无意于抗争与颠覆。这与戈夫曼功能主义的研究范式以及强调互动秩序有关，即他试图回答面对面互动的微观秩序何以可能。污名的建构离不开社会、经济与政治

---

① Cynthia E. Devers *et al.*, “A General Theory of Organizational Stigma,” *Organization Science*, Vol. 20, No. 1, 2009.

② Abdi Kusow, “Contesting Stigma: On Goffman's Assumption of Normative Order,” *Symbolic Interaction*, Vol. 27, No. 2, 2004.

③ Mvriam Winance, “Being Normally Different? Changes to Normalization Processes: From Alignment to Work on the Norm,” *Disability & Society*, Vol. 22, No. 6, 2007, p. 628.

④ Erving Goffman, *The Presentation of Self in Everyday Life*, Garden City, N. Y.: Anchor, 1959, p. 10.

权力，并会对个体的生活机会产生显著的影响。[①] 尽管在理论上任何差异都可能导致污名化，但最终被贴上污名标签则反映出支配群体的利益以及不同群体之间的权力斗争。[②] 此外，关于污名的共享的、规范性的意义和标签未必能达成共识，污名的确立是一种竞争性的动态演变过程，它可能招致逆向污名化、反贬抑、去污名化和逆向歧视等，具体的策略包括创造分立的荣誉系统、限制社会交往、拒绝主流-边缘的身份划分（保持局外人身份）、以道德话语塑造象征性边界等，[③] 即使是极易被污名化的精神病人也会对污名进行抵制与反抗。[④] 也就是说，个体或群体不仅可能否认关于污名的支配性观念，而且会向主流社会施加他们关于污名的立场。最后，污名并不一定是需要规避或克服的状态，它也可能是身份形成过程中希望得到的要素，从而促成实现象征性的、自我创造的或实用主义的目标。[⑤]

三、性别广告

戈夫曼早期的研究并没有特别关注互动行为中的性别问题，有些表述甚至流露出大男子主义和异性恋主义的特征。[⑥] 但是到了 20 世纪 70 年代中后期，戈夫曼的社会研究呈现出明显的性别意识，他敏锐地感知到女性在人际互动过程中的被差别化对待。1979 年，戈夫曼出版了在性别研究领域具有里程碑意义的著作《性别广告》（*Gender Adver-*

---

① Bruce G. Link & Jo C. Phelan, "Conceptualizing Stigma," *Annual Review of Sociology*, Vol. 27, No. 1, 2001, p. 375.

② Özlem Sandikci & Güliz Ger, "Veiling in Style: How Does a Stigmatized Practice Become Fashionable?" *Journal of Consumer Research*, Vol. 37, No. 1, 2010, p. 17.

③ Abdi Kusow, "Contesting Stigma: On Goffman's Assumption of Normative Order," *Symbolic Interaction*, Vol. 27, No. 2, 2004.

④ Peggy A. Thoits, "Resisting the Stigma of Mental Illness," *Social Psychology Quarterly*, Vol. 74, No. 1, 2011.

⑤ Matthew W. Hughey, "Stigma Allure and White Antiracist Identity Management," Social Psychology Quarterly, Vol. 75, No. 3, 2012.

⑥ Carol Brooks Gardner, "Fine Romances: Two Arrangements Between the Sexes in Public Place," in Greg Smith, eds., *Goffman and Social Organization*, New York: Routledge, 1999, p. 56.

tisements），该书最初曾以长篇论文的形式刊载于1976年的《视觉沟通人类学研究》（*Studies in the Anthropology of Visual Communication*）。在《性别广告》中，戈夫曼的研究具有两个独特之处：第一，他认为琐碎的、经常被忽略不计的社会事件能够揭示出隐藏在表象背后的奥妙。因此，戈夫曼聚焦于互动参与者的面部表情、头颈姿势、手臂摆放、指尖动作（吮、咬等）和眼神（目光）等，认为这些习以为常的身势、礼仪等恰恰是理解公共场所的行为与性别关系以及在其背后运作的社会机制的最佳解码器。第二，戈夫曼充分运用了视觉图像的因素。事实上，视觉主题充斥着戈夫曼的社会学研究和实践。[①] 1943年，戈夫曼曾在加拿大的国家电影局（National Film Board of Canada）工作，而他的硕士论文则运用了"主题理解测试"（Thematic Apperception Test，TAT），这是一种投射性的测验，让受访者围绕着模糊的图像讲述故事以反映其内在的认知状况。戈夫曼的拟剧论以及他关于公共场所的互动行为的研究更是强调外表和视觉互动。《性别广告》是戈夫曼对视觉社会学的初步尝试。在该书中，戈夫曼搜集了500多幅广告图片，它们主要来源于20世纪70年代的商业杂志，其中大多数图片包含女性。这些广告图片集中呈现了某种社会肖像，它们是社会现实的表达和证据，使研究者得以直接地面对现实与经验的表征物。戈夫曼创造性地将这些图片和文字进行整合，提出了关于性别差异的一般性理论，并将该理论运用到广告的图像分析之中。

戈夫曼关于性别广告的研究也是一项关于社会行为类型的微观考察。戈夫曼搜集的与性别行为相关联的图片主要聚焦于三个方面的议题，即现实生活中的性别行为风格、广告中具有倾向性立场的呈现方式以及特定摄影框架的情景生产规则。[②] 大体而言，戈夫曼以面对面行为系统的理论分析性别广告，主要采用仪式和框架两种分析视角，并充分运用了他之前提出的分析人际互动的各种概念和术语，如联结-符号（tie-signs）、仪式化（ritualize）、"外溢"（flood out）等。正是在

---

① Greg Smith, "Reconsidering Gender Advertisements: Performativity, Framing and Display," in Michael Hviid Jacobsen, eds., *The Contemporary Goffman*, New York: Routledge, 2010, p. 166.

② Erving Goffman, *Gender Advertisements*, New York: Harper & Row, 1979, p. 26.

这种意义上，《性别广告》可以被视为性别展现的互动分析，它将性别广告视为一种表征政治的形式。总之，《性别广告》对视觉社会学、女性主义以及文化研究等领域都具有开创性的意义。

（一）性别展现与仪式化

在戈夫曼那里，社会性别（gender）是任何与生理性别（sex）相关联的文化设置，而“性别展现”（gender display）则是指这些关联的非言语的惯例化描述，[①] 它们是一些表达性别阶级身份的不同姿势或身势语言，从而给共同在场的他人产生“女性气质”或“男子气概”的印象。这种文化的关联性主要体现在展示社会性别的社会情境中，以表明人们与生理性别的文化定义和社会期待保持一致。戈夫曼认为，关于生理性别差异的文化定义最明显地表现在各种互动礼仪之中，这些日常的礼仪肯定了基本的社会设置，它们代表着一个社会终极的价值观念和信仰。

事实上，戈夫曼讨论的并非一般意义上的行为，而是个体通过管理而注入社会情境之中的展示性行为。他将此类行为视为一种“展现”，即一种表意性的行为。[②] 在动物行为学里，这种“物种功用主义”（species-utilitarian）的观念甚为重要，它关注情境化事件的展现过程。在动物界，由情绪性促动的行为的形式化提供了易被解读的情境性表达（尤其是意图），它通常以行为本身某些部分的仪式化形式而呈现，观看者能够对这种展现做出相应的回应，从而在信息发出者和接收者之间达成有效的沟通。在谈论行为展现时，戈夫曼认为动物行为学家经常使用的“沟通”一词不够严谨，因为“展现”就狭义而言不涉及沟通，它并不通过象征性的语言进行阐明，而仅是提供特定情境中的行动者进行行为调适的证据或迹象。[③] 人类世界的个体通过行为和外表告知观察者社会身份、心绪、意图和期待以及彼此之间的关系

---

① Erving Goffman, *Gender Advertisements*, New York: Harper & Row, 1979, p. 1.

② “性别展现”（gender display）是戈夫曼用于分析性别关系的独特术语，这里多处使用的“展现”一词均是在这种意义上而言的。

③ Erving Goffman, *Gender Advertisements*, New York: Harper & Row, 1979, p. 1.

等，并且在每一种社会文化中，这种指示性的行为和外表都具有特定的意义，它们能够以常规化的方式发挥其功能。这些展现确立了日常互动的条件和关系，为行动者在社会聚集场合进行行为调适提供了依据。同时，这些调适为社会接触确立了原则，也就是情境中的个体之间相继发生的交往方式、风格或模式。①

性别的仪式性展现具有这样的结构特征：② （1）展现具有类似于陈述-回复的对话特征，并且可以不同的形式进行分类，如对称性与非对称性配对等。（2）仪式与社会情境中其他活动之间的契合有两种基本的模式：一种是“括弧仪式”，即仪式性展现集中发生于意图性活动的开始和结束，仪式不会侵扰活动本身；另一种是“仪式贯穿”（ritual transfix）或“叠置”，即某些仪式作为一种“单音”在活动片段过程中持续并列进行。“括弧”和“叠置”这两者之结合便是活动片段的展现图式。（3）作为社会情境中仪式的发出者和接收者，个体有必须向共同在场的他人呈现自我的仪式职责，它包括一些专门用于身份辨识的展现形式，使彼此能当即感知相互交往者的社会身份。（4）展现具有多义性，它可能编码着多重社会信息。（5）展现在形式化程度上存在着显著的差异。（6）性别展现具有可选择性、非强制性，它在结构上是松散的；每一种展现都存在功能对等物，并且能产生替代性的展现效果。（7）通常展现呈现的并非某种具体的社会关系，而是其大概的分类，在社会结构与特定场合的仪式表达之间是一种松散耦合关系。（8）人们能强烈地意识到他们所进行的展现，并且能够通过选择情境设计进行表演。总之，戈夫曼以某种具有结构性倾向的功能主义（但它不是帕森斯意义上的结构功能主义）分析性别展现，认为能体现个体性别特征的是其维持适当的展现的能力和意愿，唯有展现的内容方能区别性别范畴。

戈夫曼认为，礼仪具有两个方面的功能，即肯定基本的社会设置以及呈现关于人和世界的终极价值。仪式的对象是个体占据的角色，

① Erving Goffman, *Gender Advertisements*, New York: Harper & Row, 1979, p. 1.

② Erving Goffman, *Gender Advertisements*, New York: Harper & Row, 1979, pp. 1-3.

两性不同的角色扮演强化着特定社会里的优劣等级，因此，仪式往往反映出社会结构的等级形式。戈夫曼关于性别展现的阐述涉及两种不同类型的仪式化观念。一种是迪尔凯姆意义上的，认为女性表达女性气质的行为风格是一种政治仪式，它确认特定个体或类别在社会结构中的位置，并使仪式行为与社会结构及其价值相关联；另一种是行为学意义上的，它关注的是行动者在社会情境中所处的位置以及展演出来的身势等，它是种群成员在某个情境中传达其意图的有效方式。女性气质的表达是作为女性这一性类别的个体在当即采取的行动中进行调适的象征和指示，这种调适或定位并不仅仅是主从关系的表达，而且亦是其本身之构成。在戈夫曼看来，“前者指出了崇敬个体在事物的社会图式中所居的位置而产生的稳固化作用，而后者则指出了细微的配置所具有的实质性后果”。[①] 这两种功能模式通过“自然表达原则”隐藏起来而难以得到充分认识，因为自然表达原则竭力试图表明，这些表达对发出者而言是自然而然和不言而喻的。而且，它使人们接受的仅是某个时刻的片段性肖像，其所反映的并非两性之间的本质性差异。戈夫曼将迪尔凯姆意义上的仪式化作为首要的社会设置，同时又采用行为主义的仪式观念探讨在生物决定论的基础上如何管控社会生活，这也使戈夫曼的性别展现思想更多地具有行为学的色彩。这种双重阐释框架使戈夫曼区分了沟通行为和其他社会设置形式。[②]

在广告和现实生活中，人们需要通过某种形式将其内在的状态外在化。广告涉及的是观念、态度和价值等，并通过符号化的实践赋予它们以文化形式，将其意义渗透到特定社会的信仰系统之中。[③] 广告商并没有创造他们所运用的仪式化表达，与所有社会情境的参与者一样，他们所利用的资源都是同样的展示性素材和仪式习语，并且具有同样的意图：使瞥视性解读得以可能。也就是说，广告商与情境中的互动

---

① Erving Goffman, *Gender Advertisements*, New York: Harper & Row, 1979, p. 8.

② Sol Worth, “Introduction to *Gender Advertisements*, Erving Goffman,” *Studies in the Anthropology of Visual Communication*, Vol. 3, No. 2, 1976, p. 67.

③ Mee-Eun Kang, “The Portrayal of Women's Images in Magazine Advertisements: Goffman's Gender Analysis Revisited,” *Sex Roles*, Vol. 37, No. 11/12, 1997, p. 980.

参与者运用同样的手段以期达成同样的目的。戈夫曼还提出了"超仪式化"（hyper-ritualization）的概念，也即通过形式化，将各种构型简化为仪式性操练，它可能呈现出一种经过稀释的、超仪式化的形式。例如，在惊讶、悲痛欲绝等情境性反应中，人们会用手捂住嘴巴或咬（吮）手指等，这些动作都是经过减弱和稀释后的某种形式的仪式化行为模式。而广告商"使我们的习俗进一步习俗化，使已经风格化的进一步风格化，他们琐碎地利用在很大程度上已经从情境控制中分离出来的要素。他们大肆炒作的是超仪式化"。[①] 从仪式的视角来看，广告中描述的场景与真实生活中的场景之间的差异在于超仪式化。也就是说，广告中的仪式行为经过了双重转换，正是这种超仪式化使仪式中呈现的世界不再是事物原有的状态，而是一种感知性向导。[②] 日常仪式是日常生活本身的标准化、夸张或简化，而广告则是日常生活的超仪式化，它们都能够有助于我们理解现代社会中的社会性别关系。

（二）性别关系的视觉设置及其解码

广告不仅是现实世界的反映，它反过来也创造、影响和形塑着现实世界。商业广告反映的是一种理想的社会文化价值，它给人以一种集体性的欲望和想象，并刺激模仿和攀比性消费。视觉图像可以成为一种强有力的社会化道具，强化社会互动中的性别差异与管制模式。类似于对语言的文本分析，戈夫曼对广告进行了视觉解读。在他看来，广告所描述的并不必然是现实生活中男性和女性的真实行为，确切而言，它描述的是人们如何想象男性和女性的行为，也即它包含了建构性的社会意图。因此，广告这种文本化的图像形式表达了社会对个体的行为期待，它不断维持和复制着社会秩序，从而不仅形塑着个体自身，也影响着个体与他人之间的关系。另一方面，广告使未经系统阐述的、尚未塑造成型的经验图像化、焦点化。戈夫曼试图通过对广告图片进行内容分析，从而解码象征化的性别行为符号。

---

① Erving Goffman, *Gender Advertisements*, New York: Harper & Row, 1979, p. 84.

② Erving Goffman, *Gender Advertisements*, New York: Harper & Row, 1979, p. 3.

性别展现并非本质的生理性别差异之“自然表达”。在不同性别的等级结构中，性别展现与性别分化的社会生活之间的关系犹如“阴影和实体”。[①] 但是，性别展现起着肯定社会设置的作用。当我们审视广告中的性别展现时，关注的不仅仅是揭示广告商关于两性差异的刻板印象，也不仅仅是考察这些刻板印象所意味的性别模式在整个社会里大行其道，而是应当关注“这些图片的创作者如何能够在社会情境中编织可获得的材料以达到其目的，也就是说，场景的呈现是富含意义的，而这些意义如何能够在瞬间被解读。在这些努力背后，我们可以明辨出共同在场的身体和非人的材料如何被塑造成为各种表达”。[②] 戈夫曼认为，日常生活中的人们能够像广告制作者那样利用情境性资源，一旦认识了图片制作者如何利用情境性材料，就能明白人们在面对面互动过程中是如何施展行动的。通过这种方式，我们就能够在无穷变化的情境构型和多重的表象差异背后，明辨出统一的仪式习语和少量的结构形式。

《性别广告》通过对广告和其他公共图片中的图像类型进行分析来论述性别展现（男子气概和女性气质），这可以被视为关于性别分化的“制度反身性”（institutional reflexivity）理论的具体运用。[③] 戈夫曼主要通过六个方面解码商业性别广告，具体如下：第一，尺寸相对大小。在商业性的图片中，一个人的社会重要性（其力量、权威、等级和声望等）由他在图片中所占据的尺寸相对大小表达出来，身高和体型被认为是生物学和社会选择的结果，高大魁梧的男性也因此获得了比女性和孩童更多的优势和支配性地位。第二，温柔的触摸。与男性相比，女性更多地使用她们的手指和手描摹物体的轮廓，或呵护其外表，这种仪式性的触摸区别于男性经常使用的功用式抓、握和操控等。第三，功能等级。当男性与女性面对面相互配合进行某项活动时，男性往往扮演着执行或管理的角色，这种功能序列在职业分工内外都很普遍，

① Erving Goffman, *Gender Advertisements*, New York: Harper & Row, 1979, p. 6.

② Erving Goffman, *Gender Advertisements*, New York: Harper & Row, 1979, p. 27.

③ Erving Goffman, "The Arrangement Between the Sexes," *Theory and Society*, Vol. 4, No. 3, 1977, p. 313.

它直接表明受指导者的次属地位和对指导者的遵从。而在女性擅长或居于传统支配地位的领域，如厨房、护理间和起居室等，男性通常进行无关紧要的活动以规避相对于女性的次属地位，或者以滑稽和幼稚的形象来呈现男性，从而使现实中男性的资格能力不受影响。如果男性处于被指导的地位，那么该活动通常是男性不擅长的或并非严肃对待的。第四，家庭场域的性别呈现。家庭成员的视觉呈现可以使家庭的社会结构象征化，母亲通常表现得与女儿更亲近，而父亲则与儿子构成象征性的单元，有时父亲站立的位置与其他家庭成员保持一定的距离，以显示其象征性的保护角色。第五，次属地位之仪式化。遵从的传统表达方式是以某种形式降低身体，如弯腰、低头甚至下跪等，高大的身体象征着尊贵的社会地位，如法庭中法官的位置。在很多商业广告中，男性占据的位置通常比女性要高。女性还更经常地表现出“腼腆的屈膝”，这种姿态表明她对情境保持警惕，随时准备斗争或逃离；而身体和头部的倾斜弯曲以及微笑等可以解读为对次属地位的接受，是逢迎和顺从的表达。女性类似于稚童的顽皮淘气式风格（孩子和小丑般的装束、姿势动作等）是为了确证相应的对待模式。第六，被许可的情境撤离（licensed withdrawal）。广告图片中经常可以见到女性从心理上被驱逐出社会情境，使她们感到无所适从并依赖在场他人的保护和善意。例如，情绪性的过激反应会导致个体失去表情控制，她通过转过脸背对着在场的他人或通过掩面、捂嘴等动作掩饰情绪性失控。这是一种仪式性的举动，因为它并不能真正隐藏想掩饰的情绪状态，恰恰相反，它是一种自我揭示。当这种情境撤离作为对真实威胁的反应时，它本身并不利于适应性的情境反应。

戈夫曼关于广告图片的研究表明，社会和文化以各种方式规定了差异性的性别对待方式，但事实上，这种差别化的对待并不是性别差异的体现或是其所必需的。性别化的自我是在共享的关于性别的意义共同体中通过人际间互动达成的，它是一种受掌控的和经过系统化管理的表演，而并不是特定个体的真实内在之表达。因此，关于性别的社会实践表达的并不是自然的差异。在异性恋统制和家长制的社会政权里，性别角色成为社会意志的集中体现，个体需要不断严格地自我监控，使其行为符合性别角色的规范性期待。

（三）照片框架及其框架分析

戈夫曼在《框架分析》中提出了框架分析范式的一系列概念工具，诸如音调、调音、编造等。[①] 框架亦可以是一种空间隐喻，历史事件在其中通过浓缩的、理想化的形式表现出来。在《性别广告》中，戈夫曼分析了观看者如何对图片进行框架化，他将“商业现实主义”视为描述社会生活的方式，它是一种由当代广告商为了促进大众消费而创造的惯例化的现实转换形式。[②] 在戈夫曼看来，仪式的起源可以追溯到军事礼仪和法庭行为，这些军事和法庭上的框架被“调音”之后逐渐成为日常生活的一部分，尽管它们的严肃性有所差别，但是其主要的意义没有发生根本性的改变。日常礼仪肯定了社会安排并宣示终极信条，社会情境中的细微表情和动作不仅透露出个体对自身的感受，而且还包括对整个体现文化价值的社会设置的感受。商业广告在某种程度上放大了以标准化、夸张和简化为特征的仪式，并将它再调音（re-keying）为稚气的、嘲弄的和其他各种非严肃性的形式。广告图片是社会理想的仪式化，如同其他仪式一样，它能够图像性地反映社会结构的基本特征。然而，这种反映未必是直接的、显而易见的，它也可能以迂回的、扭曲的甚至对立的方式呈现。通过商业广告呈现出来的性别表达能够阐明仪式化行为的展现方式，它们事实上揭示了两性及其结构关系的理想观念，而这是通过表明行动者在社会情境中的调适来实现的。[③]

戈夫曼探讨和反思了广告图片的制作及其构成，他精心选择、分类和编排的图片也是对日常生活中的人们自身如何编织情境性要素的阐释，也即社会情境如何作为情景性的资源以建构人性之可视的、即

---

① Erving Goffman, *Frame Analysis: An Essay on the Organization of Experience*, New York: Harper & Row, 1974.

② Sherri Cavan, “Review of *Gender Advertisements*, by Erving Goffman,” *The American Journal of Sociology*, Vol. 87, No. 3, 1981, p. 746.

③ Erving Goffman, *Gender Advertisements*, New York: Harper & Row, 1979, p. 84.

时性的肖像。广告图片包含了用心设计的姿势、表情和背景设置等，从而呈现出“自然的”风格。它对男性和女性的拍摄和记录实际上是对男子气概与女性气质的描述，通过这种描述，这些广告具有了实质性的明证功能。广告中女性的表情、姿势、行为和外表等，均如同需要呵护、依赖性的孩童，她们完全缺乏男性通常所具有的风度和仪表。然而，人们并不将这些广告图片视为怪异的、违背自然的；相反，人们对广告图片中的商品趋之若鹜，竞相学习和模仿广告中的行为方式，并渴望成为广告中的人物。也就是说，在广告呈现的镜像世界里，拟像成为现实的模仿、竞争和追逐的对象。这些商业图片所扭曲地映射的现实本身亦是人工的、仿造的和不自然的。在这种被不断框架化的情形之下，“现实”背后根本没有实在可寻觅，即使是实际的性别表达亦是人工设计的、非自然的。

广告是一种印象管理的扩大化运用，制度化的性别前台表演已经预设了潜在的异性恋性别模式。广告是社会的映射，它体现了制度性的社会结构，这种图像化的性别设置传达了两性之间的文化形象，但它并非是完全意义上的社会速写和缩影。广告与现实之间并不存在一种同质关系，它并非社会关系的直接描绘和呈现。在分析广告图片的框架时，戈夫曼引入了“场景”（scene）的概念，它是指真实的景观或关于某种景观、某种相对固定事物的图像。[①] 在戏剧家和小说家的笔下，场景是作为情节展现的一般性背景。舞台表演或现实生活中发生的过程性事件亦可以称之为场景。戈夫曼认为，只有区分了场景与其他的理解组织方式之后，才能比较经过人工处理的、商业化设计的图片与真实、自然的生活世界。个体所经验的是被人为删截过的世界，而对现实生活的观察则提供了描绘自身肖像的模型。广告图片呈现的商业现实主义提供了一种类似于陌生人的生活体验，与现实生活中的“瞥视”（如相片抓拍）相比，这种商业现实主义展示了更为全面和丰富的内容。[②] 广告制作者能利用一些模型和道具唤起生活化的场景，但

① Erving Goffman, *Gender Advertisements*, New York: Harper & Row, 1979, p. 22.

② 戈夫曼这里采用的术语“瞥视”（glimpse）具有“不经意地一扫而过”的含义。

这“并非主要是由于商业图绘的艺术和技术；而是由于社会生活中的那些制度性设置，它允许陌生人瞥视他们路过者的生活，以及我们所有人随时都能轻易地从正在应付的现实世界转换到参与虚假世界”。①在戈夫曼看来：

> 广告商将戏剧化呈现的价值赋予其产品的工作犹如一个社会将其礼仪和促进参与者之间相互定位的仪式符号灌浸于它的社会情境。两者都必须动用社会情境中有限的“视觉”资源去讲述一个故事；两者都必须将原本意义未明的晦涩事件和行为转换成容易解读的形式。并且两者都端赖于同样的基本策略：即意图展示、社会结构的微生态图绘、被认可的类型化和内在反应的身势性外在化。②

性别不平等在某种程度上是框架假定的产物，而这些框架正是戈夫曼的分析对象。具体而言，戈夫曼探讨了日常生活和广告中性别可见的三个方面。第一，制度反身性。即操控情境和社会关系以夸大生理性别的差异，从而正当化社会性别的不平等。社会性别的差异是文化造成的，它并非完全基于本质性的生理差异。戈夫曼枚举了五个制度反身性的事例，它们分别是基于生理性别-阶级的劳动分工、作为社会化促进者（socializer）的兄弟姐妹、梳妆打扮/如厕实践、外貌与职业选择以及认同系统。③ 第二，家长-孩子调音。男性-女性的关系类似于家长-子女之间的关系，性别关系被定义为男性应该像家长对待孩子那样呵护、纵容和关爱女性。因此，社会性别仪式是一种关于调音的调音。第三，殷勤（courtesy）。它凸显出性别不平等的微妙状态，女性同样作为弱势群体，但是她们却不像其他生理特征明显的弱势群体那样，反而在公共场合很受尊重。但是，这种殷勤很容易发生音调转变，诸如向女士举帽致意、主动为其开门等原本礼貌的举动可能转

① Erving Goffman, *Gender Advertisements*, New York: Harper & Row, 1979, p. 23.

② Erving Goffman, *Gender Advertisements*, New York: Harper & Row, 1979, p. 27.

③ Erving Goffman, “The Arrangement Between the Sexes,” *Theory and Society*, Vol. 4, No. 3, 1977, pp. 313-319.

化成骚扰行为，也即成为一种掠夺性的编造。也就是说，通过礼仪表现出来的关系亦可能会是一种失衡的，甚至是歪曲的关系，其原因在于微观行动与社会结构之间的松散关系，以及在社会生活中普遍存在的再框架化行为。

戈夫曼试图从仪式展演反观行动者和观看者所深嵌于其中的社会结构和终极信仰。但是，由于作为能动者的个体能够使行为再框架化，从而使性别展现变得更加复杂，它可能表现为编造、转换之转换、仪式的仪式化或“超仪式化”，诸如此类。因此，个体的展现行为是一种“症候”（symptom），而不是“肖像描写”（portrait）。[①] 它并非完全是其所表达的实体之特征，而且该表达本身也并非是本能的，而是从社会中习得并且是社会模式化的。同时，行为的仪式展现也可能抵消实质性的制度设置，特定的行为风格能够印证截然相反的图景。总之，社会结构与仪式表达之间存在着一种松散耦合的关系，这种关系也体现在社会情境中产生的抽象序列模式，如参与者根据可见的个体属性展现等级阶序，这种比较在一定程度上反映出不同的社会位置。

（四）戈夫曼对女性主义的贡献

20 世纪六七十年代，美国的女性主义者宣称“个人的即政治的”（the personal is political），它表明女性在经济、政治、学术、法律和医学等领域遭遇的系统性不公平待遇与在办公室、教室和卧室遭受的伤害之间存在千丝万缕的联系。[②] 女性主义思潮对当时的社会科学界而言无异于当头棒喝，它提供了观察社会生活和性别权力结构的新视角，那些简单的姿势、熟悉的礼仪和被视为理所当然的语言交换等，都成为理解性别关系及其背后运作的社会力量的新源泉。[③] 在这一时期，尽管很多西方国家都出现了女性主义运动，宏观的社会经济状况也发生

① Erving Goffman, *Gender Advertisements*, New York: Harper & Row, 1979, p. 8.

② Candace West, "Goffman in Feminist Perspective," *Sociological Perspectives*, Vol. 39, No. 3, 1996, p. 353.

③ Vivian Gornick, "Introduction," In *Gender Advertisements*, New York: Harper & Row, 1979.

了很大变化，但是女性的实际处境并没有得到根本改善。[①] 她们仍然遭遇各种非善意的忽略，在公众视野中代表性不足或被歪曲呈现，而且女性主义者的努力经常被妖魔化、碎片化和非政治化。主导着杂志广告中的女性形象通常是软弱、幼稚、依赖、专注家庭、非理性、隶属性以及生儿育女等。[②] 对于任何一场社会运动而言，媒介在形塑公众意识和公众政策方面扮演着不可忽略的角色，尤其是媒介人的立场与态度深刻地影响着大众的文化认知。[③] 媒体呈现出来的视觉形象会极大地影响受众的行为和态度，形塑他们的经验组织和价值观念。[④]

对女性主义者而言，《性别广告》是一份意外的惊喜和激励。戈夫曼关于公共场所互动行为的微观研究为人们理解日常生活中女性的真实遭遇提供了另一种分析框架。他的社会学强调互动细节与社会情境，关注女性弱势地位之“生成与稳定的社会结构关系”。[⑤] 在戈夫曼看来，当现实生活中一位男士为女士点烟时，其前提假设在于女性是值得尊重的对象，其身体因在某些方面受到限制而需要提供帮助。这种两性关系的“自然”表达、这种细微的人际仪式与某个香烟广告中一对具有代表性的夫妻都反映了现实生活中的性别关系。社会性别化的范畴与实践改变了身体的意义与性质，标准化的社会场合时刻彰显着“根本不同的特征”，如竞技体育强调力量、爆发力、忍耐力、攻击力等男子气概。这种“本质性”的性别特征和排斥性的社会性别身份

① Deborah L. Rhode, “Media Images, Feminist Issues,” *Signs*, Vol. 20, No. 3, 1995, p. 687.

② Mee-Eun Kang, “The Portrayal of Women’s Images in Magazine Advertisements: Goffman’s Gender Analysis Revisited,” *Sex Roles*, Vol. 37, No. 11/12, 1997, p. 981. 该文作者还认为，自从1979年戈夫曼出版《性别广告》以来一直到1991年，杂志广告中的女性形象没有发生根本性的变化。

③ Deborah L. Rhode, “Media Images, Feminist Issues,” *Signs*, Vol. 20, No. 3, 1995, p. 685.

④ Mee-Eun Kang, “The Portrayal of Women’s Images in Magazine Advertisements: Goffman’s Gender Analysis Revisited,” *Sex Roles*, Vol. 37, No. 11/12, 1997, p. 980.

⑤ Erving Goffman, “The Arrangement Between the Sexes,” *Theory and Society*, Vol. 4, No. 3, 1977, p. 307.

"绝不只是自然差异的某种表达，而是基于压制身体共性、夸大身体差异"。[①] 戈夫曼指出，广告商使用男性与女性的位置和身势作为策略，以表达性别之间的"本质关系"，诸如女性需要雄武有力的保护等。从某种意义上而言，广告商与异性恋社会的立场和意图是一致的。戈夫曼的研究展示了女性在现代美国社会广告中的呈现方式，如孩童一样，她们通常被展现为感性的、附属性的姿态。通过分析商业广告中女性的视觉形象，戈夫曼认为这些精心设置的场景和姿势制造了"比真实还要真实的拟态现实"。[②]

戈夫曼关于社会性别的观点远远早于某些女性主义者，他的社会建构主义视角预见了朱迪斯·巴特勒（Judith Butler）关于性别展演的核心思想。[③] 戈夫曼认为：

> 真正构成男女人性之本质的是一种学习、提供和解读关于男子气概和女性气质之肖像的能力，以及遵守呈现这些图像明细表（schedule）的意愿，这种能力是他们作为人而具有的，而不是作为女性或者男性。我们倒不如说根本不存在性别身份，而只存在性别描绘的明细表。迄今为止，没有一种方式能够令人满意地勾勒出两性关系的特征。只有两性之间的实践迹象，它从行为上绘制出某种关系肖像。并且这些肖像最直接地告诉我们的并非关乎性别，或者两性之间的总体性关系，而是这些肖像的独特性质与功能。[④]

通过详细地探讨广告图片中定格化的情景与互动细节，戈夫曼不仅阐述了被自然化的性别关系以及性别差异与性别不平等的再生产方式，而且揭示出父权制的微观运作机制和女性在公共视觉中呈现的潜在规则。这种日常生活中貌似简单的、无关意识形态的视觉呈现实际

---

① 克里斯·希林：《身体与社会理论》（第二版），李康译，北京：北京大学出版社，2010年，第103页。

② Erving Goffman, *Gender Advertisements*, New York: Harper & Row, 1979, p. 23.

③ Greg Smith, *Erving Goffman*, London & New York: Routledge, 2006, p. 94.

④ Erving Goffman, *Gender Advertisements*, New York: Harper & Row, 1979, p. 8.

上以狡黠、隐秘的方式重新肯定了父权制的社会原则。① 而戈夫曼之所以呈现出这样一幅浮世绘，在很大程度上是因为在当时被男性支配的广告其实是以男性作为营销对象的。②

戈夫曼的很多社会思想在其所处的时代是超前的，诸如他关于互动仪式的考察预示了后来学术界对世俗仪式的研究，他甚至在后现代主义质疑和解构宏大叙事之前就对抽象理论持谨慎的态度。就性别研究领域而言，戈夫曼阐明了人们如何生产和阅读有关社会性别的各种展现并视之为两性的基本特征，他为理解公共场所女性的处境提供了很多基础性的概念，尤其是卷入义务、焦点式互动、礼节性忽视等。同时，他也表明了内在的生理性别差异如何被正当化为既有的制度设置，以及现有的制度安排如何确保这种正当化变得理所当然和合乎情理。戈夫曼关于面对面互动系统的研究也能够用于分析女性与男性之间在口语互动中的权力运作关系，诸如不对等的聆听、话语打断和话题转换等，这也为谈话中的权力抗争提供了机会。例如，女性可以在谈话中使用更多的提问来保证男性不得不认真聆听。微观的政治结构决定着人们在各种场域中的位置和日常生活的运作，戈夫曼关于谈话的分析提供了解构性别设置之基础的具体路径。总之，戈夫曼从微观互动的视角阐明了男性统治的文化霸权，揭示了性别权力如何在日常互动中运作，从而有助于女性主义者理解“微观政治的结构”。③

戈夫曼吸引了很多女性主义者研究微观层面的性别关系，尤其是在面对面互动中如何施展性别权力。与女性主义者一样，戈夫曼亦认为惯常的社会行为背后隐藏着无数心灵和精神的谋杀者及其共谋者。从表面上看，这一切发生得如此自然、无可辩驳以至于习以为常，它的每一步都是如此地理性、合乎情由，但是其结局却是如此地令人自

① Arlie Russell Hochschild, "Gender Codes in Women's Advice Books," in Stephen Harold Riggins, eds., *Beyond Goffman, Studies on Communication, Institution, and Social Interaction*, New-York: Mouton de Gruyter, 1990, p. 277.

② Edward L. Bernays, "Review of *Gender Advertisements*, by Erving Goffman," *The Annals of the American Academy of Political and Social Science*, Vol. 446, 1979, p. 199.

③ Candace West, "Goffman in Feminist Perspective," *Sociological Perspectives*, Vol. 39, No. 3, 1996, p. 364.

我束缚和异化。戈夫曼的使命正是在自然状态下洞察那些不自然的细节，这样也许可能“从深陷于冻结的映像之中挽救回温润的生命”。[①]在这里，我们可以体味到戈夫曼著作中卡夫卡式的忧郁。

总结与讨论

《性别广告》采取仪式分析和框架分析相结合的研究路径，尤其是从仪式化的视角探讨广告图片。性别广告通过人物形象的尺码、体型和身势等反映出现实生活中两性之间的不平等现象。性别展现充满了具有家长-孩童关系色彩的行为，女性被灌输软弱的、被动的和顺从的形象，作为社会性别的规训和塑造过程，这种表征方式为原初的社会范畴提供各种正当性，从而继续维持和强化剥削性的社会关系。性别广告起着塑造、强化既有社会性别规范的功能。广告中的性别形象再现了基本的社会设置，也就是说，广告的“语法”能够以某种方式反映社会设置的“语法”，广告中的女性展现出来的与男性之间的关系法则亦显示出社会是如何结构化性别观念的。[②] 性别表达是一场真人秀，并且它在舞台设置中加入了大量的社会性要素。大体而言，《性别广告》的学术贡献在于对现代性晚期的性别身份和性别关系的特征提出了新颖的观点，对图像/照片在社会学研究中的地位给予新的认识，以及对视觉社会学所作的创造性尝试。[③] 尤其是戈夫曼以图片资料作为分析数据表明，图片本身以及关于社会情境的图片亦可以被用作科学的研究，从而打破方法论上的禁锢，进一步拓展了社会学的研究领域。[④]

戈夫曼的研究可以被置于弗洛伊德、文化分析和内容分析的传统，对广告图片的研究可以透视社会如何表达自身以及如何结构化自身。

---

① Vivian Gornick, "Introduction," In *Gender Advertisements*, New York: Harper & Row, 1979, p. viii.

② Sol Worth, "Introduction to *Gender Advertisements*, Erving Goffman," *Studies in the Anthropology of Visual Communication*, Vol. 3, No. 2, 1976, p. 65.

③ Greg Smith, "Reconsidering Gender Advertisements: Performativity, Framing and Display," in Michael Hviid Jacobsen, eds., *The Contemporary Goffman*, New York: Routledge, 2010, p. 168.

④ Sherri Cavan, "Review of *Gender Advertisements*, by Erving Goffman," *The American Journal of Sociology*, Vol. 87, No. 3, 1981, p. 747.

从某种程度上而言，戈夫曼的研究结合了生物性和社会性的观点，他认为某些符号行为是社会性的，而某些符号或仪式行为是生物性的或基因决定的，这为我们反思社会力量的意图性本质提供了机会。[①] 这也正是戈夫曼性别观念的超前之处，它与当代性别与性态研究的取向基本相一致，也即本质主义和建构主义的因素通常是相互渗透的。例如，琼·埃尔森（Jean Elson）对荷尔蒙阶序的研究指出，关于生物决定论的文化话语影响着主体性的身体经验，并使之塑造成为社会事实。[②]

与此同时，戈夫曼搜集的图片具有“与谈话分析中的文字誊录相似的功能”，[③] 这使读者有机会对戈夫曼提出的阐释的自洽性进行评估。诸如，有研究者认为由于戈夫曼仅仅是论述了性别展现，从而将社会性别简化为“表列化的表演”（scheduled performances），掩盖了社会性别如何渗入各种事物和现象之中。而且戈夫曼“只关注两性之间的关系，而未能充分探讨两性内部的性别角色扮演”。[④] 尤其是关于女性气质的讨论仅仅局限于美国中产阶级异性恋者的理想化形象。此外，在研究方法上，戈夫曼不是采取随机抽样的方法，而是采取目的抽样，他从杂志和报纸上有意识地择取最能反映他所理解和试图表达的性别关系的广告图片，并进行归类和分析。从严格的意义上而言，这种研究结论的一般化有待商榷。自从《性别广告》出版以来，不断地有学者试图进一步运用、拓展或完善戈夫曼的研究，诸如增加若干维度的性别比较范畴，[⑤] 进行历时性和跨文化比较研究，[⑥] 或者将戈夫曼的假

① Sol Worth, "Introduction to *Gender Advertisements*, Erving Goffman," *Studies in the Anthropology of Visual Communication*, Vol. 3, No. 2, 1976, p. 67.

② Jean Elson, "Hormonal Hierarchy: Hysterectomy and Stratified Stigma," *Gender & Society*, Vol. 17, No. 5, 2003, p. 766.

③ Greg Smith, *Erving Goffman*, London & New York: Routledge, 2006, p. 93.

④ Candice West & Don H. Zimmerman, "Doing Gender," *Gender and Society*, Vol. 1, No. 2, 1987, p. 130.

⑤ Mee-Eun Kang, "The Portrayal of Women's Images in Magazine Advertisements: Goffman's Gender Analysis Revisited," *Sex Roles*, Vol. 37, No. 11/12, 1997.

⑥ Roxanne Hovland *et al.*, "Gender Role Portrayals in American and Korean Advertisements," *Sex Roles*, Vol. 53, No. 11/12, 2005.

设操作化，通过随机抽样的方法对他结论的有效性进行检验和更深入的探讨[①]等，这些研究增加了人们对性别关系的认知，也推动了性别研究的规范化发展。

① Penny Belknap & Wilbert Leonard, "A Conceptual Replication and Extension of Erving Goffman's Study of Gender Advertisements," *Sex Roles*, Vol. 25, No. 3/4, 1991.

结语　戈夫曼的社会学遗产

自从戈夫曼逝世以来，西方学术界产生了很多关于他的学术思想的著述，而且这些论述与阐释随着时代的发展而历久弥新。譬如，20 世纪 80 年代，西方学术界主要阐述戈夫曼的拟剧论思想；90 年代，人们开始关注其符号学思想。由于戈夫曼思想的原创性及其丰富的内涵，人们不断地从中汲取养分，从而发展出新的理论体系，或运用于新的研究领域。正因如此，戈夫曼是历史上引用率最高的社会学家之一。戈夫曼对当代社会学的重要性不容低估，无论是称之为“遗产”、“贡献”抑或“启示”，重要的是通过这种重估可以更好地认识他在当代西方社会学学科史中的地位。

一、戈夫曼社会学的总体性评价

戈夫曼可谓是 20 世纪后半叶最知名的西方社会学家，他是“20 世纪社会科学领域最卓越的实践者之一"[①]，甚至是美国"激进的经验主义运动"的代表人物。[②] 赫伯特·布鲁默[③]、兰德尔·柯林斯（Randall Collins）[④] 等人都毫不掩饰地表达对戈夫曼的溢美之词。戈夫曼的社会学从拟剧论开始，一直到更广泛的互动秩序，他专注于研究具有特定形式、规则和过程的微观生活世界。对于微观社会学领域而言，20世纪60年代无异于经历了一场"戈夫曼革命"。尽管戈夫曼自我呈现为"反英雄"的形象，但是对于当时的年轻学者而言，他是"卡里斯玛式领袖"。[⑤] 正是由于戈夫曼等人的学术努力，日常生活的社会学逐渐被广为人知。戈夫曼为讲述无法言说的习以为常之物创造了一整套语言体系，不仅使之变得可以言说，而且还登堂入室，成为严肃的学术研究对象。戈夫曼对日常生活的细节具有极其敏锐的捕捉能力，在人才辈出、群星璀璨的西方社会学家那里，在这一点上能与之比肩的恐怕唯有齐美尔。对此，威廉·加姆逊（William A. Gamson）如此总结道：

> 自从齐美尔以来，没有一位社会学家能够将如此广泛和明显松散的事件与活动统合到一个框架里——从自然灾害（矿井塌方）到祸从口出（双关语）。戈夫曼将社会学的方法扩展到从表面上看来社会学几乎无法渗透的领域（催眠、领地、精神错乱、醉酒和幼稚等），他将人类的存在从意识的边缘重新带回到科学关注的核心。[⑥]

戈夫曼是社会科学领域"少数几位其作品里的每个段落都值得仔

---

① Greg Smith, *Erving Goffman*, London & New York: Routledge, 2006, p. 1.

② 兰德尔·柯林斯、迈克尔·马科夫斯基：《发现社会之旅：西方社会学思想述评》，李霞译，北京：中华书局，2006年，第401页。

③ Herbert Blumer, "Action vs. Interaction, Review of *Relations in Public*: *Microstudies of the Public Order*," *Society*, Vol. 9, 1972, pp. 50-53.

④ Randall Collins, "The Passing of Intellectual Generations: Reflections on the Death of Erving Goffman," *Sociological Theory*, Vol. 4, No. 1, 1986, pp. 106-113.

⑤ Randall Collins and Rolland Munro, "Exploring the Sociological Re-imagining of Politics: A Conversation," *The Sociological Review*, Vol. 58, No. 4, 2010, p. 549.

⑥ William A. Gamson, "Review of *Frame Analysis*," *Contemporary Sociology*, Vol. 4, No. 6, 1975, p. 603.

细品味的作者之一”[①]。法国著名社会学家皮埃尔·布尔迪厄（Pierre Bourdieu）译介了戈夫曼主要著作的法文版，并指出他的学术贡献在于“使社会学得以探析无穷细微的世界、那些无客体的理论家和无概念的观察者所无法见到的以及习焉不察的事物”[②]。戈夫曼还被誉为社会学界的卡尔·冯·林奈（Carl von Linné），是将观念秩序赋予互动领域的第一人。[③] 戈夫曼在芝加哥大学时期的导师埃弗雷特·休斯也给予他极高的评价，称他在社会学界的地位类似于动物行为学的鼻祖。[④] 常人方法学家普遍将戈夫曼视为会话分析学派的开拓者，虽然他们是戈夫曼最尖锐的批评者，但同时也是最欣赏的评论者。例如，韦斯·沙罗克（Wes Sharrock）明确承认戈夫曼是“一流的社会学家，他的研究在许多方面都是无与伦比的”[⑤]。

在30年的学术生涯里，戈夫曼总共撰写了11部著作与论文集，并且每一部都掷地有声，它们或提出重要的社会学概念，或探索普遍性的解释框架，从而在社会学学科内外产生了深远的影响。戈夫曼循着怀特海（Whitehead）、亚瑟·凯斯特勒（Arthur Koestler）、舒茨和曼海姆的传统，对社会科学进行了颠覆性的重构。戈夫曼早期的学术地位与社会声望主要来自《日常生活中的自我呈现》（1959）、《收容所》（1961）与《污名》（1963）这三部著作。在《日常生活中的自我呈现》里，他提出了拟剧论和印象管理；《污名》探讨了“受损身份的管理”，主要涉及污名携带者、边缘人、权利被剥夺者等社会弱势群体在与他人互动过程中遭受的限制与困境。《污名》对反思越轨社会学研

---

① Richard Handler, “What I' am Reading: What' s up, Doctor Goffman? Tell us where the action is!” *Journal of the Royal Anthropological Institute*, Vol. 18, No. 1, 2012, p. 180.

② Pierre Bourdieu, “Erving Goffman, Discoverer of the Infinitely Small,” *Theroy*, *Culture*, *and Society*, Vol. 2, No. 1, 1983, p. 112.

③ P. M. Strong, “The Importance of Being Erving: Erving Goffman, 1922-1982,” *Sociology of Health and Illness*, Vol. 5, No. 3, 1983, p. 353.

④ Everett C. Hughes, “Review of *Interaction Ritual*, by Erving Goffman,” *American Journal of Sociology* Vol. 75, 1969, pp. 425-426.

⑤ Wes Sharrock, “The Omnipotence of the Actor: Erving Gomman on ‘The Definition of the Situation’,” in G. Smith, eds., *Goffman and Social Organization*: *Studies in a Sociological Legacy*, London: Routledge, 1999, p. 118.

究有着重要的作用。《收容所》则提出了“次级调适”的观念，促使人们反思精神疾病的社会建构性，并在实践层面助推美国社会“去监禁化”的改革浪潮。而在这之前，包括美国在内的西方国家对待精神病人或罪犯的方式是尽可能地将他们限制、隔离在精神病院或监狱之内，也即“禁闭”。戈夫曼的研究不仅表明了个体对抗机构/制度的困境，而且阐述了科层制组织的内在运作机制以及关于自我的理论。《收容所》和《场所之疯癫》（*The Insanity of Place*）等著述使戈夫曼在医学社会学领域获得了广泛的声誉。此外，戈夫曼耗十年之功撰写而成的《框架分析》为分析经验的组织化提供了普遍性的分析范式，而《谈话形式》则是对“会话分析”做出的回应与对话，它也是社会语言学研究的重要著作。

约翰·洛夫兰德（John Lofland）曾指出，戈夫曼馈赠给后人的遗产主要包括四个方面，即对互动秩序的实质性研究、具有普遍意义的社会学研究视角、严谨的治学态度以及作为学者、同事和朋友的为人处世方式。[①] 安·布拉纳曼（Ann Branaman）认为，戈夫曼对微观社会理论的贡献包括：首先，分析了“自我-社会关系”的诸多维度以及作为社会之产物的自我观；其次，揭示权力、地位、表演和自我之间的关系；再次，通过反复使用仪式、博弈和拟剧等隐喻，展示了社会生活中操控和道德之间的相互作用；最后，他关于框架分析的思想表明，框架对于阐释经验、确定社会事件的意义以及定义个人身份等具有强大的作用。[②] 此外，罗宾·威廉姆斯（Robin Williams）则指出戈夫曼的社会学有三个方面尤为值得关注，即自我承认的视角主义（self-confessed perspectivism）、观念性的建构主义以及分析性的二元主义。[③] 这里主要从社会理论、研究方法、文风修辞和研究领域的拓展等四个方面论述戈夫曼对当代社会学的贡献。

① John Lofland, "Erving Goffman's Sociological Legacies," *Urban Life*, Vol. 13, No. 1, 1984, p. 8.

② Ann Branaman, "Goffman's Social Theory," in C. Lemert & A. Branaman, eds., *The Goffman Reader*, Oxford: Blackwell, 1997.

③ Robin Williams, "Sociological Tropes: a Tribute to Erving Goffman," *Theory, Culture & Society*, Vol. 2, No. 1, 1983, p. 100.

二、理论贡献：拟剧论与框架分析

人们经常忽略戈夫曼对社会学的理论贡献，这主要是由于两个方面的原因。其一，戈夫曼不认为自己是社会理论家，而是谦卑地自视为社会生活中某些不起眼的研究领域的实践者。戈夫曼还拒绝承认与其他同时代的社会学家之间的密切联系，这使人们很难在既有的理论传统和学术脉络中确立他的位置。其二，戈夫曼的社会学给人以强烈的经验研究取向，这在他 20 世纪 70 年代之前的研究中表现得尤为显著。然而事实上，戈夫曼是“研究共同在场的理论家”①。与艾默生、詹姆斯、杜威或米德等人一样，戈夫曼“厌恶空谈理论，但对理论却有着历久不渝的爱，并以之思索世界运作的方式”②。柯林斯等人更是将戈夫曼置于迪尔凯姆式功能主义的传统，认为他是“更具有经验主义取向的塔尔科特·帕森斯”③。从戈夫曼毕生的著述来看，他具有极强的理论综合能力，善于将那些在表面上看来似乎无关，也无法比较的事物联系起来，并得出普遍性的阐释框架。戈夫曼对社会理论的重要性还在于，他拒绝将关于微观理论的探讨简化或还原为个体及其互动形式，对他而言，面对面互动的微观系统不是与更广泛的社会相分离的领域。④

具体而言，戈夫曼对社会学的理论贡献主要是拟剧论和框架分析。众所周知，戈夫曼是当仁不让的表演理论之先行者，在他看来，拟剧论是社会科学中相对独立的分析领域，它构成了除技术、政治、结构和文化之外的第五种研究视角。⑤ 针对拟剧论在戈夫曼社会学中的独特

---

① Anthony Giddens, “On Rereading *The Presentation of Self*: Some Reflections,” *Social Psychology Quarterly*, Vol. 72, No. 4, 2009, p. 291.

② John Lofland, “Erving Goffman's Sociological Legacies,” *Urban Life*, Vol. 13, No. 1, 1984, p. 12.

③ 兰德尔·柯林斯、迈克尔·马科夫斯基：《发现社会之旅：西方社会学思想述评》，李霞译，北京：中华书局，2006 年，第 416 页。

④ Brian Roberts, *Micro Social Theory*, Hampshire: Palgrave Macmillan, 2006, p. 78.

⑤ Erving Goffman, *The Presentation of Self in Everyday Life*, Garden City, N. Y.: Anchor, 1959, p. 240.

位置，马克·奥罗马纳（Mark Oromaner）用罗伯特·比尔斯代特（Robert Bierstedt）的“理论偏倚”（theoretical bias）观念加以解释，即为了清楚地阐明社会现象而突显出某种理论要素的重要性。譬如，马克思采用经济学偏倚、弗洛伊德采用精神分析学偏倚、韦伯采用意识形态偏倚，而戈夫曼采用的则是“拟剧论偏倚”。① 戈夫曼的社会学还整合了结构与符号之间的关系，这为重构当代社会学理论提供了新的可能路径。同时，其他一些社会理论体系也为重新阐释戈夫曼提供了知识资源。例如，蒂姆·哈利特（Tim Hallett）批判性地借鉴戈夫曼的拟剧论和布尔迪厄的“场域-惯习”理论，试图通过符号资本（权力）的概念重构戈夫曼的社会学。②

戈夫曼的框架思想对集体记忆和社会运动研究产生了深远的影响。例如，巴里·施瓦兹（Barry Schwartz）用框架分析的概念体系（如初级框架、框架化、调音等）来研究“二战”时美国民众关于林肯的集体记忆的调音过程。③ 当代西方社会运动的研究者借用并拓展了戈夫曼的框架分析视角，尤其是将它运用于探讨集体行动与社会运动的微观动员机制。例如，他们提出“框架调适”的概念，它结合了关于社会运动参与中的社会心理学和资源动员的观点，包括框架连接、框架放大、框架拓展和框架转换等四个过程。④ 又如，将“框架化过程”视同资源动员与政治机会，使之成为理解社会运动的特征与过程的核心机制。⑤

戈夫曼对社会学理论的贡献还在于他关于互动仪式的阐述对柯林斯的“互动仪式链”理论产生了直接的影响。柯林斯在戈夫曼的互动

① Mark Oromaner, "Erving Goffman and the Academic Community," *Philosophy of the Social Sciences*, Vol. 10, No. 3, 1980, pp. 290-291.

② Tim Hallett, "Between Deference and Distinction: Interaction Ritual through Symbolic Power in an Education Institution," *Social Psychology Quarterly*, Vol. 70, No. 2, 2007, pp. 148-171.

③ Barry Schwartz, "Memory as a Cultural System: Abraham Lincoln in World War II," *American Sociological Review*, Vol. 61, No. 5, 1996, pp. 908-927.

④ David Snow *et al.*, "Frame Alignment Processes, Micromobilization, and Movement Participation," *American Sociological Review*, Vol. 51, No. 4, 1986, pp. 464-481.

⑤ Robert Benford & David Snow, "Framing Processes and Social Movements: An Overview and Assessment," *Annual Review of Sociology*, Vol. 26, No. 1, 2000, pp. 611-639.

仪式和迪尔凯姆的社会团结、集体欢腾等观念的基础上增加了情感的维度，从而提出互动仪式链理论。[①] 柯林斯认为，互动仪式会产生积极的情感，从而形成社会团结和神圣的文化符号，而这些文化符号反过来成为互动仪式链的参照。这种相互啮合、链接的互动具有结构的稳定性。在戈夫曼学术生涯的后期，他亦试图通过框架分析整合前期的研究和发现，并使之系统化。正因如此，吉登斯称戈夫曼为“系统性的社会理论家”[②]，这在一定程度上表明戈夫曼的努力获得了成功。

从认识论上而言，戈夫曼的社会学通过拟剧论的隐喻和框架分析的思维工具增加了人们对现实世界的认知。这种学术性的智识增进主要体现在两个维度上：一是系统性地描述日常生活中习以为常、视而不见的现象，使人们能够公开地谈论原本不可言说之物；二是对商品化世界的批判性认知。作为以理论为导向的生活世界的研究者，戈夫曼赋予貌似无足轻重、细枝末节的日常生活现象以丰富的社会学蕴含，并致力于“在密切联系的各种定义之间形成高度整合的等级序列结构”[③]。戈夫曼社会学的立意从来不是那么狭隘，他一直设法将关于面对面互动系统的探讨延伸至日常生活世界。但是戈夫曼对自己的研究抱着谦逊之心，他没有太多的奢望，并且认为建立关于互动系统的总体性理论尚为时过早，这种判断与戈夫曼当时对社会学发展状况的认识有关。一方面，他认为社会学不同于化学、物理学之类的自然科学，它无法按图索骥、通过遵照某种指导手册进行操作就能够得到预期的成果；另一方面，他认为社会学学科的整体发展程度尚不如自然科学。这也是戈夫曼不愿意卷入各种学术批判与反批判的内在缘由。

三、方法论启迪和资料分析方法

作为社会科学家，戈夫曼很注重研究方法的问题。他在很多著作

① 兰德尔·柯林斯：《互动仪式链》，林聚任等译，北京：商务印书馆，2012 年。

② Anthony Giddens, “Goffman as a Systematic Social Theorist,” in P. Drew & A. Wootton, eds., *Erving Goffman: Exploring the Interaction Order*, Cambridge: Polity, 1988.

③ Robin Williams, “Understanding Goffman's Methods,” in P. Drew & A. Wootton, eds., *Erving Goffman: Exploring the Interaction Order*, Cambridge: Polity, 1988, p. 76.

中都会自觉地交代田野进入、与研究对象的关系、资料搜集和分析方法以及数据的可靠性等问题。戈夫曼主要采取自然主义式经验研究方法，定性分析与内容分析主导着他一生的研究。在戈夫曼求学于芝加哥大学期间，美国社会学界的定量研究与定性研究之间的对立和分野日益扩大，而戈夫曼坚定地属于定性研究的阵营，但他并不排斥定量研究范式。从 20 世纪 40 年代中后期到整个 60 年代，戈夫曼开展了多项田野研究，其中主要包括英国北部的设特兰群岛、华盛顿的圣伊丽莎白精神病院以及拉斯维加斯的赌场等。在这些田野研究中，戈夫曼表现出一位休斯式社会学家特有的敏锐与细致，透过现代资产阶级的重重面具窥视其基本的社会事实。通过探讨作为个体的污名携带者、作为全控机构之典型的精神病院等，戈夫曼充分研究了日常生活中的规范和秩序。

就具体的研究方法而言，戈夫曼经常采取多维度和复调的方式，也即从不同的视角反复进入同一主题。例如，《公共场所的关系：公共秩序的微观研究》（1971）一书由六篇相对独立的论文构成（此外还有独立成文的附录），戈夫曼在这些论文中从不同的角度对公共秩序进行阐述。类似地，《谈话形式》（1981）也由五篇独立的论文构成。这种复调论述是戈夫曼思维的重要特征，他将由相对自足、独立的篇章构成的阐述视为“练习、实验、预演，一种展示各种可能性而不是确定性事实的方式”①。戈夫曼的另一个特征是类型化的思维模式，并强调情境性的经验。在戈夫曼的著作里，我们经常可以发现一种齐美尔式的形式主义以及类似于植物学和生物学的方法对各种社会现象进行分类。通过灵活地运用新创造的术语和分类图式，戈夫曼有序地呈现出他所观察到的复杂经验事物。独特的类型学使戈夫曼的研究具有明显的归纳逻辑之特质。作为经验研究者，如何拿捏经验与理论、个案与整体、特殊性与普遍性之间的关系至关重要。对此，戈夫曼遵循的路径是详细描述、概念提炼和理论化，从具体而琐碎的经验材料抽象出

① Erving Goffman, *Forms of Talk*, Philadelphia: University of Pennsylvania Press, 1981, p. 1.

更为一般化的内容。这实际上涉及微观与宏观之间的连接以及个案的外推与普遍化问题。在戈夫曼的研究路径中，概念占据着重要地位。除了具有敏锐的观察和细致的描述能力之外，戈夫曼极为擅长于挪用日常语言中已经存在并被广泛使用的术语，或者重新组合、创造出新的术语，诸如“礼节性忽视”“框架分析”“情境恰当性”等，从而重新命名之前尚未被明确命名的经验与事件。因此，戈夫曼的社会学通常不是与已有的某种理论体系直接进行对话，他无意反驳、补充或自甘成为他人学说的佐证材料，而是着力于创造性地提出某个核心概念。通过这种方式，戈夫曼同样拒斥了与他同时代的米尔斯所批评的“宏大理论”与“抽象经验主义”。[①] 戈夫曼还采用“非一致性视角”（perspective by incongruity），即通过并置各种不一致的观点而产生新的洞见。[②] 这也是将熟悉的事物陌生化的重要手段。总体而言，戈夫曼主要采用归纳法而不是演绎法，试图从特定现象中抽离出普遍性的主题与要素，即纯粹的形式。

戈夫曼还采用概念民族志的研究方法。譬如，《收容所》不是关于某个特定场所（圣伊丽莎白精神病院）的民族志研究，而是关于“全控机构”这一重要概念的研究，最终目的是提出“全控机构”这一理想类型。[③] 通过这种方式，戈夫曼将符号互动论的研究议程“从地点民族志转变成为概念民族志”[④]。概念民族志很好地体现了理论与经验之间的结合。尽管戈夫曼的研究是以观念为导向，但这并不意味着概念至上。对他而言，概念仅是认知性的工具。戈夫曼发展出用于分析社会互动的核心概念体系，其相互联结的诸定义之间具有高度整合的层级结构，并且该概念体系在他的研究生涯中不断地加以提炼和完善，它们类似于布鲁默的“敏感性概念”。此外，与当时很多人类学家的研

---

① C. 赖特·米尔斯：《社会学的想象力》，李康译，北京：北京师范大学出版社，2017年。

② Greg Smith, *Erving Goffman*, London & New York: Routledge, 2006, p. 21.

③ Philip Manning, *Erving Goffman and Modern Sociology*, Cambridge: Polity, 1992, pp. 154-155.

④ Philip Manning, "Reinvigorating the Tradition of Symbolic Interaction," *Symbolic Interaction*, Vol. 28, No. 2, 2005, pp. 171-172.

究颇为不同的是，戈夫曼的田野地点仍属于西方文明的范畴。也就是说，他的田野研究属于一种“本土民族志”或“家乡人类学”。通过一系列独特的研究方法，戈夫曼将“我群”自觉地距离化为“他者”，将“我族”化为“土著”，将“故乡”化为“他乡”。

总之，戈夫曼的社会学为我们提供了一套颇具说服力的研究方法，它包括民族志、自然主义式观察和非系统性观察以及定性资料分析等；同时，他的研究方法还是制度性的。[①] 戈夫曼无意拘泥于某种理论流派或传统，这使他能够避免自我设限，最大限度地运用不同的研究方法，尽可能地以创造性的方式对待各种研究对象。在以大规模的定量研究居于主导性地位的学科中，戈夫曼展示了对日常行为进行微观定性研究的可行性。戈夫曼是一位沉浸于社会情境中的观察者，但他同时又是超然的、冷峻的。通过研究习以为常之物，戈夫曼解构并反思一般意义上的既有常识、规范与结构。从这种意义上而言，戈夫曼不能被仅仅视为研究各种转瞬即逝之片段的社会学家。

四、诗意的社会学

戈夫曼的著述之所以能够在整个社会科学领域产生如此广泛而深远的影响，不仅仅是由于他独特的研究主题、扎实的经验内容以及深邃的学术思想，还因为他独具一格的表述方式。社会学家在实地搜集经验材料之后，需要将它们以恰当的组织化的形式展现在读者面前。戈夫曼的研究展示出社会学文本的独特书写方式，他发展出一套社会学语言，从而诗意地呈现具象的经验材料。与帕森斯、哈贝马斯、布尔迪厄等人不同，戈夫曼没有强烈地自我意识或标榜为“社会理论家”，他的语言通俗易懂，很多概念都源自日常生活，没有艰难晦涩的抽象术语和佶屈聱牙的宏大理论。这种朴实无华的文风和对日常生活的观照使戈夫曼的著作在社会学和其他学科以及普通读者中产生了广

① Helmut Kuzmics, “Embarrassment and Civilization: On Some Similarities and Differences in the Work of Goffman and Elias,” *Theory, Culture & Society*, Vol. 8, No. 2, 1991, p. 5.

泛的影响。20 世纪六七十年代，《纽约时报》和《时代》等大众读物经常发表有关戈夫曼著作的书评。就此而言，戈夫曼更像是“一位普罗大众的社会学家”①。

戈夫曼既汲取学院派的社会思想，也注重大众文化，他在舞台表演与现实生活之间发现了结构上的相似性。通过大量地运用隐喻手法，戈夫曼创造了一系列经典的社会学意象。同时，他还旁征博引，采用具有文体修饰功能的格言警句以及不断衍生的概念分支等，使文风表现得比结构更加强烈，这也是戈夫曼著作的易读性比分析性更令人印象深刻的原因。② 对戈夫曼而言，社会学既是科学，也是艺术；他不仅是严谨的社会科学家，也是优秀的作家。戈夫曼社会学的诗意主要体现在三个方面。

首先，不拘一格的资料来源。戈夫曼善于分析并充分运用二手资料，他对各种资料形式兼收并蓄，诸如戏剧电影、报纸杂志、大众文学以及通俗小说等。戈夫曼经常取材于 20 世纪四五十年代之交他在设特兰群岛进行的关于自耕农共同体的研究。戈夫曼著作的一大特点是大量援引文学作品的内容来阐明他的学术观点。例如，在《日常生活中的自我呈现》里，除了引用萨特和波伏娃的作品之外，他还大段引用卡夫卡的小说《审判》,③ 在其他作品中还引用文学理论家肯尼斯·博克（Kenneth Burke）等。对戈夫曼而言，文学作品与田野调查具有同等的经验重要性。④ 美国人类学家克利福德·格尔茨（Clifford Geertz）认为，人类学的书写是一种虚构，它是二阶和三阶的阐释，只有当地人的阐释才是一阶的。⑤ 类似地，在戈夫曼那里，正是社会现实和框架阐释的多重性，使社会学的书写既是真实的，亦是虚构的，实

① Judith Posner, “Erving Goffman: His Presentation of Self,” *Philosophy of Social Sciences*, Vol. 8, No. 1, 1978, p. 68.

② Jason Ditton, “Review Symposium,” *Sociology*, Vol. 10, No. 2, 1976, p. 331.

③ Erving Goffman, *The Presentation of Self in Everyday Life*, Garden City, N. Y.: Anchor, 1959, p. 96.

④ Louis Menand, “Some Frames For Goffman,” *Social Psychology Quarterly*, Vol. 72, No. 4, 2009, p. 296.

⑤ Clifford Geertz, *The Interpretation of Cultures: Selected Essays*, New York: Basic Books, 1973, p. 15.